MÉMOIRES

TIRÉS DES

ARCHIVES DE LA POLICE

DE PARIS.

MÉMOIRES

TIRÉS DES

ARCHIVES DE LA POLICE

DE PARIS,

POUR SERVIR A L'HISTOIRE DE LA MORALE ET DE LA POLICE,

DEPUIS LOUIS XIV JUSQU'A NOS JOURS.

Par J. Peuchet,

Archiviste de la Police.

TOME IV.

PARIS,

A. LEVAVASSEUR ET Cie,

Place de la Bourse, 8.

1838.

CHAPITRE LII.

Des lettres de cachet et des ordres du roi dans l'administration de la police.

Les lettres de cachet, ce moyen d'action arbitraire auquel nous devons la colère et la gloire de Mirabeau, étaient les pivots de l'autorité du lieutenant de police. Elles différaient des ordres du roi, et leur rédaction était autrement conçue; l'ordre du roi s'adressait à un officier public pour l'exécution d'une mesure, et l'arrestation d'un sujet; mais la lettre de cachet était signifiée directement à la personne même; elle lui ordonnait, sous peine de désobéissance, de faire telle ou telle chose, de se rendre dans tel ou tel endroit indiqué, et d'y rester jusqu'à nouvel ordre. L'ordre du roi portait, de plus, que le geôlier recevrait et garderait la personne qui lui était adressée jusqu'à ce qu'il en fût autrement réglé.

Le mot de lettre de cachet n'est pas très ancien, on le voit pour la première fois employé dans l'ordonnance d'Orléans, de 1560 (art. 5).

L'origine de cette expression vient de la différence des sceaux dont on se servait dans les premiers temps de la monarchie; il y avait le grand scel ou sceau, dont le chancelier seul était dépositaire, et le petit scel ou *scel secret*, qu'on laissait entre les mains du chambellan du roi. Longtemps on n'employa le scel secret que pour envoyer au chancelier les lettres-patentes qui devaient à leur tour être revêtues du grand sceau. Mais l'abus vint, la régularité ne fut plus de mise; on se borna dans la suite à n'apposer que le petit scel ou scel secret aux lettres-patentes.

Enfin, comme le roi signait aussi quelquefois ces lettres de son *signet*, comme il en est fait mention dans quelques ordonnances, on en contracta l'habitude à la cour, pour cacheter les missives secrètes, en remplacement du scel secret ou petit scel dont l'usage tomba en désuétude, de ne se servir que de ce signet ou cachet qui représentait les armes de France. Le nom de lettre de cachet resta donc aux ordres en forme de lettres qui n'étaient scellés que du signet ou cachet du roi.

Le savant auteur des *Maximes du droit public français* (1) a développé dans cet ouvrage, aussi bien écrit que fortement pensé, tout ce que la raison, la justice, la liberté civile, les droits et les priviléges de la nation offrent d'argumens et de titres contre l'emploi qu'on a fait des lettres de cachet; j'y renvoie le lecteur, il y trouvera une source d'instruction supérieure, même après ce que le comte de Mirabeau a pu réunir dans son traité *des Lettres de cachet et des prisons d'état* (2). M. de Montblin, moins véhément que Mirabeau, mais plus méthodique, plus savant,

---

(1) L'avocat Montblin; un volume in-4°, Amsterdam, 1775.
(1) Composé en 1778, dans le donjon de Vincennes, comme Mirabeau le dit lui-même, et imprimé en 1782; ouvrage mal rédigé et fort au-dessous de sa réputation, qu'on vante cependant, mais bouffi, déclamatoire, et dont on ne saurait supporter la lecture.

répond mieux par le droit positif et les actes publics aux fauteurs des ordres arbitraires, que s'il se fût exclusivement livré à l'examen des principes généraux de législation, sphère vague et immense, plus favorable sans doute à l'emphase oratoire où la discussion s'agite à l'excès et sans profit.

Les lettres de cachet, écrites par un ordre du roi, signées de lui, étaient toujours contresignées par un ministre, et cachetées du cachet du roi. La suscription était toujours à celui ou à ceux auxquels on l'adressait.

Elles étaient portées à leur destination par un officier de police, et, assez communément, par un officier de l'ordre militaire, suivant l'importance de la personne que cette mission concernait.

Il arrivait aussi quelquefois que l'officier qui la portait, dressait une espèce de procès-verbal de l'exécution de sa commission, en tête duquel la lettre était transcrite; et, au bas, il faisait donner par celui qui l'avait reçue une reconnaissance qu'elle lui avait été remise, ou si la personne refusait, il en faisait mention.

L'objet des lettres de cachet était le plus ordinairement d'envoyer en exil les gens à qui elles s'adressaient, ou d'enjoindre à quelque corps politique de s'assembler, tels que les états de Bretagne, par exemple; ou, encore, de leur enjoindre de délibérer sur une matière indiquée, nécessité tant de fois sentie vis-à-vis de ces autorités usurpatrices, qui, dans leur incapacité sermonneuse, agitaient l'état par de vaines disputes d'apparat, trop souvent par manque de lumières spéciales sur les intérêts positifs abandonnés à leurs délibérations.

Lorsqu'il était question de faire enlever quelqu'un, de l'arrêter ou de le conduire en prison, c'était un ordre du roi qu'on délivrait à un agent de l'autorité, et cet agent rendait compte de son exécution au lieutenant de police.

Les lettres de cachet, ou les ordres du roi, ne suspendaient pas la jouissance des droits civils; ceci ayant été décidé au Parlement de Paris par arrêt du 9 juin 1769 (1), sur les conclusions de l'avocat-général Séguier, dans l'affaire d'une dame Louchard, enfermée par lettre de cachet.

Lorsqu'un homme était détenu par lettre de cachet, on ne recevait point au tribunal de commerce les *recommandations* que ses créanciers auraient voulu faire; il n'aurait pu être retenu en prison pour de semblables recommandations, après que la lettre de cachet aurait été levée.

---

1. Voyez le *Répertoire de jurisprudence*, au mot *lettre de cachet*.

Il est même arrivé quelquefois, comme dans l'affaire de la dame Louchard, que des détenus par lettres de cachet ou ordres du roi, ayant prouvé l'injustice et la fausseté des motifs qu'on avait allégués pour les faire arrêter et détenir, ont obtenu, en justice ordinaire, des dommages-intérêts contre les auteurs de leur détention.

L'abus des lettres de cachet et des ordres du roi avait été senti à la cour même. Lorsque M. de Malesherbes fut nommé ministre de la maison du roi, en 1774, il voulut tenter une réforme à cet égard. Il fit goûter même, dit-on, son projet à Louis XVI; il ne voulait cependant pas ôter au roi ce grand moyen de pouvoir, mais l'assujettir à des formes régulières qui pussent en prévenir les mauvais emplois. Toute demande de lettres de cachet ou ordres du roi aurait été soumise à un conseil convoqué *ad hoc*, et composé de maîtres des requêtes, des conseillers d'état et du ministre dans les attributions duquel se trouvait la demande; on y aurait exposé les motifs du pétitionnaire, on les aurait discutés, et, avant de prononcer, on aurait pris des renseignemens contradictoires sur les points qui auraient paru douteux. Cette forme n'a-t-elle pas quelque rapport avec ce que M. Decazes, alors ministre de la police, obtint de la chambre des députés, à la session de 1820, pour autoriser les ministres à faire usage d'ordres arbitraires?

Le projet de M. de Malesherbes trouva de sincères et adroits contradicteurs. Le palliatif proposé fut montré comme une négation absolue du droit royal; le roi ne pouvait plus avoir raison quand même, et la publicité des délibérations, quoique indirecte, devait mettre en lumière des scandales que l'invention des lettres de cachet avait eu surtout pour intention principale d'étouffer sans bruit. Le ministre sortit de place avant d'avoir pu répondre à ses contradicteurs, et donner suite à ses idées de justice et de liberté.

On sentait cependant le besoin d'apporter quelque changement dans cette partie du gouvernement; l'idée ne fut pas entièrement abandonnée. Les ouvrages qui avaient paru sur cette matière, les réclamations des Parlemens et des cours souveraines, avaient produit une impression profonde.

Le ministre de la maison du roi, le baron de Breteuil, sans revenir aux idées libérales de M. de Mallesherbes, s'en occupa; plusieurs plans lui furent présentés, mais il ne s'arrêta à aucun de ceux qui touchaient au fond de la question; il ne voulut régler que l'usage des lettres de cachet, et non mettre des entraves ou des conditions à ce qui s'était fait jusqu'alors.

Les instructions qu'il adressa aux intendans sur l'usage qu'ils faisaient des ordres du roi et des lettres de cachet diminuèrent le mal qui en résultait. Sa circulaire du 15 octobre 1785 est une pièce remarquable dans l'histoire de la police ; et, ce qui ne l'est pas moins, c'est que les intendans se conformèrent assez généralement aux prescriptions qu'elle contient (1).

Copie de la lettre circulaire adressée par M. le baron de Breteuil, ministre d'état, à MM. les intendans des provinces de son département, au sujet des lettres de cachet et ordres de détention.

« Versailles, le 15 octobre 1785.

« Vous trouverez ci-joint, monsieur, un état des différentes personnes de votre département, actuellement renfermées en vertu d'ordres du roi, expédiés d'après vos informations et votre avis, ou sur les informations et avis de messieurs vos prédécesseurs. Vous verrez que quelques-unes de ces détentions sont déjà fort anciennes : je ne doute point qu'il n'y en ait plusieurs qu'il est à propos de faire cesser, et je vous prie de ne pas perdre un moment pour le vérifier, et pour me

---

(1) La copie suivante est faite sur l'original, qui a été tronqué et défiguré dans quelques ouvrages de parti.

marquer quelles sont celles dont la révocation vous paraîtra devoir être prononcée dès à présent, et quels motifs vous détermineront à penser que les autres doivent subsister.

« Je conçois que la diversité des causes de détention, et les différences que le sexe, l'âge, la naissance et l'éducation mettent nécessairement entre les personnes détenues, s'opposent à ce qu'on établisse sur cette matière des principes fixes, et qui embrassent généralement toutes les circonstances ; mais il me semble qu'on peut cependant se faire quelques règles, auxquelles on devra ramener le plus grand nombre de cas, s'il n'est pas possible de les y ramener tous.

« La suite des affaires de cette espèce, qui passent journellement sous mes yeux, m'a fait reconnaître que ceux que l'on renferme le plus ordinairement se divisent en trois classes.

« La première comprend les prisonniers dont l'esprit est aliéné, et que leur imbécilité rend incapables de se conduire dans le monde, ou que leur fureur rendrait dangereux. Il ne s'agit à leur égard que de s'assurer si leur état est toujours le même ; et, malheureusement, il devient indispensable de continuer leur détention tant qu'il est reconnu que leur liberté serait ou nuisible à la société, ou un bienfait inutile pour eux-mêmes.

« Je mets dans la seconde classe ceux qui, sans avoir troublé l'ordre public par des délits, sans avoir rien fait qui ait pu les exposer à la sévérité des peines prononcées par la loi, se sont livrés à l'excès du libertinage, de la débauche et de la dissipation. Je pense que, quand il n'y a que de l'inconduite, et qu'elle n'est accompagnée ni de délits, ni de ces bassesses caractérisées qui mènent presque toujours aux délits, la détention ne doit pas durer plus d'un an ou deux. C'est une correction très forte qu'un ou deux ans de privation de liberté : elle doit suffire pour inspirer de sages réflexions et pour opérer le retour au bien dans une âme qui n'est pas tout-à-fait corrompue. Ces familles, et même les pères et mères, quoiqu'en général plus disposés à l'indulgence que les autres parens, exagèrent quelquefois le tort des sujets dont ils ont sollicité la détention ; et si l'on se prêtait trop facilement à la rigueur dont ils voudraient user, il arriverait souvent que ce ne serait plus une correction, mais une véritable peine qu'on infligerait. C'est ce qu'il est essentiel de distinguer, et ce que je vous prie, monsieur, de ne pas perdre de vue.

« Lorsque, indépendamment du libertinage, les sujets détenus se sont rendus coupables de vol d'argent, ou de soustractions d'effets dans la maison paternelle seulement, ou lorsqu'ils ont commis quelques infidélités, ou qu'ils se sont permis des abus de confiance, ou enfin que, pour se procurer de l'argent et satisfaire leurs passions, ils se sont servis de ces moyens peu délicats que la probité désavoue, mais que les lois ne punissent pas, la détention doit alors être plus longue. Je pense cependant qu'elle ne doit jamais être prolongée au-delà de deux ou trois ans; et même que c'est assez d'une année, lorsqu'il sera question de jeunes gens au-dessous de vingt ans, qui ont été entraînés par la fougue de l'âge, ou séduits par de mauvais conseils, et qui, par inexpérience, ont pu ne pas sentir la conséquence et toute l'étendue de leur faute.

« Je comprends aussi dans cette même seconde classe les femmes et les filles qui se conduisent mal, et les mêmes observations doivent leur être appliquées, c'est-à-dire que quand elles ne sont coupables que de simples faiblesses, une ou deux années de correction sont suffisantes, et que la détention ne doit être prolongée jusqu'à deux ou trois ans que quand il s'agit d'un libertinage poussé jusqu'au degré du scandale et de l'éclat.

« La troisième classe est la classe de ceux qui ont commis des actes de violence, des excès, des délits ou des crimes qui intéressent l'ordre et la sûreté publique, et que la justice, si elle en eût pris connaissance, eût punis par des peines afflictives et déshonorantes pour les familles. Je conçois qu'il n'est guère possible de rien préjuger sur la durée de la détention de cette espèce de prisonniers; cela doit dépendre des circonstances plus ou moins graves du délit, du caractère plus ou moins violent du coupable, du repentir qu'il peut avoir témoigné, des dispositions qu'il annonce, et de ce qu'on doit raisonnablement présumer de l'usage qu'il ferait de sa liberté, si elle lui était rendue. Il faut seulement considérer que s'il est vrai que les prisonniers détenus pour crimes doivent en général s'estimer trop heureux d'avoir échappé aux peines qu'ils ont méritées, il est constant aussi qu'une détention perpétuelle, et même une longue détention, est la plus rigoureuse de toutes les peines pour ceux d'entre eux dont les sentimens ne sont pas totalement anéantis ou dégradés.

« Du reste, ce n'est pas seulement par rapport aux prisonniers renfermés pour crimes ou délits, ce n'est pas pour tous les prisonniers, quels que soient les motifs de leur détention, qu'il convient d'avoir égard à la conduite qu'ils tiennent depuis qu'ils sont détenus; et, indépendamment des autres considérations qui peuvent concourir à retarder ou accélérer leur liberté, il est juste de la faire dépendre surtout de la manière dont ils se comportent; du plus ou du moins de changement qui se fait en eux, et de ce qu'on aura à craindre ou à espérer d'eux lorsqu'ils redeviendront libres.

« Il est même à souhaiter que, sur cet article, vous ne vous en rapportiez pas entièrement au témoignage des personnes chargées de la garde des prisonniers : je désirerais que, pour vous en assurer vous-même, vous voulussiez bien, dans le cours de vos tournées, visiter, avec un soin particulier, les lieux de détention de votre département, soit maisons de force, maisons religieuses, forts ou châteaux ; interroger vous-même les prisonniers, et vous faire rendre compte en leur présence de tout ce qui les concerne : je suis persuadé que de pareilles visites, faites une fois par an dans chaque lieu de détention, produirait un très bon effet; elles auraient l'avantage de vous faire connaître, non seulement la conduite des prisonniers, mais encore la manière dont ils sont traités ; vous écouteriez leurs représentations, vous sauriez si leur nourriture et leur entretien sont proportionnés à la pension qu'on paie pour eux; quel est l'ordre et le régime de chaque maison, quelles précautions on y observe pour maintenir la tranquillité entre les détenus, quelles mesures on prend pour prévenir les évasions ; enfin quels abus il pourrait être essentiel de réprimer. Tous ces détails sont dignes de l'attention de l'administrateur ; si vous ne pouvez pas vous en occuper vous-même pour toutes les maisons, forts ou châteaux de votre département, vous pourriez du moins visiter ceux où il y a plus de prisonniers, et faire visiter les autres par vos subdélégués, ou d'autres personnes de confiance, sur l'exactitude desquels vous croiriez pouvoir compter. Je vous prie de ne pas oublier de me faire part, tous les ans, du résultat de ces visites; vous ne devez point douter que je n'en rende au roi un compte très exact, et que je ne lui propose d'adopter vos vues sur les changemens et les réformes qui vous paraîtront utiles ou nécessaires.

« Il ne vous échappera sans doute pas que, lorsque je vous invite à prendre par vous-même ou vos subdélégués, des éclaircissemens sur la conduite des prisonniers, je n'entends parler que de ceux qui sont renfermés dans des maisons, forts ou châteaux de votre département. A l'égard de ceux qui, d'après votre avis ou celui de MM. vos prédécesseurs, sont détenus hors de votre intendance, je suis persuadé qu'en vous adressant à MM. les intendans dans le département desquels ils se trouveront, vous en recevrez toutes les informations dont vous aurez besoin.

« Je n'ai jusqu'à présent fait mention que des prisonniers actuellement détenus, compris dans l'état ci-joint, et sur le sort desquels il s'agit en ce moment-ci de statuer. Mais tout ce que j'ai observé à leur égard, les mêmes principes, et les mêmes règles qui m'ont paru devoir en général servir à décider si les ordres expédiés contre eux seront ou non révoqués, me paraissent devoir s'appliquer aux personnes que, par la suite, il pourra être question de renfermer.

« Ainsi, monsieur, lorsque vous me proposez l'expédition d'ordres démandés par les familles, je vous prie de me marquer en même temps de qu'elle durée vous penserez que doit être la détention, et je crois qu'en général, et sauf les circonstances particulières qui peuvent se présenter, elle ne doit pas s'étendre au-delà de deux ou trois ans pour les hommes, lorsqu'il y a libertinages et bassesses, ou pour les femmes, quand il y a libertinage et scandale; et au-delà d'un ou deux ans lorsque les femmes ne sont coupables que de faiblesse, et les hommes que d'inconduite et de dissipation.

« Je vous prie de me proposer un terme pour la détention même de ceux qui seront prévenus d'excès, de délits ou crimes. Cela doit, comme je l'ai dit, dépendre des circonstances, et ce sera à vous, monsieur, de les apprécier.

« A l'égard des personnes dont on demandera la détention pour cause d'aliénation d'esprit, la justice et la prudence exigent que vous ne proposiez les ordres que quand il y aura une interdiction prononcée par jugement, à moins que la famille ne soit hors d'état de faire les frais de la procédure qui doit précéder l'nterdiction. Mais, en ce cas, il faudra que la démence soit notoire et constatée par des éclaircissemens bien exacts. Quand il s'agit de faire renfermer un mineur, ne fût-ce que pour forme de correction, le concours du père et de la mère a jusqu'à présent paru suffire. Mais les pères et mères sont quelquefois injustes, ou trop sévères, ou trop faciles à s'alarmer, et je pense qu'il faudra toujours exiger qu'au moins deux ou trois des principaux parens signent avec les pères et mères les mémoires qui contiendront la demande des ordres.

« Le concours de la famille maternelle est indispensable lorsque la mère est morte, et celui des deux familles lorsque le père n'existe plus; à plus forte raison, quand il n'y a plus ni père ni mère.

« Enfin, il ne faut accueillir qu'avec la plus grande circonspection les plaintes des maris contre leurs femmes, celles des femmes contre leus maris; et c'est surtout alors que les deux familles doivent se réunir, et autoriser par un consentement formel le recours à l'autorité.

« Ces principes sont connus, et je sais qu'en général on les a toujours suivis. Mais je crois avoir remarqué que l'on a quelquefois demandé des ordres, et que MM. les intendans en ont quelquefois proposé, dans des circonstances où je vous avoue qu'il ne me paraît pas convenable d'en accorder. Par exemple, une personne majeure, maîtresse de ses droits, n'étant plus sous l'autorité paternelle, ne doit point être renfermée, même sur la demande des deux familles réunies, toutes les fois qu'il n'y a point de délits qui puissent exciter la vigilance du ministère public, et donner matière à des peines dont un préjugé très déraisonnable, mais qui existe, fait retomber la honte sur toute une famille. Il est vraiment essentiel, par rapport aux faits dont on accuse les personnes qui ne dépendent que d'elles-mêmes, de bien distinguer ceux qui ne produisent pour leurs familles que des désagrémens, et ceux qui les exposent à un véritable déshonneur. C'est sans doute un désagrément pour des gens d'un certain état, et ils sont avec raison humiliés d'avoir sous leurs yeux une sœur ou une parente dont les mœurs sont indécentes, et dont les galanteries et les faiblesses ne sont pas secrètes. C'est encore un désagrément pour une famille honnête, et il est naturel qu'elle ne voie pas avec indifférence que, dans la même ville, dans le même canton qu'elle habite, un de ses membres s'avilisse par un mariage honteux, ou se ruine par des dépenses inconsidérées, ou se livre aux excès de la débauche et vive dans la crapule. Mais rien de tout cela ne me paraît présenter des motifs assez forts pour priver de leur liberté ceux qui sont, comme disent les lois, *sui juris*. Ils ne font de tort qu'à eux ; le genre de déshonneur dont ils se couvrent ne tombe que sur eux, et leurs parens ne le partagent point, et ne me paraissent avoir aucun droit à l'intervention de l'autorité.

« Telles sont, monsieur, les réflexions que m'a suggérées l'attention particulière que je donne à tout ce qui concerne les ordres de détention, depuis que le roi a bien voulu me nommer secrétaire d'état. J'en ai rendu compte à Sa Majesté, qui les a trouvées conformes aux vues de justice et de bienfaisance dont elle est animée. Elle désire qu'on ne s'en écarte que le moins qu'il sera possible ; et, comme elle sait que c'est surtout d'après l'usage que l'on fait de son autorité contre les particuliers, que se forme et s'établit l'opinion publique sur le gouvernement, elle a jugé à propos que ses intentions à cet égard fussent connues de toutes les personnes qui concourent plus ou moins directement à l'expédition des ordres. Elle m'a, en conséquence, autorisé à faire imprimer cette lettre, et à vous en envoyer un certain nombre d'exemplaires que vous voudrez bien adresser à vos subdélégués, afin qu'ils puissent en saisir l'esprit, et s'y conformer, autant que les circonstances le permettront, dans les informations qu'ils auront à prendre et à vous transmettre sur les demandes formées par les familles.

« J'ai l'honneur d'être très parfaitement, monsieur, votre très humble et très obéissant serviteur.

« *Signé* le baron DE BRETEUIL. »

Cette circulaire en dit plus que tout ce que je pourrais ajouter sur le même sujet. Si l'on mit plus de réserve dans la distribution des lettres de cachet, on ne fut guère moins prodigue des ordres du roi. Dans l'administration de la police, M. Lenoir en fit un grand usage, et le nombre de ceux qui en étaient victimes fut un des premiers objets qui attirèrent l'attention de l'assemblée constituante. Elle nomma un comité particulier pour s'en occuper, et M. le comte de Castellane fit, au nom de ce comité, le 30 février 1790, un rapport sur les mesures à prendre pour prononcer sans danger la liberté de ceux qui gémissaient dans les prisons par l'effet des ordres arbitraires de l'ancien gouvernement. L'art. 10 du décret qu'elle rendit, le 15 mars 1790, porte : « Les ordres arbitraires comportant exil, ou tous les autres de même nature, ainsi que toutes les lettres de cachet sont abolis; il n'en sera plus donné à l'avenir. Ceux qui en ont été frappés sont libres de se transporter partout où ils jugeront à propos. »

Une multitude d'individus recouvrèrent la liberté ; en peu de temps, les maisons de force et les prisons d'état furent vidées, il n'y resta que ceux qui devaient aux lettres de cachet ou aux ordres du roi d'avoir échappé à la juste punition de crimes ou d'attentats constatés et restés impunis ; ce ne fut que plus tard qu'une longue et cruelle détention ayant paru une peine suffisante, l'autorité les rendit à la liberté. Rendons justice à l'arbitraire lui-même ; les lettres de cachet sauvèrent l'existence à des individus qu'une légalité plus strictement suivie aurait envoyés à la mort.

Les lettres de cachet et les ordres du roi n'avaient pas peu contribué à déshonorer l'ancienne police, par la facilité qu'ils donnaient d'exercer des vengeances et de servir de viles passions ; on ne voyait pas le bien dont quelquefois ils avaient été la source, on ne s'attachait qu'aux abus, dont la police offrait d'ailleurs bien d'autres exemples encore.

De ce nombre était la violation du secret des lettres, dont j'ai entretenu le lecteur.

CHAPITRE LIV.

Comité des recherches de la commune de Paris, 21 octobre 1789. — Assassinat du boulanger François. — Motifs de l'établissement du comité des recherches. — Considérations sur son objet et ses attributions. — Ses poursuites contre les ministres. — Le prince de Lambesc, M. de Barentin, de Broglie, de Bezenval. — Arrêté concernant les événemens du 6 octobre. — Affaire de Favras. — Monsieur, frère du roi, à l'assemblée de la commune. — Rapport de M. Agier sur les prévenus de conspiration. — Suppression du comité des recherches.

Le roi Louis XVI avait enfin fixé sa demeure à Paris, après les événemens du 6 octobre 1789, lorsque la cherté des subsistances fournit le prétexte et l'occasion de nouveaux désordres, qui paraissaient tenir à des desseins cachés, d'occuper la révolution et d'obliger le roi à fuir de la capitale.

Il est à remarquer, sur ce point, que ce prétexte, si fréquent parmi nous, précède habituellement les grandes catastrophes. Peut-être, au lieu de l'arbitraire et du vague qui règnent dans ces matières, faudrait-il créer un département spécial des subsistances pour la surveillance de la production et la répartition des denrées. Il est essentiel de voir clair, et surtout de prévoir, dans un besoin de tous les jours. La liberté dans le vague n'aboutit qu'au désordre.

Un boulanger, nommé François, était soupçonné de fraude et d'accaparement dans son commerce; on l'arrête dans sa boutique, on l'emmène au comité de police, à l'Hôtel-de-Ville; il en est arraché par la multitude avec violence, traîné sur la place de Grève, jusqu'au-dessous du fatal réverbère; il y est pendu; sa tête ensuite est coupée et portée dans Paris, au bout d'une pique (1), le 21 octobre 1789.

Un pareil crime était fait pour alarmer les gens de bien qui savaient que le crime appelle le crime

---

(1) Procès-verbal des représentans de la commune, du 21 octobre 1789.

et que l'odeur du sang en allume la soif. Le roi et la famille royale étaient aux Tuileries; on craignait quelques excès contre eux qui les forçât à fuir une ville où de pareils attentats resteraient impunis.

Le garde des sceaux écrivit à la municipalité provisoire d'en faire rechercher les auteurs et provocateurs. Elle en prit la détermination et promit 20,000 francs à quiconque dénoncerait les agens ou instigateurs de l'assassinat du boulanger François.

Mais comment les découvrir? comment, en se prêtant à la demande du roi, connaître et surveiller les agitateurs secrets, s'il y en avait, et les livrer à la justice? L'idée d'un *comité de sûreté* fut mise en avant, c'était la plus naturelle qu'on pût proposer; le conseil général de la commune l'adopta; et, le 21 octobre 1789, il prit un arrêté où il déclara « que, vivement affligé de voir que, malgré ses invitations aux habitans de la capitale pour les engager à ne plus troubler la tranquillité publique par des insurrections aussi préjudiciables aux particuliers qu'à la ville entière, de nouveaux actes de violence et de meurtre même se commettaient encore pendant le séjour du roi dans sa bonne ville de Paris et pendant les séances de l'assemblée nationale; considérant qu'il est de son devoir de chercher à découvrir les manœuvres odieuses que des gens mal intentionnés emploient pour dénaturer le caractère doux et humain du peuple français et pour l'exciter à des troubles qui ne tendent qu'à tourner contre ses propres intérêts, a unanimement arrêté qu'il serait établi un *comité des recherches*, composé de membres pris dans son sein, qui se bornerait, et, sans avoir aucun pouvoir administratif, à recevoir les dénonciations et les dépositions sur les trames, complots et conspirations qui pourraient être découverts; s'assureraient, au besoin, des personnes dénoncées, les interrogeraient et rassembleraient les pièces et preuves qu'ils pourraient recueillir pour en former un corps d'instruction. En conséquence, elle nomma, par la voie du sort, les commissaires pour faire les fonctions ci-dessus énoncées. »

Cet arrêté, signé Bailly, maire, Blondel, de la Vigne, Marchais, président de l'assemblée des représentans de la commune, et de Bertolio et Vigée, secrétaires, fut affiché et proclamé dans Paris. Au lieu d'éloges, au moins inutiles à des affamés, que la terreur de voir leurs familles périr des suites de la disette, rendait indomptables et féroces, au lieu d'un comité de menaces, qui devait employer un certain personnel, il eût été plus simple, plus convenable, de prendre des mesures générales d'approvisionnement; on ouvrait des voies à la dénonciation et à la répression ; mais l'échafaud et l'espionnage ne suffisent pas à tous les besoins.

Les commissaires nommés par le sort pour composer ce comité, furent MM. Agier, Oudart, Perron, Lacretelle (l'aîné), Garran de Coulon et Brissot de Warville.

MM. Garran de Coulon, Agier et Brissot de Warville se montrèrent les plus zélés et les plus actifs de cette autorité nouvelle. Leurs noms sont si connus, que je ne m'arrêterai pas à rappeler les circonstances particulières qui les concernent.

Leurs fonctions étaient, comme on le voit, tout à la fois de police secrète ou administrative, et de police judiciaire; ils pouvaient recevoir des dénonciations, arrêter les prévenus, les interroger, dresser procès-verbal de la première instruction, et renvoyer les accusés devant les tribunaux. C'était le Châtelet devant lequel se portaient les accusations de conspiration et de crime de lèse-nation.

A mesure que les travaux du comité prirent de l'importance, il devint l'objet des plus vives réclamations de la part des adversaires de la révolution; plusieurs actes arbitraires, et la haine que l'on porte généralement à l'espionnage politique, fournirent des argumens contre lui. La démarche imprudente qu'il fit, entre autres, d'arrêter madame de Jumishac, retirée dans une de ses terres, et de la faire comparaître devant lui pour répondre à de frivoles dénonciations, donna prise aux mécontens de jeter du ridicule et de l'odieux sur le comité. M. de Clermont-Tonnerre fut un de ceux qui crièrent le plus haut; il en attaqua les membres et leur prodigua les noms les plus odieux; le comité lui-même n'était, suivant le violent député, qu'une *tyrannie organisée;* mais c'était moins du comité et de son pouvoir arbitraire que de l'objet de son institution, que M. de Clermont-Tonnerre était blessé. Tout ce qui avait pour but de défendre la révolution devait produire cet effet parmi les ministres de la noblesse, dont il était un des plus illustres; aussi, ses plaintes et ses démonstrations se perdirent-elles dans la foule des avis qu'excitait le nouvel ordre de choses. Cependant, Brissot de Warville voulut défendre le comité; il répondit à M. de Clermont-Tonnerre et réfuta sa brochure. Il s'attacha à montrer que, sans les pouvoirs dont était revêtu ce comité, et sans les actes arbitraires qu'il se permettait et auxquels il était en quelque sorte nécessité pour remplir sa mission, il aurait été impossible d'en obtenir quelque résultat utile pour la recherche des agitateurs et la répression des désordres dont M. de Clermont-Tonnerre se plaignait plus que personne. Ces raisons ne parurent pas également plausibles à tous les yeux, et le nom du comité des recherches resta toujours entaché d'un vernis inquisitorial qui ne s'est pas effacé.

Parmi les procédés auxquels il se livra pour répondre au but de son institution, je dois citer l'enquête qu'il ordonna et fit faire sur les auteurs de ce qu'il appelle la *conspiration tramée par la cour contre la ville de Paris*, *en juin et juillet* 1789.

Les pièces qu'à cette occasion il produisit contre MM. de Barentin, garde des sceaux, Bezenval, Broglie et autres personnes signalées comme complices de cette conspiration, produisirent un grand effet dans le public, et contribuèrent à éclairer l'opinion sur les manœuvres auxquelles on entraînait le roi et le gouvernement à cette époque (1).

Mais une de ses plus importantes opérations se

---

(1) On engage les personnes qui voudraient prendre connaissance de ces pièces et autres actes authentiques du *comité des recherches*, de recourir au *Moniteur* de 1789 et 1790, où l'auteur de ces Mémoires les fit insérer.

rapporte à la recherche des auteurs et des circonstances des événemens du 6 octobre précédent, le 5, n'ayant été considéré que comme un tumulte populaire, qui ne lui parut pas criminel. L'arrêté qu'il prit à ce sujet caractérise sa mission et son opinion sur les scènes de Versailles; c'est une pièce historique que je dois consigner ici.

« Le comité des recherches, y est-il dit, se propose de dénoncer le forfait exécrable qui a souillé le château de Versailles dans la matinée du mardi 6 octobre, forfait qui n'a eu pour instrument que des bandits poussés par des manœuvres clandestines, et qui se sont mêlés avec les citoyens. Le comité ne rappellera pas les excès auxquels ces brigands se sont livrés, et qu'ils auraient multipliés sans doute s'ils n'avaient été arrêtés par des troupes nationales destinées à repousser les désordres et à assurer la tranquillité du roi et de l'assemblée nationale. Le calme et l'harmonie régnaient partout; on ne parlait que de reconnaissance, d'amour et de fraternité, lorsque, entre cinq et six heures du matin du mardi, une troupe de bandits armés, accompagnés de quelques femmes, fit, par des passages intérieurs du jardin, une irruption soudaine dans le château, força les gardes-du-corps en sentinelle dans l'intérieur (1), enfonça les portes, se précipita vers les appartemens de la reine, massacra quelques-uns des gardes qui veillaient à sa sûreté ; il pénétra dans cet appartement que Sa Majesté eut à peine le temps de quitter pour se réfugier chez le roi. La fureur de ces assassins ne fut réprimée que par les gardes nationales qui, averties de ce carnage, accoururent de leurs postes extérieurs pour les repousser et arracher de leurs mains d'autres gardes-du-corps qu'ils allaient immoler.

« Le comité, considérant que des attentats aussi atroces, s'ils restaient sans poursuites, imprimeraient à l'honneur de la capitale et au nom français une tache ineffaçable, estime que M. le procureur-syndic doit, en vertu de la mission qui lui a été donnée par les représentans de

---

(1) S'il faut s'en rapporter à M. le marquis de Ferrières, député de la noblesse du bailliage d'Angers, M. de Lafayette, qui commandait la garde nationale venue de Paris, offrit au roi, et même lui demanda avec instance, de faire garder les *postes intérieurs* du château par des grenadiers de la garde nationale. Le roi refusa et voulut que ce fussent les gardes-du-corps. *Mémoires de Ferrières sur la Révolution*, tome 1er.

Permis de douter alors que si le roi eût acquiescé à cette demande, les grenadiers de la garde nationale auraient repoussé les brigands ; leur seule présence eût suffi pour réprimer le désordre; il n'était plus temps lorsqu'il fut à son comble.

la commune, et en continuant les dénonciations faites précédemment d'après les mêmes pouvoirs, dénoncer les attentats ci-dessus mentionnés ainsi que leurs auteurs, fauteurs et complices, et tous ceux qui, par des promesses d'argent ou par d'autres manœuvres, les ont excités et provoqués.

« Fait audit comité, le 23 novembre 1789.

« *Signé*, Agier, Perron, Oudart, Garran de Coulon et Brissot de Warville. »

Je n'ai point dissimulé les plaintes qu'excita ce comité, pas plus que les actes arbitraires de sa police; mais, encore une fois, pouvait-il remplir sa mission? pouvait-il dénoncer et signaler aux tribunaux les auteurs et complices des excès commis à Versailles le 6 octobre, sans procéder par voie d'investigations, de recherches, d'une sorte d'espionnage? Si, devant certains accusateurs, dont les chicanes portent plus sur la forme que sur le fond, et qui veulent que l'on apporte quelque modération dans l'usage de la force, cette nullité n'excuse et ne légitime pas tout ce qu'il y eut d'irrégulier dans la conduite du comité des recherches, c'est une considération importante qui doit atténuer les accusations étranges que l'on a portées contre lui. Sa création emportait son action, et son action des abus; mais on est toujours scandalisé, parmi nous, de voir un principe engendrer ses conséquences : on ne sait que déclamer, on ne sait pas prévoir.

Du moment que les circonstances et l'état de l'opinion ne rendirent plus ses fonctions nécessaires, le président du comité vint annoncer au conseil général de la commune (le 5 octobre 1791) que ses travaux étaient à leur terme; en conséquence, le conseil général arrêta « : 1° que le comité cesserait ses fonctions; 2° que les papiers inventoriés seraient déposés au département de la police ; 3° que des remercîmens seraient votés au comité pour le zèle et la prudence avec lesquels il avait rempli les devoirs les plus pénibles.

« *Signé* BAILLY, *maire ;* ROYER, *secrétaire-greffier-adjoint* (1). »

Comme autorité de Paris, le comité des recherches de la commune de Paris a exercé son

---

(1) Ce dernier est l'honorable M. Royer-Colard, membre inamovible de la chambre des députés, qui, dans nos temps d'incertitude, a toujours été, pour les hommes liés à tous les pouvoirs, et jaloux de les associer au progrès du pays, le représentant d'apparat de la haute démocratie. Son effacement calculé, ses apparitions prophétiques lui donnent une importance à laquelle son caractère a certainement droit, bien que sa pensée ne se soit

pouvoir en livrant aux tribunaux plusieurs de ceux qui étaient accusés de conspirations ou de complots contre l'Etat.

M. Agier, aujourd'hui membre de la cour royale et de la chambre des députés, en avait rendu compte à l'assemblée générale des représentans de la commune dès le 30 novembre 1789; son rapport fut imprimé par ordre de cette assemblée.

On y voit que le comité des recherches de la commune avait dénoncé au tribunal du Châtelet, chargé de poursuivre les auteurs des complots contre la révolution, d'abord M. de Lambesc. Quinze témoins avaient été entendus; tous déposaient de l'assassinat commis dans les Tuileries par ce prince; mais ces dépositions ne lui ayant pas paru suffisantes, il multiplia ses recherches : vingt-cinq nouveaux témoins firent la même déclaration que les premiers. Le comité apprit, de plus, que M. de Lambesc, qu'on ne croyait coupable que des violences exercées

---

jamais bien nettement vulgarisée. Nous croyons qu'il peut beaucoup plus, et nous regrettons de voir son influence pâlir après avoir jeté de si vifs éclairs, ce serait une accusation douloureuse contre le système constitutionnel, où les plus belles forces tombent et s'effacent, après s'être un moment placées en évidence, remplacées par d'autres qui ont le même éclat, la même inutilité, le même sort. *Note de J. Peuchet.*

dans les Tuileries sur un vieillard, était accusé d'avoir sabré d'autres individus, et même déchargé ses pistolets sur quelques-uns d'entre eux.

Le prince de Lambesc était chargé de la haine publique. La férocité, l'insolence, la brutalité de ce chef militaire et courtisan, avaient indigné le public.

Le second procès poursuivi devant le Châtelet, sur la dénonciation du comité, fut contre le baron de Bezenval, qu'après une longue procédure, et non sans peine, les juges du Châtelet acquittèrent. Les recherches se dirigèrent aussi sur M. de Barentin, garde des sceaux avant le 14 juillet; sur M. le comte de Puiségur, qui avait été un moment au ministère de la guerre; sur le maréchal de Broglie, ayant le commandement des troupes qui cernaient Paris; sur le marquis d'Autichamp, major-général dans cette armée; enfin, sur M. Augeard, qui avait préparé un projet et rédigé l'itinéraire de la fuite du roi et de sa retraite à Metz, au 14 juillet.

M. Agier agite ensuite la question de la responsabilité des ministres dénoncés, et s'attache à réfuter l'opinion de ceux qui soutenaient qu'ayant exécuté des ordres dans la sphère de leurs devoirs, ils étaient inattaquables, et que le décret qui les rendait responsables, n'ayant été porté que le 13 juillet 1789, c'est-à-dire postérieurement aux événemens, les chefs d'accusation contre eux étaient inadmissibles.

« Nous croyons, cependant, dit M. Agier, que, malgré la date du décret et le manque solennel de sa publication, ces agens du pouvoir n'en sont pas moins coupables d'avoir exécuté les ordres rigoureux qu'ils avaient reçus; que la responsabilité n'a été que déclarée et non établie par le décret du 13 juillet; qu'elle a son fondement dans les lois antérieures et dérive de la nature même du contrat social. Les agens civils et militaires se mettaient donc au-dessus des lois, en alléguant les ordres qu'ils ont reçus. » Invoquer la nature même du contrat social, c'était subordonner la responsabilité des agens du pouvoir à de bien autres disputes encore.

Le rapporteur se plaint ensuite du manque de moyens que le comité éprouvait pour remplir sa mission. « Nous avons été privés, dit-il, d'un nombre suffisant *d'observateurs*, espèce d'armée qui était aux ordres de l'ancienne police et dont elle faisait un si grand usage. Si tous les districts étaient bien organisés, si leurs comités étaient bien choisis et peu nombreux, nous n'aurions vraisemblablement aucun sujet de regretter la privation d'une ressource odieuse que nos oppresseurs ont si long-temps employée contre nous. »

Transformer l'espionnage, et d'odieux le rendre tout à coup national, ce n'est rien moins qu'abolir la vie privée et ses ténèbres pour les lumières de la vie publique. Il faudrait trouver pour cela le moyen de donner de toutes parts le pas à l'esprit corporatif sur l'esprit de famille; problème digne d'exercer les spéculations de ceux qui méritent vraiment le nom de législateurs!...

M. Agier combat ici ce qu'il appelle une *fausse délicatesse*. « Reste, dit-il, de nos anciennes mœurs, qui fait qu'on rougit de déclarer ce que l'on sait, même lorsqu'il est question du salut de la patrie. Qu'il me soit permis de le dire, ajoute-t-il, il est temps de déposer ces préjugés. Autrefois, on abhorrait le nom de *délateur*, et l'on avait raison; car à quoi aboutissaient les délations? A faire connaître souvent des actions très innocentes, quelquefois même vertueuses, et à livrer le prétendu coupable au pouvoir arbitraire et à une justice presque aussi redoutable aux gens de bien; partiale dans son instruction, cruelle dans ses moyens, secrète et impénétrable dans sa marche. Aujourd'hui, tout est changé; ce ne sont plus des actes de vertu ou des démarches indifférentes qu'il s'agit de dénoncer, mais des complots funestes à la patrie. Le but des dénonciations, quel est-il? Ce n'est pas de perdre obscurément la personne dénoncée ou de compromettre son existence; mais de l'amener devant ses pairs pour y être examinée sur-le-champ, renvoyée, si elle se trouve innocente, et dans le cas contraire, livrée à une justice humaine, publique, impartiale, qui ne peut être terrible qu'aux malfaiteurs. Le silence, en matière de délation, est vertu sous le despotisme; c'est un crime sous l'empire de la liberté. »

Cette doctrine, trop périlleuse, trop favorable à la tyrannie pour être adoptée, fut, malgré tout ce que M. Agier put dire, généralement repoussée du public et de ses collègues. C'est surtout dans les troubles politiques, disait-on, qu'elle est funeste, et trop d'exemples le prouvent. Ce qu'un parti appelle vertu, courage, l'autre le nomme trahison; tel est coupable le lendemain pour avoir fait ou dit une chose qui la veille lui avait valu une couronne. La *dénonciation* des crimes dans la société est à peine tolérable, malgré les garanties qu'offrent à l'accusé l'institution des jurés, la publicité de la procédure et l'intervention d'un défenseur. Mais que dire de la *délation* qui porte sur des délits politiques, essentiellement variables, incertains, si sujets aux caprices du pouvoir? N'est-elle pas elle-même un crime, un danger, qu'il faut repousser, et que Tacite a eu raison de classer parmi les plus honteux titres des courtisans de Tibère?

D'ailleurs, on ne régularise pas l'espionnage avec des phrases plus ou moins bien tournées contre les abus de la délicatesse. Cette délicatesse est et sera; elle a ses abus comme tout le reste. Tous les partis, dans leur propre isolement, se posent comme les représentans uniques de la patrie; tous se disent vertueux, justes et bons; rien ne sera plus suspect tant que leurs adversaires n'en seront pas d'accord. En présence de leurs nombreux excès et de leurs diverses représailles, l'impartialité serait de les absoudre ou de les condamner tous. L'honneur et la vertu sont en effet des mots que tour à tour ils ont cruellement prostitués à des haines et à des vengeances. Nous aurions voulu leur voir un peu moins de cet honneur impitoyable et de cette vertu sanguinaire en leur reconnaissant plus d'humanité; c'est ce qui reste à leur demander lorsque l'on parcourt leurs annales.

Au nombre des faits qui se rattachent à la mission du comité des recherches de la commune, il ne faut pas omettre la découverte et la dénonciation de la conspiration du marquis de Favras, ou plutôt du projet que cet enfant perdu de l'enthousiasme royaliste avait formé dans l'intérêt de la famille royale, et auquel prirent part, mais avec une pusillanimité si connue, des personnages qu'une haute considération empêcha de signaler alors. Favras fut victime de son zèle et de son imprudence; mais le comité accomplit strictement son devoir en le faisant arrêter; car la tentative que méditait le marquis de Favras, et pour laquelle il comptait sur une puissante intervention, pouvait avoir sur le moment des suites déplorables, qui furent ajournées par son arrestation. J'en ferai donc connaître le commencement et l'issue; j'y ajouterai quelques circonstances dont, comme un des témoins de ce qui se passa dans le temps, je pourrai garantir l'exactitude.

On savait d'une manière confuse dans le public que l'auteur d'un complot, dont l'objet aurait été de s'emparer ou de se défaire du maire de Paris, du commandant général et de faciliter au roi une évasion, avait été arrêté. Un bruit vague désignait *Monsieur*, frère du roi, comme le chef de cette espèce de conspiration. Les personnes au courant de ce qui se tramait, des intrigues et des tentatives secrètes des royalistes mécontens, avaient sur le fond de ce projet des données qui ne leur permettaient pas de douter que le prince ne se fût en effet engagé avec prudence à en faciliter l'exécution. Comme il était nécessaire d'avoir des fonds en assez grande quantité pour fournir aux dépenses de levée d'hommes ou de moyens de corruption près de certains chefs, il fut convenu que, sous prétexte de liquider l'arriéré de sa maison, Monsieur ferait un emprunt de quelques millions que le marquis de Favras se chargerait de négocier chez les notaires les plus solvables.

Mais quoique ces bruits acquissent une certaine consistance par les autres conjonctures et ce qu'on savait des vues du parti de la cour, on ignorait encore ce qu'il en était au fond ; surtout on révoquait en doute la participation de Monsieur au complot, lorsqu'à la séance du 26 décembre 89, on reçut une lettre de Monsieur ainsi conçue. Elle était adressée au président de l'assemblée :

« Je vous prie, monsieur, de demander à
« MM. les représentans de la commune une as-
« semblée extraordinaire pour ce soir, désirant
« communiquer avec eux pour une affaire qui
« m'intéresse. Soyez bien persuadé, monsieur,
« de tous mes sentimens pour vous.

« *Signé* STANISLAS XAVIER. »

M. de Maissemy, qui présidait l'assemblée, fit en son nom la réponse suivante :

« Monseigneur,

« J'ai fait lecture à l'assemblée générale des « représentans de la commune de la lettre « dont *Monsieur* m'a honoré; elle m'a chargé « d'avoir l'honneur d'assurer *Monsieur* de son « empressement à s'occuper de ce qui peut l'in-« téresser ; elle se réunira ce soir à six heures, « et attendra que *Monsieur* daigne lui faire con-« naître ses intentions.

« Je suis, avec un profond respect, monsei-« gneur, votre très humble et très obéissant « serviteur.

« *Signé* DE MAISSEMY,

« Président de l'assemblée générale des représentans de la commune. »

J'étais présent à la lecture de cette réponse, et il me fut facile de remarquer que quoique les membres de l'assemblée sentissent leur amour-propre chatouillé par cette espèce d'appel que lui faisait le prince dans une *affaire* qui *l'intéressait*. Il y eut néanmoins quelques murmures à propos des expressions trop obséquieuses de la réponse. Mais M. de Maissemy avait été directeur de la librairie; il était homme de cour et ne croyait pas pouvoir employer d'expressions trop respectueuses en écrivant au frère du roi. Le ton prévalut.

Tout Paris fut instruit que Monsieur viendrait le soir à la commune pour se justifier sur la *trahison de Favras :* c'était l'expression qu'il employait. On va voir, par le discours que le prince prononça, jusqu'à quel point le public pouvait concevoir des inquiétudes et désirer savoir le résultat de la séance du soir.

Elle s'ouvrit à six heures, et la salle était déjà remplie; M. le maire la présidait. A l'ouverture, il proposa de nommer une députation pour aller recevoir *Monsieur*, lorsqu'il entrerait à l'hôtel de la commune; elle fut composée, par le choix de l'assemblée, de douze de ses membres, sur la proposition de M. le maire; ce furent MM. de Maissemy, président, Lourdet, Cellier, Porriquet, de Semonville, de Condorcet, des Essarts, Daval, de Santeuil, Bertolio, de Fresne et Callot.

Au moment où on est venu prévenir l'assemblée de l'arrivée de *Monsieur*, les députés sont allés au-devant de lui; introduit, il a été placé sur un fauteuil qui lui était préparé à la gauche de M. le maire. Le prince n'avait aucun de ses gardes, et les postes intérieurs de la salle étaient confiés aux gardes de la ville qui n'avaient point encore été supprimés, comme ils le furent plus tard. De nombreux applaudissemens se sont fait entendre, non seulement de la part de l'assemblée, mais encore des galeries. Ce bruit flatteur a paru donner un aplomb à Monsieur, que peut-être il n'avait pas en arrivant. Assis et découvert, il a prononcé le discours suivant :

« Messieurs,

« Le désir de repousser une calomnie atroce m'amène au milieu de vous. M. de Favras a été arrêté avant-hier par ordre de votre comité des recherches, et l'on répand aujourd'hui avec affectation que j'ai de grandes liaisons avec lui. En ma qualité de citoyen de la ville de Paris, j'ai cru devoir vous instruire moi-même des seuls rapports sous lesquels je connais M. de Favras.

« En 1772, il est entré dans mes gardes-suisses ; il en est sorti en 1775, et je ne lui ai pas parlé depuis. Privé depuis plusieurs mois de la jouissance de mes revenus ; inquiet sur les paiemens considérables que j'ai à faire en janvier, j'ai désiré pouvoir satisfaire à mes engagemens sans être à charge au trésor public. Pour y parvenir, j'avais formé le projet d'aliéner des contrats pour la somme qui m'était nécessaire ; on m'a représenté qu'il serait moins onéreux à mes finances de faire un emprunt. M. de Favras m'a été indiqué, il y a environ quinze jours, par M. de La Châtre, comme pouvant l'effectuer par deux banquiers, MM. Schaumel et Sartorius En conséquence, j'ai souscrit une obligation de 2,000,000, somme nécessaire pour acquitter mes engagemens du commencement de l'année, et pour payer ma maison; et cette affaire étant purement de finances, j'ai chargé mon trésorier de la suivre. Je n'ai point vu M. de Favras, je ne lui ai point écrit, je n'ai eu aucune communication quelconque avec lui. Ce qu'il a fait, d'ailleurs, m'est parfaitement inconnu.

« Cependant, messieurs, j'ai appris hier qu'on distribuait avec profusion dans la capitale un papier conçu en ces termes :

« Le marquis de Favras (Place-Royale) a été
« arrêté avec madame son épouse, la nuit du 24
« au 25, pour un plan qu'il avait de faire sou-
« lever trente mille hommes pour faire assassiner
« M. de Lafayette et le maire de la ville, et
« ensuite de nous couper les vivres. *Monsieur*,
« frère du roi, était à la tête.

« *Signé* BARAUZ. »

« Vous n'attendez pas de moi, sans doute, que je m'abaisse jusqu'à me justifier d'un crime aussi bas ; mais, dans un temps où les calomnies les plus absurdes peuvent faire aisément confondre les plus honnêtes citoyens avec les ennemis de la révolution, j'ai cru, messieurs, devoir au roi, à vous, et à moi-même, d'entrer dans tous les détails que vous venez d'entendre, afin que l'opinion publique ne puisse rester un instant incertaine. Quant à mes opinions personnelles, j'en parlerai avec confiance à mes concitoyens. Depuis le jour où dans la seconde assemblée des notables je me déclarai sur la question fondamentale qui divisait encore les esprits, je n'ai point cessé de croire qu'une grande révolution était prête ; que le roi, par ses intentions, ses vertus et son rang suprême, devait en être le chef, puisqu'elle ne pouvait pas être avantageuse à la nation, sans l'être en même temps au monarque ; enfin, que l'autorité royale devait être le rempart de la liberté nationale, et la liberté nationale la base de l'autorité royale.

« Qu'on cite une seule de mes actions, un seul de mes discours qui ait démenti ces principes, qui ait montré que dans quelques circonstances où j'aie été placé, le bonheur du roi, celui du peuple, ait cessé d'être l'unique objet de mes pensées et de mes vœux. Jusque-là j'ai le droit d'être cru sur parole ; je n'ai jamais changé de sentimens ni de principes, et je n'en changerai jamais. »

De nombreux applaudissemens se sont renouvelés chaque fois que Monsieur, renonçant à ses titres pour ne prendre que celui de citoyen de la ville de Paris, semblait annoncer par là le prix qu'il mettait à l'opinion de la commune. C'était un trait d'esprit de sa part, et qui lui réussit parfaitement. Il prouva depuis qu'il n'en manquait pas à l'occasion. Il parla d'ailleurs avec beaucoup d'assurance, du ton d'un homme sûr de son innocence et qui ne craint point les investigations. L'assemblée tout entière a joint ses applaudissemens à ceux du public et des étrangers qui étaient présens.

Monsieur ayant déposé son discours écrit sur le bureau de M. le maire, celui-ci lui adressa le suivant :

« Monsieur,

« C'est une grande satisfaction pour les représentans de la commune de Paris de voir parmi eux le frère d'un roi chéri, d'un roi le restaurateur de la liberté française. Augustes frères, vous êtes unis par les mêmes sentimens. *Monsieur* s'est montré le premier citoyen du royaume en votant pour le tiers-état dans la seconde assemblée des notables ; il a été presque le seul de cet avis, du moins avec un très petit nombre d'amis du peuple, et il a ajouté la dignité de la raison à tous ses autres titres, au respect de la nation. *Monsieur* est donc le premier auteur de l'égalité civile ; il en donne un nouvel exemple aujourd'hui en venant se mêler parmi les représentans de la commune, où il semble ne vouloir être apprécié que par ses sentimens patriotiques ; ces sentimens sont consignés dans les explications que *Monsieur* veut bien donner à l'assemblée. Le prince va au-devant de l'opinion publique, le citoyen met le prix à l'opinion de ses concitoyens, et j'offre à *Monsieur*, au nom de l'assemblée, le tribut de respect et de reconnaissance qu'elle doit à ses sentimens, à l'honneur de sa présence, et surtout au prix qu'il attache à l'estime des hommes libres. »

On remarqua que ce discours, assez vide de pensées d'ailleurs, ne disait rien dont on pût conclure que l'assemblée était convaincue de l'innocence de *Monsieur* dans l'affaire dont il était question, point délicat sans doute, mais que M. Bailly aurait pu toucher sans compromettre son jugement s'il l'eût fait avec adresse. Il s'en abstint, soit qu'il le crût inutile, ou qu'il y vît quelque chose de dangereux.

Après avoir parlé, et en présence de *Monsieur*,

le maire lut une proclamation du département de police, pour annoncer qu'on était à la recherche de l'auteur de *l'inculpation atroce signée Barauz*, afin de le livrer à la justice des tribunaux. Il ajouta que le commandant général, M. de Lafayette, avait fait arrêter quelques personnes suspectées d'avoir colporté l'écrit calomnieux dont *Monsieur* avait à se plaindre. Sur quoi, M. de Lafayette prenant la parole, dit qu'en effet, averti la veille vers les quatre heures du soir, que cet écrit avait été porté dans un des clubs du Palais-Royal; qu'on en avait tiré des copies, il avait donné des ordres à ce sujet; et que celui qui avait copié le billet, celui qui l'avait dicté, celui qui l'avait écrit, étaient entre les mains du comité des recherches.

Alors Monsieur reprenant la parole avec l'expression d'un homme pénétré de reconnaissance et affecté de ce qu'il venait d'entendre, adressa ces paroles à l'assemblée. « Le devoir que je viens de remplir a été pénible pour mon cœur, mais je suis dédommagé par les sentimens que l'assemblée vient de me témoigner; et ma bouche ne doit plus s'ouvrir que pour demander la grâce de ceux qui m'ont offensé. »

Après ces mots, le prince descendit de la place qu'il occupait, et traversa la salle au milieu des applaudissemens et des expressions d'une satisfaction, tels que ne pouvait manquer de produire sa démarche.

Aussitôt que le silence fut rétabli dans la salle, on délibéra sur ce qu'on avait à faire relativement à la plainte de *Monsieur*. Après avoir entendu quelques membres qui déraisonnèrent ou dirent des choses qui sentaient plus la bassesse que le sentiment de la justice, on recueillit les voix, et il fut arrêté qu'il serait enjoint au procureur de la commune de dénoncer, au nom de la commune, l'écrit signé *Barauz* et les autres, par-devant les tribunaux.

Mais ce qui parut remarquable ici, ce fut la proposition que fit un des membres, M. de Saisseval, d'arrêter que le comité des recherches ne pût faire aucune dénonciation au nom des représentans de la commune, sans en avoir préalablement communiqué à l'assemblée. Etait-ce pour être à même d'étouffer des dénonciations défavorables à *Monsieur*, ou au contraire pour soutenir le comité des recherches dans ses pénibles investigations et la poursuite des coupables ? C'est ce que le discours de M. de Saisseval ne fit pas explicitement connaître. Il paraissait n'avoir pour objet, dans une cause aussi importante, comme dans toutes celles dont le comité était chargé, que de l'assujettir à ne faire au nom de la commune, aucune dénonciation qu'elle ne l'eût approuvée.

Une pareille discussion ne pouvait être que longue et vive ; mais, après avoir tout bien pesé, l'assemblée décida qu'il n'y avait pas lieu à délibérer, et que la conduite du comité des recherches continuerait d'être réglée par l'arrêté qui l'avait institué.

Les dernières traces du dévouement de Favras disparurent dans son supplice. De vaines dénonciations auraient avili son caractère ; il sut mourir !

CHAPITRE LV.

1799. — CONTRE-POLICE ROYALE.

Agens supérieurs et ordinaires de la contre-police : MM. Hyde-de-Neuville, le chevalier de Coigny, de Larue, Dupeyron, l'abbé Bodart. — Le drapeau noir au clocher de la Madeleine. — Réorganisation de la contre-police. — Ses dépenses. — Surveillance de l'abbé Sieyes. — Aperçu des opérations de la contre-police. — Pillage de diligences. — Projet d'une chouanerie dans Paris. — Notice sur les personnes propres à gérer la contre-police. — MM. de Barentin, Jourdan (des Bouches-du-Rhône), Quatremère (de Quincy), Royer-Collard, Fiévée. — Dispersion des agens de la contre-police. — Saisie de la correspondance à Calais, au mois de floréal an 8.

D'après l'ordre des temps, ce chapitre n'a pas ici sa vraie place ; mais je n'écris pas l'histoire ; je raconte les faits, j'ai les matériaux sous la main. Les événemens de la police révolutionnaire viendront plus tard.

Tandis que le bureau central exerçait sa surveillance dans la capitale et que le ministre de la police générale s'occupait des mêmes soins politiques sur une plus vaste échelle, pour toute la France, les agens secrets des princes avaient organisé parallèlement une contre-police, dont le but était nécessairement de fomenter des troubles dans le royaume, d'entretenir l'esprit d'hostilité contre le gouvernement établi et de faire tout ce qui pouvait le contrarier et lui nuire.

Les plus distingués d'entre les chefs étaient MM. le chevalier de Coigny, Hyde-de-Neuville, de Larue, l'abbé Godard, Dupeyron, connu sous le nom de *Marchand*.

M. le chevalier de Coigny, qui avait résidé long-temps en Angleterre auprès des princes français, fut un des premiers agens de l'entreprise. M. Hyde-de-Neuville, lié avec les chefs vendéens, s'y associa plus tard. C'est lui qui, dans la nuit du 20 au 21 janvier 1799, avait fait mettre le drapeau noir au clocher de la Madeleine, dans le cimetière de laquelle Louis XVI avait été enterré; démonstration qui devait principalement agir sur les esprits et mettre les habiles à même de scruter et de recruter des prosélytes pendant l'effervescence causée par ce hardi coup de théâtre. M. Hyde-de-Neuville donnait les ordres et procurait les fonds nécessaires aux opérations de l'établissement.

M. Dupeyron, qui avait été employé dans des missions diplomatiques du temps de la Convention sous le ministre des relations extérieures Lebrun, avait la direction des mouvemens et l'exécution des mesures ordonnées par le chef.

Quelque active que fût la contre-police royale, le secret était si bien gardé que le gouvernement fut long-temps sans en découvrir la trame et sans pouvoir en saisir les membres ; il en ignorait les moyens sinon les vues, assez présumables du reste, lorsque la fuite de quelques-uns d'eux en Angleterre, et particulièrement de M. Hyde-de-Neuville, qui fut sur le point d'être arrêté, fit tomber entre les mains du gouvernement toutes les pièces de l'agence ; elles furent saisies à Calais au mois de floréal an 8 (avril et mai 1800) et envoyées aux consuls. Le plus perfide de tous les conseillers après la faim, c'est la peur. Des conspirateurs qui ne savent pas donner leur cou devraient ne jamais se mêler de conspiration.

Deux mémoires principaux trouvés parmi ces pièces, et écrits de la main de Dupeyron, jettent un grand jour sur ce qui s'était fait et sur ce qu'on voulait faire.

Dans l'un, intitulé : *Etablissement de la contre-police*, on y proposait de conserver ce qui avait été établi, mais d'y introduire des changemens propres à rendre la marche des agens plus sûre et plus régulière. « Il faut, disait Dupeyron, conserver et perfectionner ce qui existe déjà, mais aussi faire cesser ce qui avait été laissé à l'arbitraire des agens. Il faut une organisation plus régulière à l'aide de laquelle les chefs connus ou secrets de la contre-police trouvent leur sûreté confondue avec celle de la généralité. Marchand (Dupeyron) est en état de remplir ce service. Il a déjà eu la direction secrète de la police de Paris dans le temps que la Gironde luttait contre Pache et la Commune. »

Dupeyron demandait deux cents louis par mois pour les dépenses de son établissement. Ces dépenses parurent trop fortes aux chefs, et son plan ne fut pas accepté.

L'exploitation des royalistes se faisait alors sur une grande échelle, et les dépenses du cabinet anglais, véritablement énormes, ont dû faire naître dans l'esprit des idiots ce préjugé stupide : que nos moindres troubles se faisaient alors sur quittance avec les guinées anglaises. Ces guinées ne circulèrent pas de ce côté-là. Des escrocs de tous les degrés rivalisaient autour des principaux du parti, poussaient aux emprunts, promettaient monts et merveilles, se gorgeaient d'écus, s'attribuaient avec fatuité les effervescences populaires du moment, et menaient joyeuse vie sous prétexte d'ensorceler les patriotes. On en guillotina quelques-uns sur leur parole, et qui n'étaient ni profondément niais, ni profondément scélérats. Plus d'un innocent se fit passer pour fauteur de troubles parmi les gens crédules des diverses coteries royalistes que les espions du comité central envoyèrent à l'échafaud. Toute cette époque, analysée sévèrement, est à dégoûter de renverser les états, tant la duplicité des *meurs-de-faim* s'y montre ingénieuse à se créer des ressources. Mais de temps en temps, on se lassait d'en fournir, et ces lassitudes, comme les complaisances contraires, venaient souvent hors de propos.

Cependant on ne voulait point suspendre un service que l'on croyait utile à la cause royale ; il se passa quelque temps au bout duquel Dupeyron modifia son projet et en présenta les détails dans un nouveau mémoire sur *le Service de la contre-révolution*, en date du 18 nivose an 8.

Il y déclare que, d'après le système d'économie que l'on veut adopter provisoirement, il ne pourra ni tenir de vedette à l'état-major de Paris, ni organiser une petite poste ; cependant, en attendant qu'il puisse faire mieux, il garantit :

1° D'obtenir tous les jours du bureau central

les rapports de police; 2° de connaître les dénonciations qui s'y feraient contre les royalistes; 3° de savoir quels seraient les individus que la police mettrait en surveillance; 4° d'être instruit à temps de tous les mandats d'arrêt qui devraient être lancés contre des personnages attachés à la cause, et 5° de suivre les individus dont on lui remettrait la liste.

Ce plan fut définitivement adopté. Ainsi le bureau central fut le point où venaient aboutir la surveillance et la contre-police de Dupeyron. Il voulut, comme on voit, que les personnes qui ne seraient point employées, et qui, cependant, seraient observées par la police de la république, fussent protégées par celle qu'il dirigeait. « Sous ce rapport, il est essentiel, dit-il, que M. Hyde-de-Neuville s'entende avec moi, afin que de concert nous avisions aux moyens qui nous paraîtraient les plus appropriés aux intérêts de la cause. »

Ainsi la contre-police couvrait de son égide tous les ennemis du gouvernement; égide percée; et ce ne pouvait être, disait-on à chaque mécompte, que par quelque événement isolé ou par la division mise entre ses agens, qu'on devait espérer de l'atteindre et de prévenir le résultat de ses manœuvres. Le comité royaliste oubliait de tenir compte des paniques; et les conspirateurs sont d'habitude sur le qui-vive. C'est presque toujours l'essentiel que l'on oublie.

Suivant les détails donnés dans les pièces saisies, on comptait plus de deux cent trente individus qui, dans l'intervalle du 12 nivose au 18 ventose an 8, avaient été l'objet des révélations officieuses de la contre-police, et qu'elle avait soustraits à la surveillance et aux poursuites du gouvernement.

Une question faite par M. Hyde-de-Neuville, et à laquelle le directeur Dupeyron eut à répondre, explique la marche et les ressources de la contre-police. On avait transmis au premier un rapport dans lequel on posait en fait que le drap mortuaire attaché le 21 janvier au clocher de la Madeleine était l'ouvrage des agens du roi, et on nommait comme y ayant coopéré MM. Devilliers, Castillon, Fabry, Luly, Durocher, Mallès, Marchand et d'Halinville; on ajoutait qu'ils avaient été mis en surveillance.

« J'ai fait, répondit Dupeyron, toutes les recherches nécessaires, et pris les informations sur les faits ci-dessus, je me suis assuré qu'ils sont entièrement controuvés; non seulement les individus nommés n'ont point été mis en surveillance, mais l'affaire elle-même, tout en faisant une grande sensation sur l'esprit public, tout en étonnant la police, n'a point eu de suite, par la raison que la police s'était laissée persuader que le drapeau noir avait été mis par les jacobins. »

Cependant le ministre de la police générale, Fouché, très au fait de ces tactiques misérables dont on se sert pour dérouter les crédulités des partis, ne se laissa pas tromper par les bruits, à dessein répandus, que cette mise d'un drapeau noir était le fait des jacobins ; il ne doutait nullement que ce ne fût l'ouvrage des royalistes : ces démonstrations leur ressemblaient. M. le chevalier de Coigny d'ailleurs était arrivé depuis peu sur le sol de la France ; Dupeyron sut que le chevalier était mis en surveillance, et que M. Hyde-de-Neuville était menacé ; l'orage grondait, suivant un rapport de la contre-police, du 7 janvier 1800. Le ministre Fouché *avait annoncé au bureau central l'existence d'une conspiration tendant au rétablissement de l'ancien régime.* Le bureau central avait été invité à redoubler de vigilance. Fouché avait annoncé que des mandats d'arrêt allaient frapper quelques conspirateurs.

Si Fouché parlait de la sorte, c'est qu'il ne voulait pas encore s'emparer des gens, mais seulement les mettre en circulation par la frayeur, les surveiller, après les avoir forcés de se produire en évidence, et par ce moyen, les suivre partout ; pour frapper à propos sur eux et sur leurs complices un coup ferme et décisif. A la police, les hommes d'état ne se décident pas pour peu; ils attendent que le trésor de la conspiration se grossisse pour faire un plus riche présent à l'échafaud. L'indiscrétion d'un ministre est un moyen de première force dans ce calcul, surtout avec des gens qui sont obstinés.

A l'approche de ce danger, Dupeyron cependant cherchait à rassurer ses co-associés. Il écrivait à M. de Neuville que, d'après des renseignemens particuliers, il savait que le ministre de la police n'était dépositaire d'aucun secret important. « Je crois bien, ajoutait-il, que des indiscrétions, plus encore que des délations, auront procuré au ministre quelques données, qui, pour être vagues, ne lui en paraissent pas moins importantes.

« Evitons les démarches qui pourraient porter l'empreinte de l'irréflexion, et j'oserai garantir d'avance que la police, malgré ses espions, les moyens du gouvernement et son or corrupteur, ne pourra jamais pénétrer dans l'enceinte du camp royal. »

Tout ceci n'était pas rassurant; mais les partis tiennent tête jusqu'au dernier soupir: on ne tue pas les partis, et, dans leur atmosphère embrasée, les complices s'exaltent jusqu'à se croire puissans, invincibles, et sur le point de remporter à chaque instant la victoire.

Dans un second rapport du 12 du même mois, Dupeyron dit à ses correspondans que dans cette journée on était venu lui remettre des renseignemens additionnels sur le compte de M. le chevalier de Coigny, desquels il résultait qu'il avait été mis en surveillance une seconde fois, vers la fin de décembre précédent; mais qu'aucune donnée défavorable n'ayant été transmise à son sujet, l'affaire n'avait point eu de suite. « D'après cela, ajoute-t-il, j'ai la ferme persuasion que M. de Coigny peut être sans le plus léger sujet de crainte; d'une part, il doit être rassuré par la conviction que la police n'a contre lui que des données infiniment vagues et *infondées*, et de l'autre, par la presque certitude que nous serions avertis à temps dans le cas où de nouveaux nuages s'élèveraient à son sujet. »

Ce n'était pas seulement par des avis individuels que la contre-police veillait aux intérêts de ses affidés, c'était encore en leur signalant les agens ou espions de la police, dont ils avaient à se méfier. Quelques pauvres diables de royalistes sincères et besoigneux n'y trouvèrent pas leur compte; on se méprit sur eux, et des avanies en résultèrent.

On avait une liste des espions qui recevaient

de l'argent du ministre de la police pour l'informer de ce qui se disait et faisait dans la grande société; les rivalités individuelles grossirent quelquefois cette liste.

Une autre liste contenait les noms et la demeure d'un très grand nombre d'explorateurs ou agens de la police générale, depuis ceux qui exercent dans les rues et lieux publics, jusqu'à ceux qui sont reçus dans les salons.

Cette dernière liste était destinée à l'impression; elle devait être affichée, répandue avec profusion au moment où l'on aurait eu besoin de paralyser tout à la fois l'action de la police et de porter un grand coup. Ce moment devait être celui du débarquement des princes sur les côtes; on leur aurait en même temps livré le port de Brest, fait arrêter Bonaparte à Paris, et partir des courriers qui, annonçant par toute la France ce qui se passait, auraient excité un soulèvement général, et fait proclamer Louis XVIII. Tel était le but avoué et annoncé de la contre-police et de son agence; le plan était séduisant pour la foule, du moins par une apparence d'ensemble, et ne paraissait pas inexécutable à quiconque voulait voir les choses par le prisme de son idée fixe. C'était le plan auquel les royalistes paraissaient s'être ralliés; le principal était surtout de se rendre maître du premier consul.

Quelque habiles que fussent Dupeyron et ses agens ou ses collègues, ils ne furent pas à l'abri de la réprimande de leurs supérieurs. On lésinait; mais on aurait voulu des merveilles. L'argent est le nerf de l'intrigue, et, par malheur, on mettait le service au rabais, comme s'il y eût eu de la concurrence. M. Hyde-de-Neuville reprochait à Dupeyron que l'on eût arrêté des royalistes sans qu'il en eût été informé. « La meilleure réponse à faire à cette question, lui mandait Dupeyron, serait de vous en faire une autre. Comment se fait-il que la police républicaine ayant trois cents mouchards à ses ordres, et près de six millions à sa disposition dans le courant d'une année, ne puisse pas réussir à découvrir les principaux anneaux de la chaîne royaliste? Comment se fait-il qu'elle ne puisse, malgré ses efforts, ses sacrifices et ses correspondances dans les départemens, n'arrêter que des individus subalternes, quoique souvent les hommes de notre parti s'abandonnent à de fréquentes indiscrétions? Vous me donneriez 100,000 francs par mois qu'il me serait impossible de prévenir toutes les arrestations. Croyez-vous que ce soit avec quatre-vingts louis d'or par mois, que je sois à même de pénétrer dans l'antre de Polyphème? C'eût été une folie à moi de vous le promettre, c'eût été une duperie à vous de le croire. »

C'était répondre *ad rem*; et, du reste, les petits du grand parti s'étonnaient qu'on n'arrêtat pas de temps en temps parmi les hauts meneurs; d'où, et par suite de méfiance, des découragemens, des soupçons et des doutes. Il n'en coûtait pas beaucoup aux trembleurs de dire que ceux qu'on laissait libres servaient d'amorce au menu fretin. Il ne faut pas croire à la fraternité complète et à la confiance mutuelle des complices.

Mais ce n'était pas seulement à la vigilance des agens de Dupeyron et à ses moyens secrets qu'était dû le petit nombre d'arrestations et qu'elles se bornaient à des individus subalternes; ce résultat tenait à l'organisation même de l'agence et de la contre-police royale. Ceux qu'elle employait étaient divisés en différentes sections. Chaque section de deux ou trois agens correspondait avec un chef; les chefs correspondaient avec un supérieur, et la réunion de ceux-ci avec les princes ou agens du roi au-dehors. Il en résultait que sitôt qu'un individu d'une section était surveillé ou arrêté par la police républicaine, en faisant disparaître, en éloignant le chef qui la dirigeait, la chaîne était rompue, et la police ne pouvait remonter plus haut, surtout quand elle tenait à voir reparaître ce chef qui, de retour après son alerte, renouait de nouveau ses filets et sa trame, sauf à laisser encore sa pêche de royalistes entre les mains du pouvoir.

Cette organisation qu'on pouvait croire très très habile ne réussissait pas toujours, puisqu'enfin la trame fut découverte et les membres de l'agence dénoncés, poursuivis et obligés de se réfugier en Angleterre, et leur correspondance saisie à Calais en floréal an 8, comme on l'a dit un peu plus haut.

L'on voit dans ces pièces encore que la contre-police exerçait une surveillance particulière sur certains personnages, autant peut-être par curiosité ou pour voir si l'on pourrait en tirer parti que par des motifs de crainte ou d'intérêt.

Ainsi la contre-police faisait surveiller Sieyes; Dupeyron en avait reçu l'ordre; c'était cependant, suivant lui, une chose fort difficile. On dirait que ce prêtre était destiné à exercer la patience et lasser tous ceux qui ont voulu le connaître. « La mission qu'on nous donne, disait Dupeyron, est d'autant moins aisée que nous nous trouvons en concurrence avec le ministre de la police (Fouché), qui fait suivre Sieyes de son côté, et que nous aurons à lutter contre les moyens de défense que l'abbé emploiera de son côté. Cependant nous atteindrons ce but, car j'aime à vaincre les grandes difficultés. Mais je vous préviens que nous serons forcés à des dépenses extraordinaires; un inspecteur général s'est chargé lui-même de remplir cette mission. Il est indispensable qu'il ait un cheval, afin de pouvoir suivre Sieyes; il va partir et n'attend que l'adresse de la campagne où s'est retiré cet abbé. Donnez-moi donc au juste le nom de cette campagne, et dites-moi de quel côté elle est. »

Il serait difficile de dire ce que voulait faire M. de Neuville de cet espionnage sur l'abbé Sieyes; quelle utilité en pouvait-il résulter pour la cause du roi? Mais ce n'est pas le seul exemple d'aussi frivoles démarches et des dépenses qu'elles occasionaient; et puis, M. Dupeyron était trop habile agent de police pour ne pas profiter de si bonnes occasions de se donner de l'importance et de motiver des emplois de fonds qui lui devenaient ainsi indispensables.

Un défaut bien plus grand sans doute, et qui a toujours caractérisé ces agences et entreprises, sont les exagérations et les fausses idées qu'elles présentent dans leurs correspondances. Écoutons celle-ci sur l'état des choses en France à l'époque de 1800. « On se plaint plus que jamais, dit-elle, de la rareté du numéraire; on prétend que les maux ont doublé depuis le 18 brumaire; les troupes murmurent contre Bonaparte; c'est un étranger, un ambitieux; il paraîtrait que les Vendéens ont déjà gagné une partie de l'état-major de Paris; de nombreux groupes se forment (22 nivose an 8) sur toutes les places publiques; l'opinion des hommes de la police est que si le roi ou un prince fût monté à cheval le matin à huit heures, les Parisiens se seraient joints à lui avec enthousiasme; on cherche à jeter sur le consul Bonaparte de la défaveur, en répandant qu'il n'a quitté l'Egypte qu'après la destruction de son armée; on accuse le gouvernement d'accaparer les grains et les farines; des cris d'indignation ont accueilli les proclamations de Bonaparte contre les réfugiés de la Vendée; il se prépare un coup d'état qui ne tardera pas à éclater; Bonaparte vise à la tyrannie la plus entière; sa chute paraît non seulement certaine, mais encore prochaine, aux hommes qui sont dans la police. Le peuple de Paris croit assez généralement que la paix n'aura pas lieu tant que durera la forme du gouvernement révolutionnaire; la masse inférieure du peuple crie misère, se plaint de rester sans travail et invoque l'ancien ordre de choses. Bonaparte perd de plus en plus dans l'opinion publique; les honnêtes gens sont indignés des mesures révolutionnaires qu'il a prises contre les départemens insurgés; on rappelle aussi sa conduite à l'époque du trop fameux 13 vendémiaire; les conscrits et les réquisitionnaires désertent en grand nombre, et on assure qu'un régiment de dragons est passé à l'ennemi avec armes et bagages, etc, etc. »

Ce n'était pas à écrire de pareilles absurdités et mensonges que se bornait la contre-police; on voit, par quelques-unes des pièces saisies, qu'un de ses objets était encore de dévaliser les voitures publiques et de piller les voyageurs. « Dans
« la position où nous nous trouvons, dit Dupey-
« ron, nous ne pouvons faire autre chose que de
« transmettre des données sur l'état des choses;
« que pourvoir à notre défense par une surveil-
« lance active exercée dans l'intérieur du camp
« de la police; nous ne pouvons que tenter l'en-
« lèvement des caisses publiques ou des message-
« ries, fourgons ou courriers de malles qui se-
« raient porteurs de fonds appartenant à la
« république; tout ce qui serait au-delà devien-
« drait inutile et nuisible aux intérêts de la cause.»

Ces petits coups de main auraient dû rendre Dupeyron moins grognon sur les lésineries de ses capitaines; peut-être aussi que ces messieurs s'adjugeaient le tout, ce qui n'était pas loyal. Bref, la contre-police était un moyen de faire fortune comme un autre.

On voit aussi que ces messieurs trouvaient bon de se faire complices de vols avec violence et effraction. « J'ai *l'honneur* de vous annoncer, « écrit Dupeyron à ses chefs, que, dans la nuit « du samedi au dimanche, il y aura une attaque « contre la maison d'un acquéreur des domaines « nationaux, à trois lieues de Paris; on m'a fait « espérer que nous y trouverions quelque argent. « Je m'empresserai de vous rendre compte du « résultat de la démarche (1). »

Mais de tous les projets hostiles, on pourrait dire criminels, s'ils n'étaient point insensés, de

---

(1) Extrait du procès-verbal relatif à la remise, aux citoyens Chaptal, Emmery, Champagny et Brune, des papiers trouvés chez la dame Anne-Louis Jeannin, veuve Mercier, lors de son arrestation par le commissaire de police Allet, le 13 floréal an 8.

Lesdits citoyens Chaptal, Emmery, Brune et Champagny, nommés par arrêté des consuls pour examiner les pièces saisies, parapher celles qui paraîtront les plus importantes et en faire un précis historique. 13 floréal an 8, imprimé sous le titre de *Conspiration anglaise*, à l'imprimerie de la république, an 9.

cette contre-police, celui d'organiser une chouanerie au sein de la capitale paraîtra sans doute le plus ridicule et les plus impraticable. Comment pouvait-on bercer les princes et les amis de la monarchie de semblables balivernes? Il fallait supposer qu'ils avaient encore cette naïveté des premiers temps de la crise révolutionnaire, alors qu'on se flattait de désorganiser l'esprit des régimens avec des cris de *vive le roi!* cris auxquels les va-nu-pieds de la république ripostaient si vertement à la baïonnette. Les marquis battus n'en avaient pas moins conservé leur outrecuidance de marquis. Ils voyaient toujours de la valetaille dans cette nation irritée qui leur avait tant de fois fait sentir ses griffes de lion.

« Cette chouanerie serait composée de vingt
« hommes par section, commandés par un ser-
« gent, un lieutenant et un capitaine. Les capi-
« taines correspondraient avec douze colonels
« établis dans les douze municipalités de Paris.
« Les colonels rendraient compte à quatre géné-
« raux qui se partageraient Paris et ses environs;
« et les quatre généraux recevraient les ordres
« d'un commandant en chef, lequel ne pourrait
« agir que d'après les instructions qu'il tiendrait
« directement et indirectement du principal
« agent ou des principaux agens du roi à Paris.

« Le total de la garde s'élèverait à onze cent
« vingt-un hommes.

« Le but particulier de cette organisation
« serait d'établir une excellente contre-police,
« et la destruction des chefs des révolution-
« naires; l'embauchage et la protection des con-
« scrits; l'arrestation des courriers militaires;
« l'enlèvement de quelques émigrés des mains
« de la commission militaire, à l'effet de prouver
« à la faction que, même dans son quartier-
« général, elle n'est point à l'abri des défaites.
« Le but serait enfin de contrecarrer, autant
« que faire se pourrait, les vues de la police.

« Ainsi, le point principal de cette institution
« serait de faire la petite guerre en attendant de
« frapper un grand coup; et le grand coup ne
« devrait se donner que lorsque les deux partis
« existans au sein du Directoire et des deux con-
« seils se seraient déclaré la guerre (1). »

De pareils projets n'ont pas besoin de com-
mentaires; il faut connaître à quel point l'esprit
de parti est susceptible d'aveuglement puisqu'il
peut rêver l'idée d'une organisation pareille, sans
craindre qu'une indiscrétion se jette à la traverse,

---

(1) Lettre de Dupeyron, 21 fructidor an 7; 7 septembre 1799.

et fasse tomber dans un guet-apens tous les imbéciles recrutés sous de tels drapeaux.

Dans une autre lettre du cinquième jour complémentaire de l'an 7, Dupeyron avait exposé les opinions des royalistes sur les personnes qu'ils désireraient avoir à Paris pour y diriger les affaires du roi. « Pour peindre les qualités requises en un seul mot, envoyez-nous M. de Barentin, qui allie à un nom distingué l'éclat des vertus !... C'est de l'intérieur, ajoute-t-il, que dépend le retour à l'ordre monarchique, c'est donc l'intérieur qu'il faut consulter dans les nominations à faire; et comment pressentirait-on ces dispositions, si ce n'est en nommant pour agent subordonné à un chef comme M. de Barentin, des individus honorés de la confiance publique, tels que les Quatremère (de Quincy), les Jourdan (des Bouches-du-Rhône), les Royer-Collard, etc. Je dois vous dire que M. Royer-Collard m'a fait chercher pour me communiquer un manuscrit de Fiévée, servant de réponse à la proclamation du Directoire, sur les dangers de la patrie. Nous allons le faire imprimer. J'en ai parlé à M. le chevalier de Coigny. Dire que cet écrit sort de la plume de Fiévée, c'est en faire l'éloge, et sous le rapport des principes et sous celui de la diction. Fiévée a déjà fait une jolie brochure sur les événemens du 18 fructidor et du 30 prairial. C'est un homme intéressant sous tous les rapports, courageux, d'un dévouement à toute épreuve. Il pourra rendre à la cause des services d'autant plus essentiels qu'il dispose de sa section comme moi de la mienne. »

En effet, ils en disposaient autant l'un que l'autre ; c'est-à-dire qu'ils n'en disposaient pas du tout. En somme, le conseil de Dupeyron aboutissait à ceci : — Nommez-nous tout de suite vos ministres ; c'est évidemment ce que vous pouvez faire de mieux.

En attendant, ils étaient sous le coup de la surveillance de Fouché, qui s'en jouait et attendait l'instant de frapper.

On était encore, sous le gouvernement du Directoire, partagé, affaibli par la conduite imprudente de ses membres, quand Dupeyron instruisit ainsi les chefs du parti royaliste ; l'arrivée de Bonaparte en France, après son retour d'Egypte, qu'on apprit à Paris le 14 oct. 1799 (28 vend. an 8), donna une nouvelle direction aux intrigues et une organisation à la contre-police, telle qu'on l'a exposée au commencement de ce chapitre. Elle entra en activité au mois de nivose de la même année et dura jusqu'au mois de floréal suivant ; son existence depuis ne peut plus se comparer à ce qu'elle était avant ; mais, à l'une comme à l'autre époque, on citerait difficilement les services réels qu'elle rendit à la cause royale.

Ce ne fut qu'un rêve qui coûta beaucoup à ceux qui prirent de cet opium politique. Il est douteux qu'en payant plus on en eût obtenu davantage. Les meilleures stupidités sont encore celles qui coûtent le moins.

CHAPITRE LVI.

Anecdote sur le Comité royaliste.

A l'époque où ces intrigues se croisaient si diversement, Merlin de Douay, très convaincu pour sa part du rôle sournois que l'abbé de Montesquiou jouait en France, mais tout-à-fait sans inquiétude sur la portée d'imagination et de jugement de ce conspirateur, fit la gageure avec Barras d'obtenir à jour fixe, et de l'abbé lui-même, tous les secrets du parti royaliste. Le moyen direct, quoique effronté, lui paraissait le plus facile de tous. Il paria d'emporter la place de front. Barras en doutait; il trouva que c'était s'aventurer beaucoup; Merlin insista. La gageure fut acceptée. On convint d'un déjeuner splendide, dont tous les frais devaient être à la charge du perdant. On ne traitait pas autrement alors les affaires sérieuses. Les seigneurs russes jouent, dit-on, des esclaves en guise de roubles; ici, l'on jouait des têtes et l'on mangeait des huîtres. Les grands exécuteurs politiques ont d'ailleurs des valets pour la besogne subalterne; ils ont des incarcérateurs et des bourreaux; et, comme ils se dispensent de salir leurs mains, ils font le meilleur marché possible de leur conscience.

Pour intermédiaire de l'intrigue à monter, Merlin de Douay prit une certaine Amélie de B....., d'une assez bonne famille de Provence, jolie et très dépensière, qui, sous une apparence de royalisme, servait d'espion depuis quelque temps au Directoire. Ces sortes de femmes fourmillent dans tous les temps. Pour s'assurer de la fidélité de celle-ci, on promit de lui compter autant d'argent qu'elle en soutirerait aux dupes de la faction. Elle avait de l'esprit, elle ne se montra que plus âpre à la curée. On lui laissa cartes blanches sur cette convention.

Le lendemain même, Amélie de B.... se présente chez l'abbé de Montesquiou et sollicite une audience particulière. Une fois en tête-à-tête, et personne ne devant intervenir, car elle pria l'abbé d'en donner l'ordre, après un peu d'hésitation, elle tombe aux pieds de l'ecclésiastique philosophe et lui demande au préalable son indulgence et son pardon pour ce qu'elle va lui révéler. L'abbé, naturellement galantin, s'émeut de voir une jolie femme à ses pieds ; il s'alarme de ses sanglots et cherche à lui rendre du courage. Il craint peut-être qu'elle ne prenne au sérieux son caractère de prêtre, et ne vienne là que pour lui demander l'absolution.

— Il n'y a pas assez de mépris pour moi, monsieur, lui dit cette pénitente avec un redoublement de larmes ; l'indulgence dont j'aime à vous présumer capable ne saurait, si grande qu'elle soit, me relever à mes propres yeux, à moins que ma dégradation même ne m'aide à favoriser le triomphe de la bonne cause. Le nom que je porte, et qu'ont tant honoré mes parents est aujourd'hui mon seul moyen de retour à la vertu, pour peu que vous consentiez à me tendre la main en m'honorant à votre tour de quelque pitié.

Ce début déconcerta quelque peu l'abbé, qui, d'après le luxe de la dame, croyait voir une contradiction entre sa toilette et ses paroles. Un moment il pensa qu'elle se bornerait à lui demander un secours pécuniaire. Il l'engagea d'un geste à continuer, mais en ayant l'air de ne rien comprendre à cet éclat de royalisme. Il se garda bien d'en faire parade pour son propre compte.

— En quittant la France, reprit-elle, ma famille dénoncée, poursuivie, suspectée, m'a laissée aux soins d'une ancienne femme de confiance, l'honneur et le courage même, dont les tendres empressemens et le dévouement sans borne devaient me préserver des soucis et des douleurs de ces temps de trouble. Par malheur, cette généreuse et loyale amie n'a pu survivre aux horreurs qui nous entouraient. Ces indignités l'ont fait mourir à petit feu; je l'ai vue s'éteindre entre mes bras, sans être en mesure de correspondre avec les débris d'une triste famille décimée par l'échafaud et ruinée par les confiscations; des secours m'ont été promis, qui ne sont pas venus. Que pouvait devenir une orpheline sans expérience? Oh! monsieur, vous me repousserez pour sûr quand vous saurez tout!...

Effectivement, le front de l'abbé se plissait de plus en plus, car de tels aveux, quoique enveloppés de réticence, étaient assez significatifs.

— Croyez, monsieur, continua la belle éplorée, que je me juge plus sévèrement peut-être que personne. Mais il ne s'agit pas de moi; et qu'importe après tout qu'une misérable créature de plus grossisse les rangs de ces femmes qui rougissent encore après en avoir perdu le droit!... Des suggestions infâmes ont obsédé ma misère. J'ai ployé sans m'abuser sur ma faute, et le fardeau de mon ignominie est venu me courber de plus en plus sous un luxe que je déteste, puisque je le dois aux plus ardens persécuteurs de tout ce qui faisait le culte de mes nobles et malheureux parens. Si bas que je sois tombée, je me rends encore une justice. Je n'ai su la profondeur de l'abîme où je tombais qu'après ma chute. Une femme indigne m'a vendue, par dérision sans doute, sans me dire le nom de l'homme entre les bras duquel je fermais les yeux. Sachez tout; maudissez-moi, jetez-moi la pierre. Je suis la maîtresse, monsieur, du directeur de la police.

L'abbé de Montesquiou prit un visage froid.

— Que puis-je à cela, mademoiselle?

— Rien, monsieur! vous n'y pouvez rien.

— Et quel service attendez-vous de moi?

— Je n'en prétends aucun, monsieur; je n'en mérite pas. Je viens au contraire m'humilier et me sacrifier devant vous. Je ne vous demande que de m'entendre et de ne pas m'abandonner au désespoir. Eh bien! vice ou malheur, entraînement ou inexpérience, de quelque nom qu'il vous plaise de nommer mon sort, sans insister sur ce qui est accompli, sur une tache que je ne puis effacer de mon front, même au prix de mon sang, puisque l'homme auquel on m'a livrée m'est connu, et cherche à me retenir dans mon avilissement en m'environnant à dessein de quelques égards; disposez de moi pour notre sainte cause, pour les services que je pourrai vous rendre, pour tout ce que vous voudrez. Si je suis incapable de vous dire à quoi je puis vous être utile, c'est à vous de me le dire. Il m'a semblé que c'était une expiation qui serait reçue. Cela seul, vous devez le comprendre, me fera rentrer en grâce auprès de ma famille, et j'ai besoin de me soustraire à la malédiction si méritée des miens en faisant tourner au profit de vos efforts pour le rétablissement de nos rois sur le trône l'abjection déplorable où je me trouve.

L'abbé restait toujours impénétrable et soucieux. Il attendait pour savoir ce qu'il aurait à faire.

— Ah! j'oubliais! dit tout à coup l'étrange solliciteuse.

Et, sous la doublure de soie de sa lévite, Amélie de B... tira de son sein un petit papier couvert de chiffres qu'elle traduisit. C'était une recommandation que l'oncle de la triste orpheline, en ce moment avec les princes, avait cru prudent de lui faire parvenir, après la mort de la femme de confiance, pour qu'elle obtînt des secours auprès de leurs communs amis. Le nom de M. de Montesquiou s'y trouvait mêlé dans cet écrit parmi beaucoup d'autres, avec des demi-mots très significatifs.

— Ceci m'est arrivé trop tard, reprit-elle, et dans le moment où je ne me sentais plus dans la position de m'en faire un titre à vos bontés. Peut-être, en regrettant mon malheur, n'aurais-je jamais eu le courage de me présenter ici; et j'aurais certainement évité votre mépris par mon silence. Mais des rapports secrets, que Sottin (le directeur de la police) a laissés, ce matin même, traîner chez moi, m'ayant appris que l'on surveillait très activement plusieurs de ceux dont mon oncle m'avait envoyé les noms, j'ai compris, monsieur, qu'au risque de m'incliner devant des humiliations sans nombre, il fallait vous en avertir à tout prix. Ce sont vos amis, ce sont les amis de ma famille. On peut les surprendre : on l'espère. Je n'ai consulté que mes frayeurs. Rien n'est plus facile que de s'assurer de cette surveillance; car, vu le peu de temps écoulé entre la dénonciation que les agens de mon protecteur ont faite, et celle que je viens vous faire, les hommes chargés de ce soin, ne sont pas en mesure de se douter que vous puissiez maintenant les surveiller eux-mêmes. On peut les dérouter; vous le devez! je n'ai vu que cela. Vérifiez ce fait, et vous serez en mesure de me croire. Votre rigueur pour moi cessera sans doute alors d'avoir tant d'amertume dans ses formes. Je ne vous demande pas votre estime; la sincérité de mon aveu doit m'ôter à cet égard le moindre espoir.

L'abbé, persuadé dès lors de cette fable, à laquelle rien ne manquait, depuis le désespoir jusqu'aux preuves écrites, vit tout d'un coup l'immense parti que l'on pouvait tirer de ces remords, et les facilités nombreuses d'actions que lui présentait, pour nouer des intrigues nouvelles, un auxiliaire engagé dans le camp ennemi. Toutefois le revirement se fit dans ses manières par des nuances d'une délicatesse infinie. Avant de trancher résolument du politique, il crut devoir trancher du capucin ; et, sans s'élever contre les larmes de la pauvre enfant, car il devenait convenable de tenir un si violent repentir en haleine, il se mit à réfléchir que cette moderne prostituée de Jéricho pourrait effectivement être fort utile au peuple de Dieu. L'érudition biblique offre des exemples et des moyens de tolérance. Il en vint tout doucement à l'équivalent de cette conclusion par un discours des plus pathétiques sur les corruptions de la chair et sur la grandeur qu'il peut y avoir dans une résignation courageuse aux tortures de l'opprobre, quand il s'agit des intérêts sacrés du trône et de l'autel. Son intention n'étant pas qu'Amélie de B....., qui sentait trop vivement la bassesse de son sort, revînt brusquement à résipiscence.

Bref, son front s'éclaircit; l'homme du monde succéda au cagot; le ton de la galanterie prit la place de l'ascétisme; une vive cordialité s'établit. S'il ne donna pas des renseignemens directs, ceux dont il mit la maîtresse de Sottin à même de s'enquérir pour le compte du parti, pouvaient guider les habiles de la police sur la voie et montrer le sillon que la contre-police royale traçait. Au bout d'une conférence de quatre heures, Amélie de B.... rentrait chez son amant, munie de toutes les instructions nécessaires pour surprendre les secrets de la république; et, comme on ne s'arrête pas à moitié chemin, la chronique prétend que le diplomate acheva l'éducation de sa dévouée complice par des conseils mystérieux sur l'art de bien choisir le bon moment lorsqu'il s'agit de rendre indiscrets les hommes d'état dans les doux abandons du tête-à-tête. En fidèle serviteur de la monarchie, l'abbé de Montesquiou devait aller jusque-là. Sanchez permet de montrer le nu sous la gaze quand il s'agit de solliciter pour un procès : proportion gardée, son disciple devait permettre bien davantage.

Cette intrigue de Merlin de Douay ne fut connue que par l'événement et fort tard; elle dura dix-huit mois. Amélie de B...., qui, suivant une convention faite avec l'abbé, n'eut de rapports qu'avec lui seul, tint les fils de beaucoup d'intrigues, plus prudente d'ailleurs qu'on ne l'imagine, et que ne le diront, s'ils écrivent l'histoire, les gens qui s'en mêlèrent. L'esprit d'intrigue est moins à redouter que les passions rudes et aveugles de la multitude. La Vendée, avec ses recrues de paysans, ses crucifix, ses prêtres-soldats, son manque d'armes qui faisait que tout devenait une arme; la Vendée inspirait plus de craintes au Directoire que ces petits tripotages parisiens que l'on croisait et qu'on déconcertait, comme en se jouant, par des manœuvres du même genre. Quelques légers services abusèrent ces fous diplomates sur l'habileté desquels la royauté se reposait. Au 18 brumaire, l'abbé de Montesquiou, put voir à vif sa duperie et compter avec dépit les fonds que sa belle pénitente avait prélevés sur la masse royaliste. Barras paya gaiement son pari. Le trait le plus impertinent de cette mystification fut dans la présence à ce déjeuner du marquis Clermont de Galleraude, complice de l'abbé de Montesquiou, mais qui, pour sa part, se flattait de cacher admirablement son jeu en frayant avec les habitans du Luxembourg. Merlin de Douay n'en eut donc pas le démenti.

La crédulité des partis est toujours et partout la même. On ne peut la comparer qu'à celle des pauvres diables qui se ruinent à la loterie, et qui depuis le jour de la mise jusqu'à celui du tirage, rêvent des millions, des joies et des félicités incomparables, au risque de se priver du nécessaire à l'effet de poursuivre la réalisation de leurs châteaux en Espagne sur de nouveaux frais Les gouvernemens, on ne saurait trop le dire, ne périssent pas de leurs ennemis, ils périssent de leurs fautes. A la vérité, les spéculateurs sont intéressés à soutenir et à répandre le contraire. On fait commerce de conspirations comme de toute autre chose.

A la même époque, une manière de chenapan de la garde du Directoire, nommé Dutour, mangeur déterminé, toujours aux expédiens, homme sans scrupule, quoique vrai patriote, sorte de Figaro républicain, alla trouver l'un de ses chefs pour lui demander résolument une haute-paie, prétention qui sembla fort exorbitante de sa part, et dont le chef se moqua; la demande était insolite et inadmissible, de sa part surtout. « Très bien ! lui dit alors Dutour; mais puisqu'il n'y a rien à frire avec la république et que je ne veux pas me laisser mourir de faim, on ne s'étonnera pas si je fais un quart de conversion pour m'arranger avec les royalistes. » Ce propos offrait quelque chose de leste et de suspect qu'on le pressa d'expliquer, c'est ce qu'il voulait; il le dit avec son effronterie naturelle. Il s'agissait, pour Dutour, de se mettre en rapport, par le moyen d'un tiers, avec un certain chevalier d'Antibes, résidant alors à Paris sous le nom romanesque de Blondel, vrai cerveau fêlé, dont il suffisait de flatter les espérances royalistes pour qu'il fût à l'instant même en humeur de répandre, comme de la manne, les souscriptions des imbéciles de son parti. Sur l'échantillon des pauvretés d'esprit de ce hardi partisan de la famille des Bourbons, Dutour avait bâti le projet qu'il aurait à présenter à notre homme pour s'en faire bien valoir. Seulement il fallait que l'autorité lui servît de compère, afin de pouvoir tailler en pleine étoffe. Ce projet fantastique, dont le chevalier d'Antibes devait solder le mémoire par avance, consistait tout simplement à se porter fort d'enlever les cinq directeurs dans leur palais du Luxembourg, pour laisser le champ libre à l'installation d'une autorité provisoire que les royalistes se chargeraient de fournir. Dutour se proposait d'amener à sa dupe les camarades de la garde sur le point de se vendre, et dont il demeurait libre d'enfler la liste à sa guise, en élevant des difficultés sans terme, et en grossissant le chiffre de la valeur vénale que chacun de ses prétendus apostats s'attribuerait avant de frapper le grand coup. L'absurdité de cette provocation parut évidente, mais on laissa Dutour agir à son aise pour voir ce que cela deviendrait, en lui prophétisant qu'il n'en recueillerait que des déboires ; on se trompait. Le chevalier d'Antibes donna tête baissée dans toutes ces sornettes et se crut à la tête d'une contre-révolution. Il n'était pas riche personnellement; mais sa qualité de principal agent de l'abbé de Montesquiou lui donnait la clef de toutes les bourses du parti. La perspective d'expédier d'un seul coup les cinq directeurs à Sa Majesté Louis XVIII au-delà du détroit, en preuve de la facilité que présentait le rétablissement de la monarchie; cette perspective échauffa les imaginations des complices; on se promit de favoriser les projets du *royaliste* Dutour. En un clin-d'œil les cotisations furent versées; Dutour en employa la majeure portion, et mena dès ce moment un beau train de vie. Près de **40,000** fr. étaient disparus de cette façon dans le gouffre de ses fredaines et de ses bombances, et la crédulité des bailleurs de fonds ne semblait pas à bout de ses sacrifices, lorsqu'une fausse démarche du Directoire fit naître enfin la défiance parmi les conjurés et livra le secret de la jonglerie. Blondel, au désespoir, finit par où il aurait dû commencer, par s'informer de ce que c'était que ce Dutour. On acquit la certitude que ce n'était qu'un hardi charlatan, percé de tous les côtés, d'un front d'airain, d'un estomac insatiable, et plus soucieux de vexer les royalistes que de leur faire la courteéchelle. Ce nouveau mécompte les affligea sans les désoler. Quant à ce Dutour, il fut très chagrin d'avoir perdu ses entreteneurs; mais la connaissance qu'il avait faite de la plupart des mal-intentionnés, lui facilita des promotions rapides dans les rangs de la police politique.

CHAPITRE LVII.

Détails historiques sur l'Hôtel-de-Ville ; son antiquité. — Organisation, pouvoirs, juridiction et police du bureau de ville et du prévôt des marchands. — Forme d'élection des échevins de ville. — Cérémonie du serment prêté au roi par les échevins nouvellement élus. — Revenus et officiers du corps de ville. — Nombre des prévôts des marchands, depuis leur origine jusqu'à M. de Flesselles. — Récit de la mort tragique de ce dernier, au 14 juillet 1789.

A l'époque où l'aigle des Romains déploya ses ailes conquérantes dans les Gaules, il existait une administration municipale sur l'embryon de territoire qui devint, en se développant, le foyer de la civilisation française. Des recherches savantes ont mis en évidence qu'après l'envahissement du pays par les Francs, il se fit peu de modifications notables dans le régime politique des grandes villes. Les nouveaux maîtres du territoire laissèrent subsister la plus essentielle partie de cette organisation.

Sous les Romains, chaque ville un peu considérable avait un sénat, des assemblées ou conseils de ville, et des magistrats qu'on appelait les *défenseurs de la cité*; ils étaient chargés de maintenir les droits des habitans contre les atteintes des gouverneurs des provinces; ils protégeaient les commerçans, ordonnaient et réglaient les dépenses communes. Ces défenseurs étaient ordinairement tirés à Paris des corps des *nautes*, association de marchands qui faisaient, dès ce temps-là, le commerce par la Seine et les rivières affluentes.

Les inscriptions trouvées pendant le mois de mars 1711, en creusant la terre sous le chœur de Notre-Dame, pour l'établissement du caveau de sépulture des archevêques, nous apprennent que sous Tibère la compagnie des *nautes parisiaci*, comme porte une de ces inscriptions, éleva un autel à Esus, à Jupiter, à Vulcain, à Castor et Pollux. Il est à présumer que les *mer-*

catores aquæ parisiaci dont il est **parlé** dans quelques actes du règne de Louis-le-Gros et de Louis-le-Jeune avaient succédé, sous un autre nom, à ces anciens commerçans, et qu'il ne faut pas chercher ailleurs l'origine du corps municipal, dont le chef portait le nom de *prévôt des marchands*; ils avaient, en effet, la police de la navigation des marchandises qui viennent par eau; il était naturel que leur chef reçût le titre de prévôt des marchands.

On ignore où ce corps de ville s'assemblait sous la première et la seconde races des rois de France; on le voit, au commencement de la troisième race, établi dans une maison de la *Vallée de Misère*, qui est devenue depuis le marché à la volaille, et que l'on appelait la *Vallée*, remplacée aujourd'hui par un marché couvert. Ce lieu d'assemblée s'appelait *Maison de la marchandise*; il fut ensuite transféré au *parloir aux bourgeois*, près du grand Châtelet, maintenant abattu, et plus tard dans un autre *parloir aux bourgeois*, placé dans une tour de l'enceinte de Paris, près des Jacobins de la rue Saint-Jacques (1). Les officiers tirés du corps des *mercatores aquæ parisiaci* furent, sous le règne de Philippe-le-Hardi,

---

(1) Ce mot *parloir* signifie tout bonnement un lieu où l'on parle, où l'on tient bourse; le nom s'en est conservé dans les couvens, les prisons, les hôpitaux.

en 1274, qualifiés de *prévôt des marchands* et *échevins de la ville de Paris*. Dès lors le corps municipal prit de la consistance et une organisation. En 1337, il acheta la *Maison de Grève*, autrement la *Maison aux piliers*, désignée sous ce nom parce qu'une suite de piliers la soutenaient comme la *Maison des enfans bleus*, alors debout, et contiguë à l'Hôtel-de-Ville. Sur l'emplacement de cette maison de Grève et de quelques autres, on commença de bâtir l'Hôtel-de-Ville en 1533; cet hôtel fut achevé en 1605, sous le règne de Henri IV, dont la statue équestre se voit en bas-relief au-dessus de la porte d'entrée (1).

En 1789, à l'époque de sa suppression, le corps de ville de Paris était composé d'officiers dignitaires, d'officiers civils, d'officiers secondaires et d'officiers militaires; il avait une juridiction, des revenus, des charges à acquitter, des formes d'élection et un cérémonial particuliers.

Je crois devoir entrer dans quelques détails,

---

(1) Les hommes de 93, pendant leur règne, avaient fait ôter ce bas-relief; ils imaginaient effacer la royauté de l'histoire en détruisant les statues des rois; sottise dont ils ont donné l'exemple à leurs successeurs, et que les hommes de bon sens ont sifflée sous tous les régimes.

en prenant pour guide un *précis* authentique, dressé par le bureau de ville en 1778.

« Les officiers dignitaires étaient le gouverneur de la ville de Paris, nommé par le roi, le lieutenant au gouvernement, office dont la finance avait été réglée par l'édit de création ; ces deux dignitaires faisaient partie du corps de ville.

« Les officiers civils se composaient d'un prévôt des marchands, nommé par le roi ; chaque prévôté était de deux ans, et assez ordinairement ce titulaire prolongeait la durée de ses fonctions pendant trois prévôtés. Il donnait des audiences publiques chez lui ; il était considéré comme un magistrat du premier ordre, avec le titre de *chevalier;* il portait dans les cérémonies publiques la robe de satin cramoisi (1).

« Quatre échevins choisis, savoir : un, parmi les quarteniers, et deux, parmi les notables bourgeois. Chaque échevin restait deux ans en place. Pour être échevin, il fallait être de Paris ; l'échevinage donnait la noblesse.

« Un procureur et avocat du roi et de la ville ; il avait un substitut, un parquet, dans l'Hôtel-

---

(1) Dans les lettres écrites par M. de Sartines à M. Bignon, prévôt des marchands, à l'occasion de l'événement du 30 mai, on peut voir avec quelle respectueuse déférence le premier parle à celui ci.

de-Ville, et un secrétaire dont le traitement était payé sur la caisse de la ville.

« Un greffier en chef; il avait son logement dans l'Hôtel-de-Ville.

« Un trésorier, receveur général des dons et octrois de la ville; cet office exigeait un cautionnement d'un million.

« Ces huit personnes composaient ce qu'on appelait le *bureau de ville*. On y traitait les affaires courantes, particulières et secrètes; on y jugeait, sur rapport, des affaires mises en délibéré; on y répondait aux placets, demandes et requêtes. Le greffier et le receveur, qui n'y avaient eu d'abord que voix consultative, finirent par y avoir voix délibérative.

« Le corps de ville était en outre composé:

« De vingt-six conseillers de ville dont seize étaient de notables bourgeois qui parvenaient à l'échevinage, et les dix autres étaient membres des cours souveraines et n'y parvenaient jamais;

De seize quarteniers: ce nombre était ainsi fixé parce que Paris n'ayant été long-temps divisé qu'en seize quartiers, on avait voulu qu'il s'en trouvât un dans chaque quartier. Ces offices étaient achetés par de notables bourgeois et jouissaient de différens priviléges.

« Les seize conseillers bourgeois et les seize

quarteniers parvenaient alternativement à l'échevinage ; on y faisait aussi arriver d'autres bourgeois qui n'étaient point pourvus d'office, mais qui étaient compris dans une liste de notables que les conseillers et quarteniers dressaient, après avoir pris sur leur compte les plus scrupuleuses informations.

« Ces conseillers et quarteniers réunis aux huit membres du bureau de ville composaient le *conseil général de la ville*.

« On comptait encore des officiers secondaires qui n'en faisaient point partie, savoir : soixante-quatre *cinquanteniers* à raison de quatre dans chacun des seize quartiers.

« Il y avait en outre un colonel des gardes de la ville, un lieutenant-colonel, un major, un aide-major, quatre compagnies de soixante-douze hommes chacune ; une musique composée de plusieurs tambours, haut-bois, trompettes et un timballier.

« Le traitement du gouverneur était de 55,000 francs. Le prévôt des marchands, les quatre échevins, le procureur-avocat du roi de la ville, le greffier et le receveur se distribuaient à titre de droits honoraires une somme qui fut d'abord de 180,000 francs qu'ils étaient autorisés à prélever sur la caisse de la ville, mais qui par une déclaration du 23 avril 1783, fut réduite à 136,380 francs.

« Pour procéder aux élections des membres sortans, le conseil général de la ville s'assemblait tous les ans dans la grande salle de l'hôtel, le 16 août; on y procédait à l'élection de deux nouveaux échevins, en remplacement de ceux qui avaient fait leur temps.

« L'assemblée, après avoir entendu la messe du Saint-Esprit dans la chapelle, commençait par élire quatre scrutateurs, un pour le roi : c'était ordinairement un officier marquant dans la judicature; un pour les conseillers de ville, choisi parmi les conseillers; un pour les quarteniers choisi parmi eux; enfin, un pour les bourgeois, choisi parmi les notables bourgeois, dont deux étaient mandés de chaque quartier, pour assister et procéder à l'élection.

« Les scrutateurs, après avoir prêté serment, procédaient au dépouillement du scrutin (1), et les deux candidats qui avaient obtenu la majorité des suffrages étaient nommés et proclamés publiquement échevins. Le procès-verbal de l'élection était présenté au roi.

« Le prévôt des marchands écrivait au gou-

---

(1) Chaque bulletin devait porter deux noms, un pour chaque échevin à élire.

verneur de Paris et au ministre pour leur annoncer cette nomination, et prier en même temps le ministre de demander au roi le jour qu'il plairait à Sa Majesté de choisir pour recevoir le serment des deux nouveaux échevins.

« Le jour ayant été indiqué, le corps de ville se rendait à Versailles dans cinq voitures, dont deux à six chevaux et trois à quatre. Le corps de ville était introduit dans la salle du conseil pour y attendre les ordres du roi. Le maître des cérémonies venait ensuite le chercher. La porte de la chambre du roi étant ouverte, on annonçait la ville de Paris, et le gouverneur qui y était déjà, venait au-devant du corps de ville et le présentait.

« Le roi était assis dans un fauteuil, la tête couverte, environné des princes et seigneurs de la cour.

« Après les trois révérences d'usage, le corps de ville s'approchait et mettait un genou en terre. Le scrutateur royal, placé devant le roi, lui adressait un discours analogue à la circonstance (1), et lui présentait le scrutin. Le roi

---

(1) C'était, comme on le pense bien, un discours vraiment officiel, boursouflé de vent, plein de rien, véritable remplissage d'étiquette. Toute innovation sur ce point aurait paru scandaleuse. Dans les discours faits au scrutin, l'esprit de la majorité se met toujours en relief.

faisait une très courte réponse, prenait le scrutin et le remettait au ministre chargé du département de Paris, qui se trouvait à sa droite. Le ministre décachetait le paquet et en faisait lecture à haute voix. Dans ce moment, le greffier de la ville plaçait sur le genou du roi le crucifix sur lequel les deux échevins élus devaient poser leurs mains pour prêter le serment; alors le premier commis-greffier présentait au ministre le livre des ordonnances, contenant la formule du serment et en faisait lecture, après quoi, chacun des élus disait *je le jure*. Ensuite le corps de ville se retirait avec la même cérémonie. Les deux nouveaux échevins étaient également présentés à la reine, à la famille royale et au ministère de Paris, qui souvent invitait le corps de ville à dîner.

« Les revenus de la ville étaient peu considérables en comparaison de son importance; ils consistaient en droits qu'elle prélevait, en octrois légers et redevances.

« Elle était chargée de l'illumination, de l'entretien du pavé et arrosement des boulevarts, de la réparation des maisons de son domaine, des ponts, fontaines, égouts, ports, quais et pompes sur bateaux pour les incendies; en outre, chargée du paiement des rentes constituées sur son domaine et sur l'état; des pensions par elle accordées dont les fonds étaient fixés et autorisés par le gouvernement; enfin des frais de son administration et de ceux de l'Opéra. »

L'Hôtel-de-Ville offrait donc, même alors, quelques vestiges d'un corps politique, jadis puissant; il avait conservé des formes, des prérogatives, des usages populaires qui rappelaient les anciennes communes.

Les Mémoires du cardinal de Retz et l'Histoire de la Fronde font assez connaître à quel point l'organisation politique du corps de ville de Paris pouvait favoriser les factions contre la cour et les ministres qui, n'osant s'attaquer aux priviléges de ce corps, se voyaient obligés de les respecter. Dans les temps ordinaires, les assemblées de la ville et les pouvoirs des membres qui les composaient n'avaient rien de remarquable ou d'inquiétant pour l'autorité royale; mais, aux époques d'ébullition, quand les partis se faisaient des menaces, ces pouvoirs devenaient un appui. Cette assemblée se métamorphosait en centre d'action pour les factieux déjà puissans, qui savaient mettre l'Hôtel-de-Ville dans leurs intérêts. Le peuple y voyait une protection à laquelle se joignit plus d'une fois celle du Parlement.

La municipalité de Paris n'offre plus aujourd'hui qu'un corps administratif soumis à l'autorité du ministère.

Dans les cérémonies où le corps de ville marchait avec les cours souveraines, il prenait la gauche du Parlement; il était également à gauche du lieutenant de police lorsqu'ils marchaient ensemble.

Tous les ans, le corps de ville, sur l'invitation des *chevaliers de l'arquebuse*, assistait au *tir de l'oiseau*, et donnait le prix au vainqueur (1).

Lors de l'inauguration d'un monument ou d'une

---

(1) Les chevaliers de l'arquebuse avaient été établis par diverses ordonnances des rois, et jouissaient de plusieurs priviléges, dès le règne de Louis-le-Gros. Saint-Louis fixa le nombre des chevaliers à cent quatre-vingts; Charles, dauphin, les porta à deux cents, en l'absence du roi Jean, son père; Charles VI confirma leurs priviléges et en ajouta d'autres; ils furent, dans la suite, de nouveau confirmés par Louis XI et Charles VIII. Ils reçurent, à diverses époques, des marques de la protection de Henri IV, de Louis XIII, de Louis XIV, de Louis XV et de Louis XVI.

Leurs brevets étaient signés par le gouverneur de Paris, qui était colonel de cette compagnie royale, dont la juridiction ordinaire était le siége de la connétablie et maréchaussée de France.

Leur uniforme était écarlate, galonné d'or, avec paremens et revers de velours bleu, le bouton doré, avec arquebuse et arbalète en sautoir, couronnés.

Ils étaient tenus de se perfectionner dans les exercices militaires, parce que, dans les cas urgens, on les mandait pour prendre les armes et faire le service en qualité de troupe réglée.

Lorsqu'il arrivait quelque événement heureux, ils avaient le droit d'envoyer douze députés pour complimenter le roi et lui demander un prix en réjouissance de l'événement.

Le dimanche le plus près de la Saint-Laurent, le corps de ville publication de la paix, le corps de ville montait à cheval, vêtu de son grand uniforme; le gouverneur de la ville, qui en faisait partie, avait, dans cette occasion, le droit de jeter de l'argent au peuple.

C'était le bureau de la ville qui arrêtait le rôle de la capitation des habitans de Paris. Le prévôt des marchands, commissaire en cette partie, rendait les ordonnances de décharges et de modérations.

Depuis Jean Auger, nommé prevôt des marchands par le roi Saint-Louis en 1258, jusqu'à M. de Flesselles, qui entra en charge en 1789 et mourut la même année, il y eut cent dix-sept prévôts des marchands.

La fin tragique du dernier doit faire époque dans l'histoire de la municipalité de Paris; c'est pourquoi je m'y arrêterai, puisqu'en lui cessa toute l'ancienne administration de l'Hôtel-de-Ville.

---

apportait à cette compagnie trois prix qui étaient tirés en sa présence; ils consistaient chacun en une médaille d'argent aux armes de la ville de Paris d'un côté, et de l'autre, portant la devise suivante :

Equitum sclopetario victori primum præmium urbs præbet.

Les chevaliers de l'arquebuse ont rendu de grands services au 14 juillet 1789 pour le maintien de l'ordre : ils n'existent plus.

Lorsqu'en 1789, les électeurs, qui, d'après une invocation du roi, venaient de nommer les députés des trois ordres aux états-généraux, se furent rassemblés à l'Hôtel-de-Ville pour le remplacement des autorités de police et d'administration, renversées par le fait de l'insurrection, une députation se rendit de leur part près M. de Flesselles, prevôt des marchands, pour l'engager à joindre son zèle et ses efforts aux leurs, dans le soin de la chose publique. Ce magistrat s'y rendit et fut accueilli avec de grandes démonstrations de satisfaction par la foule immense qui couvrait la place de Grève et l'intérieur de l'Hôtel. La présidence de l'assemblée lui fut offerte comme chef de la municipalité, mais il la refusa, son désir n'etant d'exercer d'autre autorité que celle qui lui serait déférée par les habitans de la capitale : c'était, par une manifestation habile, se mettre à la disposition du peuple pour en acquérir la confiance. Il la conquit d'emblée. Un des électeurs dit à la multitude présente que M. le prevôt des marchands ne désirait conserver et continuer les fonctions qui lui avaient été confiées par le roi que dans le cas où ses concitoyens le trouveraient agréable et le confirmeraient dans ces mêmes fonctions. Cette confirmation fut dé-décidée et manifestée par une acclamation générale.

On forma dès ce moment, 13 juillet au matin, sur la proposition de M. Ethis de Corny, procureur du roi de la ville, ce *comité permanent*, si célèbre dans l'histoire tumultueuse de cette époque; il fut composé de treize électeurs et du bureau de la ville. M. de Flesselles en fut le président; il continua de prendre le titre de prévôt des marchands dans les actes. Le *comité permanent* fut chargé de l'administration provisoire et de la direction des mouvemens de la révolution qui se succédaient alors et se développaient avec la plus ardente activité. On y apprenait, à chaque instant, les scènes qui se passaient dans la ville; de nombreuses demandes d'armes et de munitions étaient continuellement adressées au *comité permanent*. Ce fut ce jour-là, 13 juillet, qu'environ sur les une heure après-midi M. de Flesselles déclara spontanément au comité et au public présent que M. de Pressoles, intéressé dans la manufacture d'armes de Charleville, lui avait promis douze mille fusils; on les attendait, ajouta-t-il, d'un moment à l'autre. Le même M. de Pressoles avait fait espérer d'en envoyer encore trente mille sous trois ou quatre jours. On ne manqua pas de faire part aussitôt de cette nouvelle aux députés des soixante districts accourus pour demander des armes : on leur dit, en conséquence, de retourner dans leurs districts et de revenir à cinq heures du soir; d'après les assurances du prévôt des marchands, à cette heure, on était sûr d'avoir reçu les fusils. Le peuple de Paris ne s'en tint pas à cette promesse; il se procura des armes par tous les moyens. On s'empara de celles en petit nombre qui se trouvaient dans l'Hôtel-de-Ville même et de vingt-huit mille fusils déposés dans les caves des Invalides. La garde nationale, appelée alors *garde bourgeoise*, fut établie en vertu d'un arrêté du *comité permanent*, signé du prévôt des marchands, des membres du bureau de ville, et des électeurs, le 13 juillet dans la journée (1).

Cependant l'impatience, la confusion, le désordre étaient portés à l'extrême au *comité per-*

---

(1) Les électeurs avaient envoyé une députation à Versailles pour demander le renvoi des troupes et de l'artillerie qui cernaient Paris, et que l'établissement de la garde bourgeoise fût autorisé. Dupont de Nemours, qui était, comme on sait, de l'assemblée constituante, saisit cette occasion pour faire un de ces traits de patriotisme fanfaron dont il a donné tant d'exemples dans sa vie. Il remit avec gravité et d'un air d'importance, à M. de la Vigne, chef de la députation, un billet sur lequel il était écrit que « M. Dupont, conseiller d'état, chevalier de l'ordre de Vasa, et son fils, âgé de dix-huit ans, demeurant à Paris, rue du Petit-Musc, n° 17, demandaient à être compris au rôle de la garde bourgeoise, si elle était établie. »

M. Dupont eut toujours un sabre et un fusil près de son lit depuis ce moment.

manent. Les armes promises n'arrivaient point; les députations des districts qui les attendaient dans un très petit bouge de l'Hôtel-de-Ville, témoignaient avec chaleur de leur méfiance et de leurs soupçons contre le prévôt des marchands, dont ils disaient que le comité même était complice. M. de Flesselles répondait à toutes les demandes, à toutes les objurgations qu'on lui adressait, avec la plus grande apparence de calme. Il semblait sûr de son dire, et, d'après cette assurance, on temporisait encore. Les minutes semblaient alors des siècles, et le moindre retard ajoutait à l'impatience des esprits.

Entre cinq et six heures du soir, on annonce enfin que plusieurs caisses étiquetées *artillerie* étaient arrivées dans l'Hôtel-de-Ville. C'étaient, disait-on, les armes promises à M. le prévôt des marchands par M. de Pressoles.

Quelles furent la surprise et l'indignation du public et des électeurs, lorsqu'en présence de M. Hay, colonel des gardes de la ville, de M. le marquis de la Salle, des députés de plusieurs districts et d'un nombre considérable de personnes impatientes de procéder à la distribution de ces armes, les caisses furent ouvertes! Au lieu d'y trouver des moyens de combattre, on n'y trouva que de vieux linges, des bouts de chandelles, des chiffons (1).

Un cri général de trahison s'éleva aussitôt contre le prévôt des marchands, contre les membres du *comité permanent*; et tout ce que l'on tenta pour calmer cette fermentation terrible, ne servit qu'à la rendre plus à craindre encore. Dès cet instant, la mort du prévôt des marchands fut résolue dans le public, et le Palais-Royal retentit des plus violentes accusations contre lui; sa perte y fut décidée généralement.

Le bruit se répandait en même temps qu'il y avait des fusils dans le couvent des Chartreux et dans celui des Célestins. Aussitôt le *comité permanent* donne un ordre, signé de M. de Fiesselles, de se transporter dans ces maisons pour saisir les armes qu'on y trouverait. On s'y rendit, et l'on n'y trouva rien. La colère du peuple se porta de nouveau contre le prévôt des mar-

---

(1) On lit cette note au bas du procès-verbal des électeurs où ce fait est consigné. « L'énigme de ces caisses n'a jamais été expliquée. Comment ont-elles été envoyées à l'Hôtel-de-Ville? A quel effet? D'où venait la nouvelle qu'elles étaient remplies de fusils? Voilà ce qu'on n'a pu découvrir. »

On serait fondé à croire que M. de Fiesselles n'était point complice de cette indigne mystification, si les caisses qu'il avait promises de M. de Pressoles fussent arrivées; mais elles n'arrivèrent pas.

chands qu'on accusa d'avoir fait répandre ces bruits et signé des ordres pour amuser le peuple et donner le temps aux troupes d'agir contre la capitale sans armes.

Le lendemain, dans la matinée, le prieur et le procureur général des Chartreux se présentèrent au *comité permanent*, conduits par M. Pons de Verdun et Joly. Ce dernier tenait à la main l'ordre que M. de Flesselles avait donné la veille au district de Saint-André-des-Arcs pour aller prendre des armes aux Chartreux. Il adressa la parole à ce magistrat :

« Voilà, monsieur, lui dit-il, l'ordre que vous avez donné hier au district de Saint-André-des-Arcs pour l'autoriser à aller prendre des fusils aux Chartreux. Envoyés par ce district, M. Pons de Verdun et moi, nous nous sommes transportés ce matin au couvent des Chartreux avec cinquante hommes. Nous avons sommé M. le prieur et M. le procureur général de nous délivrer à l'instant les armes demandées, en leur faisant observer que votre ordre ne permettait pas de douter de l'existence de ces armes. Ils nous ont répondu qu'ils étaient fort étonnés de ces ordres; qu'ils n'avaient jamais eu aucune arme dans leur maison; que ces ordres cependant les exposaient aux plus grands dangers, en accréditant ce bruit que leur maison en renfermait un magasin ; que, depuis plus de douze heures, le couvent était rempli d'une foule prodigieuse de personnes qui se succédaient, et qui, disaient-elles, venaient chercher les armes cachées ; que des recherches mille fois répétées, et plus de vingt patrouilles différentes devaient assurer, bien certainement, qu'il n'y avait pas un seul fusil dans leur couvent.

« Sur cette déclaration, nous les avons engagés à nous suivre à l'Hôtel-de-Ville, et les voilà. Voulez-vous bien, monsieur, nous expliquer ce mystère ? »

M. le prévôt des marchands, après avoir donné plusieurs signes d'embarras et d'hésitation, répondit : « Je me suis trompé ; jai été trompé. »

MM. Pons de Verdun et Joly adressèrent quelques observations assez vives à M. de Flesselles sur une semblable méprise, et lui demandèrent sa réponse par écrit, afin, dirent-ils, de rendre compte à leur district de leur mission, et comme nécessaire aussi aux chartreux pour les garantir de la fureur du peuple.

Le prévôt des marchands leur donna un écrit signé de lui, ainsi conçu : « Les chartreux ayant déclaré qu'ils n'avaient aucune arme, le comité révoque l'ordre qu'il a donné hier. »

On devinait ou l'on croyait deviner sous ces ordres et dans ces réticences, une intrigue dont on voulait avoir le dernier mot. Des doutes naîtraient à moins. La fureur et l'agitation croissaient en conséquence à chaque minute, et le mot de *traître* était dans toutes les bouches ; aussi remarquait-on sur la figure de M. de Flesselles une altération qu'il s'efforçait de contenir. Avait-il un secret ? N'était-il que le prête-nom d'une insigne jonglerie ? Le moment n'était pas favorable pour une information calme et régulière. Le péril pour sa personne augmentait encore par l'arrivée au comité permanent de plusieurs *députés du Palais-Royal*, suivis d'un concours immense. L'un d'eux, qui paraissait le plus exalté, dit d'un ton violent et colère qu'ils avaient reçu mission des citoyens assemblés au Palais-Royal de dénoncer M. de Flesselles comme traître à la patrie ; que, depuis plus de vingt-quatre heures, le prévôt des marchands trompait ses concitoyens par de fausses promesses d'armes et de munitions ; qu'il était en relation avec les principaux aristocrates ; qu'il avait surtout des relations intimes avec le prince de Conti ; qu'il fallait enfin que M. de Flesselles vînt au Palais-Royal expliquer et justifier sa conduite.

M. de Flesselles réunissant toutes ses forces

contre l'inquiétude que ces attaques étaient certainement bien capables d'inspirer, répondit avec fermeté et tranquillité que sa conscience était pure; qu'il avait rempli ses devoirs; qu'il ne demandait pas mieux que d'exposer sa conduite aux yeux de ces concitoyens; que l'accusation relative à son intimité prétendue avec le prince de Conti était une insigne fausseté; qu'il n'avait vu ce prince que deux fois en sa vie, et encore dans des circonstances fortuites; qu'il ne lui a jamais écrit, et qu'il n'a jamais reçu une seule lettre de lui.

Un membre du comité permanent prit alors la parole et s'exprima avec beaucoup de force sur le crime et les dangers d'une accusation capitale qui n'aurait pour tout fondement que des suppositions, des inductions, des conséquences fausses, d'un fait dont tous les incidens ne pouvaient être parfaitement connus de la multitude. Il ajouta que depuis le moment où M. de Flesselles était monté la veille à l'Hôtel-de-Ville, où il avait été confirmé dans la place de premier administrateur municipal par le peuple lui-même, il n'avait donné que des preuves de fidélité, de zèle et de patriotisme; qu'il n'était pas sorti un seul instant de l'Hôtel-de-Ville; qu'excepté trois ou quatre heures de la nuit, il n'avait point cessé de travailler avec les membres du comité, de donner, concurremment avec chacun d'eux, tous les ordres nécessaires à la défense de la ville, contre les troupes dont elle était environnée ; qu'en cet état, il était bien difficile de concevoir comment M. de Flesselles aurait entretenu, sans que personne s'en aperçût, des intelligences contraires au salut public.

Ces raisons ne faisaient qu'une faible impression sur ceux qui étaient à portée de les entendre ; leur inutilité était encore accrue par l'agitation, le bruit, la fureur, qui régnaient dans une foule immense répandue dans les escaliers, les corridors, les salles de l'Hôtel-de-Ville. C'était le moment où on assiégeait la Bastille et où continuellement on apportait jusque dans la salle des électeurs ceux qui avaient été blessés par le canon de ce château. L'instant n'était donc nullement favorable à M. de Flesselles. On venait demander à tout moment des munitions, de la poudre dont on savait qu'il y avait une assez grande quantité à l'Hôtel-de-Ville. Ce fut alors que M. Francotay, un des électeurs, s'adressant à M. de Flesselles, lui reprocha de refuser de la poudre aux soldats-citoyens qui en avaient si grand besoin ; à quoi M. de Flesselles lui répondit *de se taire*. « Je ne me tairai point, reprit l'électeur ; le temps presse, et l'on massacre nos frères à la Bastille. J'ai rencontré dans l'escalier un jeune homme qui a eu le bras cassé à cette forteresse et qui pleurait la mort de son camarade tué à ses côtés. »

Le comité permanent était assailli et menacé de toutes manières ; plusieurs de ses membres jugèrent à propos de se rendre dans la grande salle des électeurs ; elle était pleine d'une multitude agitée de sentimens violens : M. de Flesselles était le principal objet de leurs récriminations. Arrivé lui-même dans cette salle, il persista, malgré les observations des membres du comité qui voulaient l'en empêcher, à se placer sur l'estrade, tout près de M. Moreau de Saint-Méry, qui présidait l'assemblée. Un moment après, on apprend la prise de la Bastille ; les clefs de cette prison d'état sont remises sur le bureau ; mais la victoire même, en ouvrant un champ plus large à l'imagination des patriotes, exaspérait leurs têtes, et l'effervescence ne diminuait pas. La nécessité de soutenir ce triomphe ajoutait à celle de purifier le comité permanent pour qu'il fût investi de toute la confiance et procédât résolument. On parlait de trahison, de perfidie, de manœuvres ; on continuait d'accuser et d'interpeller hautement M. de Flesselles. Les premiers mots qu'il lui fut possible de prononcer au milieu de cet orage furent ceux-ci : « Puisque je suis suspect à mes concitoyens, il est indispensable que je me retire. » Il voulut alors descendre de l'estrade ; mais plusieurs personnes s'opposèrent à ce mouvement qui l'exposait à devenir l'objet de la fureur populaire ; et, pour le moment, il ne s'éloigna pas.

M. de Leuze, un des électeurs, voyant que la résolution de M. de Flesselles était de résigner ses fonctions, éleva la voix, et, lui adressant la parole, dit : « Vous serez responsable, monsieur, des malheurs qui vont arriver ; vous n'avez pas encore donné les clefs du magasin de la ville où sont ses armes et surtout ses canons. »

M. de Flesselles, sans répondre, tire les clefs de sa poche et les présente à un électeur qui lui-même les remet à un autre placé près de lui. Dans ce moment, plusieurs personnes se pressent autour du bureau et interpellent plus directement M. de Flesselles, en lui disant, les uns qu'il fallait se saisir de lui et le garder comme ôtage, les autres qu'il allait être conduit en prison au Châtelet. Un certain nombre exigeait qu'il se rendît au Palais-Royal pour y être jugé ; toute la salle électrisée retentit alors de ce seul cri : « Au *Palais-Royal ! au Palais-Royal !* » M. de Flesselles répondit : « Eh bien ! messieurs, allons au Palais-Royal. »

On crut remarquer en ce moment dans ses traits un peu plus de tranquillité ; peut-être espérait-il que cette démarche lui fournirait une occasion de se soustraire à la foudre qui grondait sur sa tête. Quelques électeurs, effrayés de sa témérité, voulurent l'en détourner par leurs instances. L'abbé Fauchet, après lui avoir dit quelques mots en particulier, venait de partir pour se rendre au comité du district de Saint-Roch ; il y portait des paroles en faveur de M. de Flesselles. Sans attendre le retour de l'abbé Fauchet, M. de Flesselles descendit de l'estrade et traversa la salle ; la multitude qui le pressait de toutes parts ne lui fit pas la moindre violence. J'affirme cette disposition de la foule pour l'avoir vue. On spéculait encore sur la possibilité d'une justification ; on le croyait dupe d'un faux rapport dont il avait dû se réserver le secret. Bientôt on apprit qu'il avait traversé la place de Grève suivi de beaucoup de personnes et sans éprouver aucun mauvais traitement ; mais un coup de pistolet, que nous entendîmes du milieu de la salle, parti d'une main inconnue, le renversa presque aussitôt par terre au coin du quai Pelletier.

Les conjectures ne sont pas des preuves qu'on

puisse à la légère admettre dans l'histoire; mais ne paraît-il pas évident, d'après tout ceci, que M. de Flesselles fut tué par un de ses complices? Le torrent de l'insurrection noya toutes les traces de ce mystère dans son passage.

Le peuple, simple accusateur d'abord, se jeta tout aussitôt sur le corps du prévôt des marchands; la tête de M. de Flesselles, coupée, fut placée au bout d'une pique et promenée dans Paris avec celle du marquis de Launai, gouverneur de la Bastille, qui périt le même jour et par les mêmes motifs.

Telle fut la fin du dernier magistrat de l'ancienne municipalité. Tout fut changé; une organisation, d'abord provisoire, ensuite définitive, fut substituée au corps de ville pour faire place un peu plus tard à l'administration actuelle de la ville de Paris.

Tout prouve que M. de Flesselles agissait à contre-cœur, et par suite de quelques ordres, en prenant part à l'insurrection; qu'il s'était mal à propos flatté de saisir quelque circonstance opportune pour favoriser les vues de la cour, ou du moins pour arrêter la marche des choses, et qu'il pensait, pour ce dessein, devoir persévérer dans ses fonctions publiques; il n'y trouva que la mort avec la réputation d'un traître.

CHAPITRE LVIII.

Du suicide et de ses causes.

Le chiffre annuel des suicides, en quelque façon normal et périodique parmi nous, ne peut être considéré que comme le symptôme d'un vice constitutif de la société moderne, car à l'époque des disettes et dans les hivers rigoureux, ce symptôme est toujours plus manifeste, de même qu'il prend un caractère épidémique lors des haltes de l'industrie et quand les banqueroutes se succèdent en ricochet. La prostitution et le vol grandissent alors dans la même proportion. En principe, bien que la plus large source du suicide découle principalement de la misère, nous le retrouvons dans toutes les classes, chez les riches désœuvrés, comme chez les artistes et les hommes politiques. La diversité des causes qui le motivent nous paraît échapper au blâme uniforme et sans charité des moralistes.

Des maladies de consomption, contre lesquelles la science actuelle est inerte et insuffisante, des amitiés méconnues, des amours trompés, des ambitions qui se découragent, des douleurs de famille, une émulation étouffée, le dégoût d'une vie monotone, un enthousiasme refoulé sur lui-même, sont très certainement des occasions de suicide pour les natures d'une certaine richesse, et l'amour même de la vie, ressort énergique de la personnalité, conduit fort souvent à se débarrasser d'une existence détestable.

Madame de Staël, qui ressassa beaucoup de lieux communs et les réhabilita quelque temps dans le plus beau style du monde, s'est attachée à démontrer que le suicide est une action contre nature, et que l'on ne saurait le regarder comme un acte de courage; elle a surtout établi qu'il était plus digne de lutter contre le désespoir que d'y succomber. De semblables raisons affectent peu les âmes que le malheur accable. Sont-elles religieuses, elles spéculent sur un meilleur monde; ne croient-elles en rien au contraire, elles cherchent le repos du néant. Les tirades philosophiques n'ont aucune valeur à leurs yeux, et sont d'un faible recours dans le chagrin. Il est surtout absurde de prétendre qu'un acte qui se consomme si fréquemment soit un acte contre nature; le suicide n'est d'aucune manière contre nature, puisque nous en sommes journellement les témoins. Ce qui est contre nature n'arrive pas. Il est au contraire de la nature de notre société d'enfanter beaucoup de suicides; tandis que les Berbères et les Tartares ne se suicident pas. Toutes les sociétés n'ont donc pas les mêmes produits; voilà ce qu'il faut se dire pour travailler à la réforme de la nôtre, et la faire gravir un des échelons supérieurs de la destinée du genre humain. Quant au courage, si l'on passe pour en avoir dès que l'on brave la mort en plein jour et sur le champ de bataille, sous l'empire de toutes les excitations réunies, rien ne prouve que l'on en manque nécessairement quand on se donne la mort soi-même et dans les ténèbres. On ne tranche pas une pareille controverse par des insultes contre les morts. Que le motif qui détermine l'individu à se tuer soit léger ou ne le soit pas, la sensibilité ne saurait se mesurer chez les hommes sur la même échelle; on ne peut pas plus conclure à l'égalité des sensations qu'à celle des caractères et des tempéramens; et tel événement n'excite qu'un sentiment imperceptible chez les uns, qui fait naître une douleur violente chez les autres. Le bonheur ou le malheur ont autant de manières d'être et de se manifester qu'il y a de différences entre les individus et les esprits. Un poète a dit :

Ce qui fait ton bonheur deviendrait mon tourment;
Le prix de ta vertu serait mon châtiment.

Tout ce que l'on a dit contre le suicide tourne dans le même cercle d'idées. On oppose au suicide les décrets de la Providence, sans nous faire lire ces décrets d'une façon bien claire, puisque, après tout, ceux qui se frappent en doutent. Ce peut être par la faute de ceux qui n'auront pas rendu les termes de ces décrets-là intelligibles et satisfaisans. Le diamant de l'Evangile est lui-même resté dans son argile. On nous parle de nos devoirs envers la société, sans que nos droits sur la société soient à leur tour nettement définis et établis ; et l'on exalte enfin le mérite plus grand mille fois, dit-on, de surmonter la douleur que d'y succomber, ce qui est un aussi triste mérite qu'une triste perspective. Bref, on en fait un acte de lâcheté, un crime contre les lois et l'honneur.

D'où vient que, malgré tant d'anathèmes, l'homme se tue? C'est que le sang ne coule pas de la même façon dans les veines des gens désespérés que le sang des êtres froids qui se donnent le loisir de débiter tous ces stériles raisonnemens.

Peut-être n'a-t-on pas encore étudié toutes les causes qui président au suicide ; on n'examine pas assez les subversions de l'âme dans ces terribles momens, et quels germes vénéneux de très longues douleurs ont pu développer insensiblement dans le caractère. L'homme semble un mystère pour l'homme ; on ne sait que blâmer et l'on ignore.

A voir combien les institutions sous l'empire desquelles vit l'Europe disposent légèrement du sang et de la vie des peuples, et, aussi, comme la justice civilisée s'environne d'un riche matériel de prisons, de châtimens, d'instrumens de supplice pour la sanction de ses arrêts incertains; et le nombre inouï de classes laissées de toutes parts dans la misère; et les parias sociaux qu'on frappe d'un mépris brutal et préventif pour se dispenser peut-être de les arracher à leur fange; à voir tout cela, on ne conçoit guère en vertu de quel titre on pourrait ordonner à l'individu de respecter sur lui-même une existence dont nos coutumes, nos préjugés, nos lois et nos mœurs font si généralement bon marché.

Quel que soit le motif principal et déterminant du suicide, il est certain que son action agit avec une puissance absolue sur sa volonté. Pourquoi donc s'étonner si, jusqu'à présent, tout ce qu'on a dit ou fait pour vaincre cet entraînement aveugle, est resté sans effet, et si les législateurs et les moralistes ont également échoué dans leurs tentatives? Pour en arriver à comprendre le cœur humain, il faut d'abord avoir la miséricorde et la pitié du Christ.

On a cru pouvoir arrêter les suicides par des peines flétrissantes et par une sorte d'infamie jetée sur la mémoire du coupable. Que dire de l'indignité d'une flétrissure lancée sur des gens qui ne sont plus là pour plaider leur cause? Les malheureux s'en soucient peu du reste; et si le suicide accuse quelqu'un vis-à-vis de Dieu, l'accusation plane surtout sur les gens qui restent, puisque, dans cette foule, pas un n'a mérité que l'on vécût pour lui. Les moyens puérils et atroces qu'on a imaginés ont-ils lutté victorieusement contre les suggestions du désespoir? Qu'importent à l'être qui veut fuir le monde les injures que le monde promet à son cadavre! Il ne voit dans l'ignominie de la claie que l'opinion lui prépare qu'une lâcheté de plus de la part des vivans. Qu'est-ce, en effet, qu'une société où l'on trouve la solitude la plus profonde au sein de plusieurs millions d'âme; où l'on peut être pris d'un désir implacable de se tuer sans que qui que ce soit nous devine? Cette société-là n'est pas une société; c'est, comme le dit Jean-Jacques, un désert peuplé de bêtes féroces.

Dans les places que j'ai remplies à l'administration de la police, les suites des *suicides* étaient en partie dans mes attributions; j'ai voulu connaître si dans leurs causes déterminantes il ne s'en trouverait pas dont on pût modérer ou prévenir l'effet. J'avais entrepris sur ce sujet important un travail considérable. Sans m'appesantir sur des théories, j'essaierai de présenter des faits.

Parmi les causes de désespoir qui font rechercher la mort aux personnes douées d'une grande susceptibilité nerveuse, aux êtres passionnés et mélancoliques, j'ai remarqué, comme fait prédominant, les mauvais traitemens, les injustices, les peines secrètes, que des parens durs et prévenus, des supérieurs irrités et menaçans, font éprouver aux personnes qui sont dans leur dépendance. La révolution n'a pas fait tomber toutes les tyrannies; les inconvéniens reprochés aux pouvoirs arbitraires subsistent dans les familles; ils y causent des crises analogues à celles des révolutions. Est-il sûr, comme on le suppose, que la crainte de voir leurs amis, leurs parens ou leurs domestiques, livrés à l'infamie, et les corps traînés dans la boue, ramènerait ces hommes impitoyables à la prudence, à la modération, à la justice envers leurs inférieurs, et les porterait à prévenir ainsi des meurtres volontaires, commis dans la pensée de se soustraire à leur domination? Je ne le pense pas; ce serait, par un double sacrilége, souiller deux cultes à la fois, le culte des vivans et le culte des morts. On ne voit pas jusqu'ici que ce moyen ait atteint le but; on y a sagement renoncé.

Pour obtenir un bon résultat sur l'esprit des supérieurs envers leurs subordonnés, et principalement sur les parens entre eux, on a pensé que la crainte de se voir atteint par la diffamation et le scandale public serait encore une mesure efficace. Cette mesure ne suffirait pas, et le blâme plein d'amertume qu'on verse à loisir sur le malheureux qui s'est arraché la vie, diminue chez les provocateurs, si même il n'en éteint le sentiment en eux, la honte de tous ces scandales et la conscience d'en avoir été les vrais provocateurs. Le clergé me semble plus irréligieux que la société même lorsqu'il donne la main à de si lâches préjugés par le refus de toute sépulture religieuse.

En somme, les rapports entre les intérêts et les esprits, les véritables relations entre les individus, sont à créer de fond en comble parmi nous; et le suicide n'est qu'un des mille et un symptômes de cette lutte sociale, toujours flagrante, dont tant de combattans se retirent parce qu'ils sont las de compter parmi les victimes et parce qu'ils se révoltent contre la pensée de prendre un grade au milieu des bourreaux. En veut-on quelques exemples; je vais les extraire des procès-verbaux authentiques.

Dans le mois de juillet 1816, la fille d'un tailleur, domicilié sous les piliers des halles, était promise en mariage à un étalier boucher, jeune homme de bonnes mœurs, économe et laborieux, très épris de sa jolie fiancée, qui le lui rendait bien. La jeune fille était couturière; elle avait l'estime de tous ceux qui la connaissaient;

et les parens de son futur l'aimaient tendrement. Ces braves gens ne laissaient échapper aucune occasion d'anticiper sur la possession de leur bru; on imaginait des parties de plaisir dont elle était la reine et l'idole. L'estime générale ajoutait à l'estime que les fiancés avaient l'un pour l'autre.

L'époque du mariage arrive; tous les arrangemens sont faits entre les deux familles, et les conventions arrêtées. La veille du jour fixé pour se rendre à la municipalité, la jeune fille et ses parens devaient souper dans la famille du jeune homme; un léger incident survint. De l'ouvrage à rendre pour une riche maison de leur clientelle retint au logis le tailleur et sa femme; ils s'excusèrent; mais la mère de l'étalier s'obstinant, vint chercher sa petite bru qui reçut l'autorisation de la suivre.

Malgré l'absence de deux des principaux convives, le repas fut des plus joyeux. Il se débita beaucoup de ces gaudrioles de famille que la perspective d'une noce autorise. La belle-mère se voyait déjà marraine d'un gros poupon. On but, on chanta. L'avenir fut mis sur le tapis. Fort avant dans la nuit, on se trouvait encore à table. Par une tolérance qui s'explique, les parens du jeune homme, enthousiasmés de leurs enfans et jouissant de leur double tendresse, fermèrent le yeux sur le tacite accord des deux futurs. Les mains se cherchaient ; le feu se mettait aux poudres. L'amour et la familiarité leur montaient la tête. Après tout, l'on regardait le mariage comme fait ; et ces pauvres jeunes gens se fréquentaient depuis long-temps sans que l'on eût le plus léger reproche à leur adresser ! Jamais les plaisirs d'un bon mariage n'avaient été analysés plus vivement. L'attendrissement du père et de la mère du fiancé, à qui ce couple d'amoureux rappelait des souvenirs de jeunesse, l'heure avancée, des désirs mutuels et déprisonnés par la tolérance de leurs mentors, la gaieté sans gêne qui règne toujours dans de semblables repas, tout cela réuni, et l'occasion qui s'offrait en souriant, et le vin qui pétillait dans les cerveaux, tout favorisait un dénoûment qui se devine. Les amoureux se retrouvèrent dans l'ombre, lorsque l'on eut éteint les lumières. On fit semblant de n'y rien comprendre, de ne pas s'en douter. Leur bonheur n'avait là que des amis et pas d'envieux. Le fond prit un instant le pas sur la forme, et ce plaisir à demi dérobé ne dut en être que plus doux.

La jeune fille ne retourna chez ses parens que le lendemain matin. Ce qui prouve combien elle se croyait peu coupable, c'est qu'elle y revint seule. Son tort était grand sans doute, n'eût-elle considéré que l'inquiétude des siens grâce au prolongement d'absence; mais si jamais la bonté, l'indulgence, la prudence, la retenue, furent imposées à des parens envers un enfant, ce devait être dans une circonstance pareille, puisque tout s'apprêtait pour légitimer l'escapade amoureuse. De plus coupables ont été plus heureux.

La petite se glissa dans sa chambre et dépêcha sa toilette; mais ses parens l'eurent à peine aperçue, que, dans un accès de colère dont on ne put les détourner, ils prodiguèrent à leur fille, avec acharnement, tous les noms, toutes les épithètes dont on peut se servir pour vouer l'imprudence au déshonneur. Le voisinage en fut témoin, le scandale n'eut pas de bornes. Jugez de la secousse dans une âme qui se sentait vierge par sa pudeur et par le mystère que l'on outrageait. Vainement l'enfant éperdue représentait à ses parens qu'ils la livraient eux-mêmes à la diffamation, qu'elle avouait son tort, sa folie, sa désobéissance; mais que tout allait être réparé. Ses raisons et sa douleur ne désarmèrent pas leur furie. Compères et commères accoururent à l'éclat, et firent chorus. Le sentiment de la honte qui résultait de cette scène affreuse fit prendre à l'enfant la résolution de s'ôter la vie; elle descendit, d'un pas rapide, à travers les malédictions, et courut, l'égarement dans les yeux, se précipiter à la rivière; les mariniers ne la retirèrent de l'eau que morte, et parée de ses ornemens de noces. Comme de raison, ceux qui s'étaient d'abord mis contre la fille, se tournèrent aussitôt contre les parens : cette catastrophe épouvantait leurs âmes.

Peu de jours après, les parens vinrent réclamer à la police une chaîne d'or, que l'enfant portait à son cou, et que le père de son futur lui avait donnée, une montre d'argent doré, des boucles d'oreilles et une bague garnie d'une petite émeraude, tous objets qui avaient été déposés dans les bureaux, comme on le pense bien.

Je ne manquai pas de reprocher avec force à ces gens leur imprudence et leur barbarie. Dire à ces forcenés qu'ils en rendraient compte devant Dieu, vu leurs préjugés étroits, et le manque de religion qui règne dans les basses classes mercantiles, c'aurait été leur faire trop peu d'impression; la cupidité les attirait, plus que le désir de posséder deux ou trois reliques; je crus pouvoir les punir par là. Ils réclamaient les bijoux de la jeune fille ; je les leur refusai; je gardai les certificats dont ils avaient besoin pour retirer ces effets de la caisse où, suivant l'usage, on les avait déposés. Tant que je fus à ce poste, ils eurent tort dans leurs réclamations, et je pris plaisir à braver leurs injures. Ce n'est que depuis ma sortie qu'ils en ont obtenu la remise.

La même année, un jeune créole, d'une figure charmante, appartenant à l'une des plus riches familles de la Martinique, se présenta dans mon bureau, et, dès que nous fûmes seuls, me fit la révélation d'une de ces plaies qui laissent d'incurables ulcères au foyer de la vie privée. Il venait s'opposer formellement à la remise du cadavre d'une jeune femme, sa belle-sœur, que le mari, propre frère du créole, réclamait depuis la veille. Cette femme s'était noyée. Ce genre de mort volontaire est le plus fréquent. Les préposés à la fouille de la rivière avaient retrouvé le corps non loin de la grève d'Argenteuil. Par un de ces instincts réfléchis de pudeur qui domine les femmes, jusque dans l'aveuglement du désespoir, la triste victime avait noué soigneusement la frange de sa robe autour de ses pieds. Cette précaution pudique prouvait le suicide jusqu'à l'évidence. A peine était-elle défigurée lorsque les mariniers la transportèrent à la Morgue. Sa beauté, sa jeunesse, la richesse de ses vêtemens, prêtaient à mille conjectures sur la cause première de cette catastrophe. L'affliction du mari, qui la reconnut le premier, passait d'ailleurs les bornes; il ne comprenait pas le premier mot de ce malheur, du moins me l'avait-on dit ; je n'avais pas encore vu cet homme. Je représentai au créole que nul ne pouvait prévaloir contre les droits et la réclamation du mari qui faisait en ce moment élever un magnifique tombeau de marbre pour ensevelir les restes inanimés de sa femme. « Après l'avoir tuée, le monstre ! » criait le créole en se promenant avec agitation.

A la chaleur du désespoir de ce jeune homme, à ses supplications pour que j'obtempérasse à ses vœux, à ses larmes, je crus reconnaître des symptômes d'amour, et je le lui dis. Il me l'avoua; mais en me jurant, avec les attestations les plus vives, que sa belle-sœur n'en avait jamais rien su. Seulement, pour mettre à l'abri la réputation de sa belle-sœur que ce meurtre volontaire pouvait faire accuser d'une intrigue par l'opinion publique toujours prompte à noircir le chagrin, il prétendait produire à la lumière les barbaries de son frère, fallût-il s'asseoir pour cela lui-même sur la sellette d'un tribunal. Il me suppliait de le guider dans cette affaire. A travers le décousu de sa révélation emportée, voici ce que je recueillis. M. de M...., frère de ce créole, homme à bonnes fortunes, avec des goûts d'artiste aimant le luxe et la vie de représentation, s'était uni depuis moins d'un an à cette jeune femme, sous les auspices d'une inclination réciproque; ils formaient le plus beau couple que l'on pût voir. Après le mariage, un vice de sang, venu de famille peut-être, s'était déclaré tout à coup et violemment dans la constitution du nouvel époux. Cet homme, si fier d'un beau physique, d'une tournure élégante, et d'une perfection de formes qui semblaient ne pas lui permettre de craindre des rivaux autour de lui, travaillé tout à coup par un mal inconnu contre les ravages duquel la science avait échoué, s'était misérablement tranformé des pieds à la tête. Il avait perdu ses cheveux; sa colonne vertébrale s'était déviée; de jour en jour, la maigreur et les rides le métamorphosaient à vue d'œil; pour les autres, du moins! car son amour-propre essayait de se soustraire à l'évidence. Mais ceci ne l'alitait pas; une vigueur de fer semblait triompher des atteintes de ce mal; il se survivait vigoureusement dans ses propres débris. Le corps tombait en ruines et l'âme restait debout. Il continuait de donner des fêtes, de présider à des parties de chasse, et de mener le riche et fastueux train de vie qui paraissait la loi de son caractère et de sa nature. Cependant, les avanies, les quolibets, les mots plaisans des écoliers et des gamins lorsqu'il se promenait à cheval dans les promenades, des sourires désobligeans et moqueurs, d'officieux avertissemens d'amis sur les nombreux ridicules qu'il se donnait par l'obstination de ses manières galantes auprès des femmes dont il devenait le plastron, dissipèrent enfin son illusion et le mirent sur ses gardes vis-à-vis de lui-même. Dès qu'il s'avoua sa laideur et sa difformité, dès qu'il en eut la conscience, son caractère s'aigrit, des pusillanimités lui vinrent. Il parut moins empressé de conduire sa femme aux soirées, aux bals, aux concerts; il se réfugia dans sa demeure, à la campagne; supprima les invitations, élimina des gens sous mille prétextes; et les politesses de ses amis envers sa femme, tolérées par lui tant que l'orgueil lui donnait la certitude de sa supériorité, le rendirent jaloux, soupçonneux, violent. Il voyait dans tous ceux qui persévéraient à le fréquenter le parti pris de faire capituler le cœur de celle qui lui restait comme son dernier orgueil et sa dernière consolation. Vers ce temps, le créole arriva de la Martinique pour des affaires dont la réinstallation des Bourbons sur le trône de France semblait devoir favoriser la réussite. Sa belle-sœur lui fit un excellent accueil; et, dans le naufrage des relations sans nombre qu'elle avait contractées, mais qu'il fallut voir s'engloutir, le nouveau venu conserva les avantages que son titre de frère lui donnait tout naturellement auprès de M. de M.... Notre créole prévit la solitude qui se formerait autour de ce ménage, tant par les querelles directes que son frère eut avec plusieurs amis, que par mille procédés indirects pour en venir à chasser et à décourager les visiteurs. Sans trop se rendre compte de l'impulsion amoureuse qui le rendait exclusif lui-même, le créole approuva ces idées de retraite, et les favorisa même de ses conseils. M. de M.... taillant dans le vif, finit par se retirer tout-à-fait dans une jolie maison de Passy, qui devint en peu de temps un désert.

La jalousie s'alimente des moindres choses. Quand elle ne sait à quoi se prendre, elle se consume et s'ingénie ; tout lui sert d'aliment. Peut-être la jeune femme regrettait-elle les plaisirs de son âge. Des murs interceptèrent la vue des habitations voisines; les persiennes furent fermées du matin au soir. M. de M.... rôdait avec des armes pendant la nuit, et faisait sa ronde avec des chiens. Il s'imaginait apercevoir des traces sur le sable, et créait des suppositions étranges à propos d'une échelle changée de place par le jardinier. Le jardinier lui-même, ivrogne presque sexagénaire, fut mis à la porte. L'esprit d'exclusion n'a pas de frein dans ses outrages, il va jusqu'à l'imbécilité. Le frère, innocent complice de tout cela, comprit enfin qu'il travaillait au malheur de la jeune femme, qui, de jour en jour surveillée, insultée, privée de tout ce qui pouvait distraire une imagination riche et heureuse, devint chagrine et mélancolique autant qu'elle avait été franche et rieuse. Elle pleurait et cachait ses larmes, mais la trace en était assez visible. Un remords vint au créole. Résolu de s'expliquer naïvement avec sa belle-sœur, et de réparer une faute à laquelle un sentiment furtif d'amour donnait assurément naissance, il se glissa de bon matin sous un bosquet où de temps en temps la captive allait prendre l'air et cultiver des fleurs. En usant de cette liberté si restreinte, elle se savait, il faut le croire, sous l'œil de son jaloux; car, à l'aspect de son beau-frère, qui se trouvait pour la première fois et à l'improviste en tête-à-tête avec elle, la jeune femme montra la plus grande alarme. Elle joignit les mains : — Eloignez-vous, au nom du ciel ! lui dit-elle avec terreur; éloignez-vous!

Et, de fait, le beau-frère eut à peine le temps de se cacher dans une serre, que M. de M... survint. Le créole entendit des éclats, il voulut écouter ; le battement de son cœur l'empêcha de saisir le plus léger mot d'une explication que cette fuite, si le mari la découvrait, pouvait rendre plus déplorable encore. Cet incident aiguillonna le beau-frère; il y vit la nécessité d'être dès ce jour le protecteur d'une victime. Il s'efforça de sacrifier toute arrière-pensée d'amour, dans la résolution de se dévouer pour sa belle-sœur. L'amour peut aller jusqu'au renoncement le plus absolu, sans abdiquer néanmoins son droit de protectorat, car ce dernier renoncement serait d'un lâche. Il continua de voir son frère, prêt à lui parler franchement, à s'avouer, à lui dire tout. M. de M.... n'avait pas encore de soupçons de ce côté ; mais cette persistance de son frère en fit naître. Sans lire trop clairement dans les causes de cet intérêt, M. de M.... s'en méfia, prévoyant ce que l'intérêt pourrait devenir. Le créole comprit bientôt que son frère n'était pas toujours absent, comme il le prétendait après coup, toutes les fois que l'on venait inutilement sonner à la porte de la maison de Passy. Un ouvrier serrurier fit les clefs que l'on voulut sur le modèle de celles que son bourgeois avait déjà forgées pour M. de M.... Le créole ne s'effrayait pas des chiens de garde : les chiens le connaissaient. Après un éloignement de dix jours, rouerie assez habile de l'époux, le créole, exaspéré par la crainte, et se mettant lui-même des chimères dans l'esprit, pénétra de nuit dans l'enclos, franchit une grille placée devant la cour principale, atteignit les toits au moyen d'une échelle, et se glissa le long des plombs jusque sous la fenêtre d'un grenier qui lui permit d'arriver près de la chambre à coucher de son beau-frère. Des exclamations violentes lui donnèrent la facilité d'arriver contre une porte vitrée. Ce qu'il vit le navra. La clarté d'une lampe éclairait l'alcove. Sous les rideaux, les cheveux en désordre et la figure pourpre de rage, M. de M.... à demi-nu, agenouillé près de sa femme et sur le lit même dont elle n'osait sortir, quoiqu'en se dérobant à demi, l'accablait des reproches les plus sanglans, et semblait un tigre prêt à la mettre en pièces.

— Oui! lui disait-il, je suis hideux, je suis un monstre, et je ne le sais que trop ; je te fais peur. Tu voudrais qu'on te débarrassât de moi, qu'on te délivrât de ma vue. Tu désires l'instant qui te rendra libre. Et ne me dis pas le contraire; je devine ta pensée dans ton effroi, dans ta répugnance, dans tes larmes. Tu rougis des indignes sourires que j'excite, et je te révolte! Tu comptes sans doute une par une les minutes qui doivent s'écouler jusqu'à ce que je ne t'obsède plus de mes infirmités et de ma présence. Tiens! il me prend des désirs affreux, des rages de te défigurer, de te rendre semblable à moi, pour que tu ne puisses conserver l'espoir de te consoler avec tes amans du malheur de m'avoir connu. Je briserai toutes les glaces de cette maison, pour qu'elles ne me reprochent pas un contraste, pour qu'elles cessent d'alimenter ton orgueil. Ne faudrait-il pas te mener ou te laisser aller dans le monde, pour voir chacun t'encourager à me haïr? Non, non! tu ne sortiras d'ici qu'après m'avoir tué. Tue-moi! Préviens ce que je suis tenté de faire tous les jours. Tue-moi!

Et le forcené se roulait sur le lit avec des cris, avec des grincemens, de l'écume aux lèvres et mille symptômes de frénésie, avec des coups qu'il se portait lui-même dans sa fureur, près de cette femme éperdue qui lui prodiguait les caresses les plus tendres et les supplications les plus pathétiques. Enfin elle le dompta. La miséricorde avait sans doute remplacé l'amour; mais ce n'était pas assez pour cet homme devenu si repoussant, et dont les passions avaient encore tant d'énergie. Un long abattement fut la suite de cette scène qui pétrifia le créole. Il frémit, et ne sut à qui s'adresser pour soustraire la malheureuse à ce supplice. Cette scène, évidemment, devait se renouveler tous les jours; car, dans les spasmes qui la suivirent, madame de M.... recourut à des fioles préparées par elle, à dessein de rendre un peu de calme à son bourreau. Le créole, à Paris, représentait à lui seul, pour le moment, la famille de M. de M....; peut-être deviendrait-il dangereux de risquer une démarche. C'est dans ce cas surtout que l'on pourrait maudire la lenteur des formes juridiques et l'insouciance des lois que rien ne ferait sortir de leurs allures compassées, parce qu'après tout, il ne s'agissait que d'une femme, l'être que le législateur entoure le moins de garanties. Une lettre de cachet, une mesure arbitraire auraient seules prévenu des malheurs que le témoin de ces rages prévoyait trop. Il se résolut pourtant à risquer le tout pour le tout, sauf à prendre les suites à son compte, sa fortune le mettant à même de faire d'énormes sacrifices, et de ne pas craindre la responsabilité de toutes les audaces. Déjà des médecins de ses amis, déterminés comme lui-même, préparaient une irruption dans la maison de M. de M.... pour constater ces momens de délire et séparer de vive force les deux époux, lorsque l'événement du suicide, en éclatant, justifia des prévisions tardives et trancha la difficulté.

Certes, pour quiconque ne borne pas tout l'esprit des mots à leur lettre, ce suicide était un assassinat ; mais il était aussi le résultat d'un vertige extraordinaire de jalousie ; et le malheureux mari, qui survécut fort peu de temps à sa femme, échappait à l'accusation de son frère autant à la faveur des termes exprès de notre législation que par l'exagération même du penchant qui le rendait coupable. On juge bien que cette affaire n'eut pas d'autres suites, et que je parvins, sinon à rendre la paix au créole, du moins à l'empêcher de faire un éclat inutile et dangereux. Dangereux surtout pour la mémoire de celle qu'il aimait, car les désœuvrés auraient accusé la victime d'une liaison adultère avec le frère de son mari. Le cadavre fut remis à M. de M...., dont la douleur occupa la capitale par une scène déchirante au cimetière Montmartre, lorsque le prêtre jeta la dernière pellerée de cendre sur le cercueil. J'en fus témoin, et le reproche expira sur mes lèvres. Personne ne sut, sinon le frère et moi, la vérité de cette triste affaire, et le coupable même, trop amoureux de sa victime pour lire dans son propre cœur, semblait l'ignorer comme tout le monde. J'entendis murmurer autour de moi des ignominies sur ce suicide, et je les méprisai. On rougit de l'opinion publique lorsqu'on la voit de près, avec ses lâches acharnemens et ses sales conjectures.

Peu de semaines au reste s'écoulaient sans m'apporter des révélations de ce genre.

Dans la même année, j'enregistrai des conventions amoureuses, causées par les refus de parens, terminées par un double coup de pistolet.

Je notai pareillement des suicides d'hommes du monde, réduits à l'impuissance à la fleur de l'âge, et que l'abus des plaisirs avait plongés dans une insurmontable mélancolie.

Beaucoup de gens mettent fin à leurs jours sous l'empire de cette obsession que la médecine, après les avoir inutilement tourmentés par des prescriptions ruineuses, est impuissante à les délivrer de leurs maux.

On ferait un curieux recueil, aussi, des citations d'auteurs célèbres et des pièces de vers écrites par les désespérés qui se piquent d'un certain faste dans les préparatifs de leur mort. Pendant le moment d'étrange sang-froid qui succède à la résolution de mourir, une sorte d'inspiration contagieuse s'exhale de ces âmes et déborde sur le papier, même au sein des classes les plus dépourvues d'éducation. En se recueillant devant le sacrifice dont elles sondent la profondeur, toute leur puissance se résume pour s'épancher dans une expression chaude et caractéristique.

Quelques-unes des pièces de vers qui sont enfouies dans les archives sont des chefs-d'œuvre. Un lourd bourgeois qui met son âme dans le trafic et son Dieu dans le commerce, peut trouver tout cela très romanesque, et réfuter par ses ricanemens des douleurs dont il n'a pas l'intelligence: son dédain ne nous étonne pas. Mais que dire des bonnes gens qui font les dévots, et qui répètent ces grossièretés?... Sans doute il est d'une haute importance que les pauvres diables supportent la vie, ne fût-ce que dans l'intérêt des classes privilégiées de ce monde que le suicide universel de la canaille ruinerait; mais n'y aurait-il pas d'autre moyen de faire supporter l'existence à cette canaille que les avanies, les ricanemens et les belles paroles? D'ailleurs il doit exister quelque noblesse d'âme dans ces sortes de gueux qui, décidés qu'ils sont à la mort, se frappent sans chercher d'autres ressources, et ne prennent pas le chemin du suicide par le détour de l'échafaud. Il est vrai que, dans les époques d'incrédulité, ces suicides généreux de la misère tendent à devenir de plus en plus rares; l'hostilité se dessine, et le misérable court franchement les chances du vol et de l'assassinat. On obtient plus facilement la peine capitale que de l'ouvrage.

Je n'ai remarqué dans la fouille des archives de la police qu'un seul symptôme de lâcheté bien manifeste sur la liste des suicides. Il s'agissait d'un jeune Américain, Wilfrid Ramsay, qui se donna la mort pour ne pas se battre en duel. Il avait été souffleté par un garde-du-corps dans un bal public. Sa justification fut donnée par un quaker dans une feuille du temps que j'avais gardée et que je ne retrouve pas. Son défenseur l'accusait encore, et lui reprochait de ne pas avoir su porter noblement le poids de cet affront.

La classification des diverses causes de suicides serait la classification même des vices de la société. Mon dessein n'est pas de me livrer à cette analyse difficile, que le législateur doit aborder pourtant s'il veut extirper souverainement de notre sol les germes de dissolution où notre génération croît et dépérit comme au sein d'une ivraie qui la ronge. On s'est tué pour la spoliation d'une découverte par des intrigans, à l'occasion de laquelle l'inventeur, plongé dans la plus affreuse détresse par suite des recherches savantes auxquelles il avait dû se livrer, ne pouvait même prendre un brevet. On s'est tué pour éviter les frais énormes et l'humiliation des poursuites dans les embarras pécuniaires, si fréquens, du reste, que les hommes chargés de la régie des intérêts généraux ne s'en inquiètent pas le moins du monde. On s'est tué faute de pouvoir se procurer du travail, après avoir long-temps gémi sous les avanies et l'avarice de ceux qui en sont, au milieu de nous, les distributeurs arbitraires. La législation, providence sociale et secondaire, doit un compte de sang à Dieu, son premier législateur et le nôtre, de tout ce qui avorte dans les misères du corps, dans les souffrances de l'âme, dans les élans de l'esprit. On ne peut pas se trouver quitte envers les vivans par des insultes sur les tombeaux.

Je rentre dans les misères de la vie privée, ma thèse favorite.

Une dame Terson, qui tenait sous l'empire un pensionnat de jeunes demoiselles dans le faubourg du Temple, ruinée par l'effet du bonapartisme extravagant qu'elle se fit un devoir d'afficher après le désastre de Waterloo, ce qui donna des scrupules à tous les parens, parce que l'on rassemblait chez elle des conciliabules, vivait depuis 1816 hors barrières, avec sa fille, dans un état voisin de la misère, quand un capitaine retraité, sachant leurs malheurs, et d'où ces malheurs provenaient, lia connaissance avec les deux solitaires. Il s'éprit même de la jeune fille ; et, malgré la disproportion des âges, moitié par sympathie d'opinions, moitié pour offrir au petit ménage des secours que ces deux femmes pussent accepter sans rougir, il parla de se marier ; la mère le prit au mot.

Quant à la fille, comme toutes les filles tenues sous la discipline de la famille, elle ne semblait avoir d'autres volontés que celles de sa mère. La déclaration du capitaine fut reçue avec reconnaissance. Deux mois après, mademoiselle Terson devenait madame Dufresne. A la suite de ce mariage, madame Terson, femme d'un caractère absolu, faite pour se déployer dans un vaste cercle d'occupations et non pour se résigner à la monotonie mesquine d'une vie retirée, s'aperçut que l'autorité qu'elle exerçait autrefois sur sa fille déclinait insensiblement; elle ne s'y résigna pas et se mit en tête de reconquérir son pouvoir. Ces trempes de caractère, qui montrent tant de ressorts dans un large horizon, dépensent sur un seul personnage, au risque de l'excéder et lorsqu'ils sont rabattus entre les quatre murailles de la vie domestique, la même verve qu'ils emploieraient si magnifiquement au bénéfice d'un ménage de cinq cents personnes. Elles se font insupportables; elles vous crucifient du matin au soir pour se tenir en haleine. La richesse de leur nature devient un fléau. Des plaintes, la mère en vint aux reproches, des reproches aux allusions piquantes, que sa fille la priait d'expliquer, n'y concevant rien, disait-elle, quoique avec un certain tremblement. Le mari souffrait et ne disait rien. Il entrevoyait le moment pénible où il lui faudrait intervenir et se décider pour une rupture, tant le calme semblait impossible à ramener entre ces natures dont il devinait trop tard l'antipathie. Une très jeune femme n'a jamais tort devant une vieille belle-mère. On devine que le capitaine penchait vers son faible; il ne s'en cachait pas. De jour en jour, de plus en plus, les deux femmes semblaient se braver et préluder par des escarmouches à de plus rudes batailles. M. Dufresne prévoyait un enfer. Tout à coup, comme par enchantement, la paix revint, et, avec la paix, des témoignages de cordialité plus que suspects. La régie du ménage revint par la même occasion tout entière à madame Terson, qui trancha, décida, régna. M. Dufresne en fut intrigué malgré lui. Les jeunes femmes ne sont jamais si résignées à retomber sous la griffe maternelle, à moins qu'elles n'aient de certaines raisons. Quelles pouvaient être ces raisons? Il pressa sa femme de lui donner le mot de cette énigme, ce qu'elle écarta d'abord en riant, puis, et parce qu'il y revint, par des excuses en l'air dont il ne crut pas un mot, tout en y donnant les mains de peur d'irriter sa petite amie.

Ce fut du côté de la mère qu'il dirigea ses questions, en lui rappelant des paroles singulièrement équivoques dont il avait commenté le sens de mille manières. Comme on éludait aussi de ce côté-là, il se tut; mais il observa les moindres symptômes et ne tarda pas à savoir au plus juste que la mère imposait une étrange réserve aux scrupules de sa fille dès que celle-ci se mettait en révolte, rien que par une indication mystérieuse vers une certaine armoire de l'appartement. Prendre prétexte d'une acquisition intéressante à faire, écarter ces deux ennemies en les expédiant sous ce prétexte, faire venir un serrurier et procéder à l'investigation des papiers de la cachette, ce fut la rubrique naturelle du mari; sa curiosité fut malheureusement servie par une découverte cruelle. Madame Dufresne, alors qu'elle n'était encore que mademoiselle Terson, avait eu, dans le même temps, trois fantaisies de cœur avec des jeunes officiers bonapartistes qui venaient flatter les opinions de la mère pour profiter des bonnes volontés de la fille. Malgré la gravité du chiffre, l'âge l'excusera peut-être auprès de ceux qui se disent combien la réserve idiote des mères devient funeste aux filles à l'époque où leur constitution physique s'enrichit tout à coup d'un élément indomptable qui les rend inquiètes et curieuses. Les lettres étaient, du reste, rangées avec les réponses par ordre de date, en liasses parfaitement spéciales et distinctes. Rien de plus audacieux, de plus mêlé, de plus hardi que cette triple intrigue, où chacun des amans avait reçu, dans une brillante variété de style, les assurances d'un amour unique et d'une éternelle fidélité. Les dates, un peu trop rapprochées, faisaient foi d'un triple mensonge à cet égard, et, grâce à l'ingénuité de ces gentillesses épistolaires, on ne pouvait former le plus léger doute. Mais comment les lettres de mademoiselle Terson se trouvaient-elles avec les lettres de ses bons amis?..... M. Dufresne eut l'explication de cette réunion bizarre par la mention dans ces lettres du nom d'une ouvrière que mademoiselle Terson chargeait de porter les missives à la poste. Il se souvint de l'aversion décidée que sa femme avait pour cette ouvrière, ainsi que des regards triomphans et des chuchoteries insolentes de madame Terson lorsque cette ouvrière venait la voir. Il en conclut, sans recourir à de plus amples informations, que la confidente avait trahi sa jeune amie par la suggestion de la mère, et, sur cette donnée, se convainquit, en examinant bien, que la confidente avait encore suggéré la correspondance pour en abuser; chaos d'infamies dont les intrigues de mademoiselle Terson étaient encore les plus vénielles.

L'ascendant tout nouveau de madame Terson se trouvait dès lors motivé par quelque explication récente à cet égard. La mère s'était indignement forgé des armes contre sa fille pour la dominer en quelque temps que ce fût. Dieu sait dans quels desseins!... M. Dufresne était un galant homme; quoique de son siècle en beaucoup de points, il n'établissait pas complaisamment deux morales contradictoires, l'une au profit des hommes, sans frein et sans mesure, l'autre au désavantage des femmes, puritaine, retrécie; et, par ses fredaines passées, il avait appris à se montrer tolérant. La fourberie produisait sur lui l'effet qu'elle produit sur les meilleures âmes, qui la conçoivent quand ils comprennent nos mœurs, l'excusent et la justifient au besoin, parce que la fourberie est le droit de l'esclave, et que les femmes sont esclaves. Mais on a beau la concevoir, on en souffre. En vain il essaya de reprendre son train de vie et son air de confiance, le cœur saignait. Il ne put cacher assez habilement sa tristesse, que madame Dufresne ne s'en inquiétât. De plus, à toutes les maximes de rigueur qu'elle se permettait dans l'occasion sur les menées secrètes du tiers et du quart, diplomatie courante des femmes qui pensent travailler à leur propre apologie en se parant d'une inflexible sévérité de principes, le capitaine répondait quelquefois avec un rire plein d'amertume.

Madame Dufresne, éclairée par ces symptômes, se sentit perdue dans l'esprit de son mari. Sa fierté s'en effraya. Lorsque nous ne puisons pas notre force dans nous-mêmes, notre vie est tout entière dans le cœur des autres; s'ils sont ouverts et bons, nous reprenons notre estime et notre courage dans leur intelligence. De fait, elle se sentait irréprochable dans le présent, et ne se devait à son mari qu'à partir du jour de sa libre promesse. La fidélité du passé n'est pas obligatoire. Elle voulut parler, tomber à ses pieds, obtenir un pardon, dire à cet homme les tourmens d'une adolescence de flamme au milieu des premières fièvres d'un tempérament plein d'énergie. Puis elle se révolta contre l'idée de s'humilier ainsi devant l'un de ceux que son sexe se reconnaît le droit de tenir à ses genoux. L'amour, c'est la royauté des femmes, leur élément, leur vie. Toutes répugnent dans le fond du cœur à se croire soumises au jugement de qui que ce soit sur ce point. Quand vous devinez leurs antécédens, vous ne faites que voir clair dans leur nature; mais vous n'avez pas le droit de blâme, parce que, à moins que l'on ne soit un sot, on ne blâme pas un élément qui ne saurait s'empêcher d'être. Dès ce jour, elle souffrit mort et martyre, s'irritant et pleurant tour à tour, devenant sombre et emportée. Les querelles entre elle et sa mère reprirent avec de nouvelles alternatives de réconciliations et de récriminations; si bien, qu'un jour, sous un prétexte en l'air et par un raffinement de cruauté dont une femme seule est capable dans ses vengeances, les trois officiers bonapartistes se trouvèrent invités à une soirée de M. Dufresne. La mère, à la vérité, ne croyait pas ce dernier instruit, et ne voulait que faire ployer sa fille par l'audace et l'éclat de ce coup de théâtre. Elle supposait la délicatesse de chacun de ces jeunes gens, et qu'aucun d'eux ne pensait dans le fond de l'âme avoir été le jouet de sa fille. Le capitaine ne put supporter cette avanie ; il se retira, et sa femme l'entendit murmurer tout bas : « C'est trop fort !... » Madame Dufresne s'échappa de son côté, fit porter par un domestique un mot à sa mère, et disparut. On s'étonnait cependant de ne pas voir les maîtres de la maison ; leur absence devenait un sujet d'étonnement et de mortification. Ce mot remis devant tout le monde et de la part de la femme qui devait faire les honneurs du cercle, arracha des cris à la mère. Elle comprit, mais trop tard, que son stupide acharnement venait de tout perdre. On courut vainement sur les traces de l'infortunée ; nul ne put donner de ses nouvelles. M. Dufresne manifesta, mais inutilement, son indulgence : le coup venait d'être porté. On retrouva le lendemain matin le corps de madame Dufresne horriblement mutilé sur un des bateaux de charbon qui stationnent contre les arches du pont Marie.

C'est presque toujours avec un ton railleur d'incrédulité que l'on repousse les pronostics indiscrets sortis de la bouche du désespoir. On les taxe d'abord de banalités vaines ; le suicide devant être, suivant l'opinion assez leste de ceux qui ne veulent pas qu'on les en occupe, du nombre de ces choses que l'on fait et dont on ne se vante point. En général, l'expression du malheur des autres nous importune. A celui qui se plaint de ses douleurs, on répond : — Croyez-vous donc que nous n'avons pas les nôtres ?... Et l'on s'imagine avoir mis un baume suffisant sur sa plaie. On se dispense du reste.

S'il est juste de dire que tous les gens qui ont parlé de se mettre à mort se sont pour la plupart résignés à vivre, toujours est-il que ce symptôme n'a jamais fait défaut au chagrin de ceux qui prirent une détermination plus en rapport avec leurs paroles. Ainsi, nourrissez dans l'âme un chagrin secret, on ne vous devinera pas; mais que le secret vous en échappe, on sourira de ce que vous aurez dit. Voilà votre alternative. Cherchez ou ne cherchez pas de recours, c'est tout comme.

Le désespoir se trouve donc parmi nous repoussé de la cécité à l'incrédulité, double résultat de l'isolement des familles et de l'insouciance inévitable des mœurs; et c'est entre ces deux écueils que l'on se tue. Il va bien à la société de déblatérer après cela sur ses victimes !...

Marianne Flidorf, jeune brodeuse, qui paraissait avoir des dispositions pour les lettres, avait épousé en 1814 un nommé Charles Guinchy, modeste employé d'une administration publique, que ses chefs aimaient et devaient lancer. Ce mariage était le résultat d'un coup de tête, après le conseil d'une amie, fine mouche qui, politiquement, avait fait comprendre à Marianne qu'elle ne pourrait se produire à sa guise dans le monde que sous le chaperon d'un mari. Ce conseil, colporté de droite à gauche, transpira quelque temps avant la noce, et Charles s'en alarma de peur de pis. La brodeuse, résolue d'en venir à ses fins, le guérit pour le moment de ses scrupules par un argument qui lui ferma la bouche, et que les jeunes femmes ont toujours à leur service dans les cas désespérés.

L'employé, convaincu dès lors que Marianne lui ferait tous les sacrifices, et que l'esprit même de considération le cédait à l'amour qu'on avait pour lui, passa par-dessus ses premières terreurs. Le mariage légitima cette démarche de confiance. Lorsque les premières ivresses du lien matrimonial se furent dissipées avec le bruit des violons, le mari crut toutefois s'apercevoir que sa femme, impatiente de s'émanciper, le reléguerait volontiers au second rang comme une ombre. Tout son génie s'employa dès lors pour contrecarrer ce dessein ; ce fut sa pensée des moindres instans, sa fièvre, son obsession.

sa manie. Il l'enveloppa de petits soins obséquieux, l'assiégea de craintes qu'elle réfutait, mais en vain : il promettait d'être tranquille, et tremblait de plus belle. Entre eux s'ouvrit une lutte où de part et d'autre ils firent assaut de ruse, elle par crainte, lui par jalousie ; et les témoignages d'amour qu'ils se prodiguèrent allèrent jusqu'à l'extravagance ; tant et si bien, qu'ils signèrent un acte, entre-vifs, par lequel, surenchérissant sur les sermens de fidélité faits à l'église, ils promettaient que celui des deux qui survivrait à l'autre se donnerait la mort. Un coup d'épingle fournit l'encre de ce contrat ; ils signèrent de leur sang. De pareils actes sont aussi nuls devant les tribunaux que devant le cœur humain ; on ne cautionne pas la fidélité par des sottises.

Pour ne plus donner l'éveil à Charles, puisqu'il se montrait si chatouilleux sur les moindres manifestations, Marianne essaya de s'acclimater dans ses devoirs ; il fut évident pour ceux qui connurent les habitudes de leur intérieur, que cet effort contre nature la conduisait en peu de temps au sublime de la fausseté sans l'acheminer pour cela vers son but. Le détour était trop long pour une nature un peu romanesque ; elle devint la dupe et l'esclave de son hypocrisie. Sous une livrée systématique, on s'avilit. Le marasme la gagna; elle se montra négligente au-delà de toute expression, perdit cette fleur de coquetterie, innocent apanage des femmes, assez étranger du reste à celles dont la tête rêve une plume au lieu d'un amant, se rompit tout-à-fait au mensonge, perdit enfin la verve d'esprit dont elle avait donné des preuves; et, parallèlement, toujours indiscrète dans ses propos, elle livra son ménage au ridicule par ses plaintes sans fin et sans prudence à de bonnes amies sur la jalousie de cet homme qui la garrottait et l'étouffait. Parmi les bonnes amies, suivant la diversité des caractères, les unes jasèrent méchamment, et ce fut le plus grand nombre; les autres, qui se crurent très habiles, moralisèrent le mari, qui, sans tenir compte des maximes de liberté dont on cherchait à lui donner le goût, ne serra que plus rudement la courroie du ménage. L'esprit de propriété nous rend tigres. Il fut jaloux des idées qu'elle jetait sur le papier; l'imagination, dit Montaigne, est la folle du logis, et la plume ne vit que de hardiesses; Marianne n'écrivit plus.

Un mal enfante inévitablement un autre mal. Charles se mit au service des fantômes qu'il avait dans l'esprit et perdit sa place pour s'établir en sentinelle autour de sa femme. Les protecteurs l'effrayaient; tous les protecteurs en voulaient à son bien, suivant lui. La misère vint, et, avec la misère, les rudesses qu'elle développe; un enfant leur amena des embarras, sans cimenter ces âmes qui se blessaient de plus en plus et cherchaient à s'effacer l'une devant l'autre. Charles eut moins de ménagemens dans les formes, quand les soucis l'assiégèrent. Bref, il s'en prit au hasard de les faire vivre, ne se souciant de rien, pourvu qu'il ne quittât pas sa femme d'une minute. Un homme qui a vécu sait qu'une infidélité se commet très lestement; et Charles avait vécu. Qu'une femme ait de l'amour pour un jaloux, cela même le fait trembler; il se dit qu'elle peut en avoir autant pour les autres. Les ménages dont il était entouré ne le rassuraient d'ailleurs pas; son ambition était d'éviter le sort commun. Marianne, s'incarcérant elle-même, ajoutait à sa propre servilité par des maximes de complaisance que le mari prenait au mot; elle ajoutait des anneaux à sa chaîne. Un jour, il lui proposa de l'enfermer chez elle à double tour quand il irait dehors; bien entendu, disait-il, pour qu'on ne l'importunât pas, puisqu'elle se plaignait des visites; elle esquiva la proposition, mais non sans peine. Tous deux s'acoquinèrent ainsi dans la fatigue du tête-à-tête, avec leur idée secrète, leur affection mensongère, leur double supplice. Plus de toilette, plus de travail littéraire, plus d'avenir: la métamorphose était complète, au point de rendre la jalousie même inconcevable. Tout cela ne pouvait durer : les efforts trop tendus doivent rompre les forces. Charles étouffait, et avait besoin d'air; il fallut ouvrir un peu la prison, voir du monde, chercher des liens nouveaux, des occasions de respirer, des amis, des moyens de vivre. Les parens de Marianne, anciens selliers enrichis, vinrent les voir du fond de leur province; cela servit de prétexte. On parla de leur monter une certain matériel, d'établir un petit commerce. Les parens étaient des gens trop personnels pour voir clair dans le ménage de leurs enfans. Marianne et Charles auraient eu quelques scrupules à s'expliquer devant eux. On vécut plus au large pendant quelque temps. On revit les anciens amis; on renoua des relations rompues. Mais, pour aller doucement dans cette nouvelle phase d'existence où tous les deux n'entraient pas sans alarme, Marianne, qui tremblait de perdre pied sur le sol en s'y montrant trop à l'aise, fit promettre à Charles qu'il ne la quitterait pas; et, de la sorte, quoiqu'en s'élargissant, leur prison ne fut cependant qu'une prison. A dîner, ils se mettaient chaise contre chaise, pieds sur pieds; où l'on voyait l'un, on découvrait l'autre. Charles répondait pour sa femme; il s'emparait de son bras pour sortir; il résistait aux agaceries des femmes qui lui tendaient la joue de peur que l'on ne prît la liberté d'embrasser Marianne. Elle se formalisait de la moindre vétille afin de le rassurer, et ne disait pas un mot de peur de s'attirer un compliment. Sa servitude affligeait; cette servitude était trop marquée pour ne pas être un calcul. Les imbéciles disaient: — Quel ravissant ménage!... Sur cinquante ménages, il y en a un comme cela; le sacrement n'est qu'une loterie. Avec un pareil jaloux, on doit redouter les antécédens, et quelle femme n'a pas des antécédens! Marianne, avant de connaître Charles, entraînée par le démon épistolaire, avait noué une relation de tête avec un jeune poète; et tous deux, platoniciens mélancoliques, séparés par les circonstances, s'étaient écrit tour à tour des billets-doux à la façon de lettres de Démoustiers, absolument innocentes, assaisonnées de madrigaux. Ce commerce de céladonisme avait duré jusqu'aux environs de la noce; une infidélité du correspondant, ébruitée mal à propos, avait tout rompu; rien de plus exigeant que le céladonisme. Parce qu'il est timide, il se nourrit de susceptibilités inouies. Le dépit, aussi bien que le conseil de la bonne amie, joint au caractère de Marianne, fut certainement pour beaucoup dans le coup de tête du mariage. Une amante colère se jette au cou du premier venu, et les hommes se confient trop à leur mérite pour ne pas s'y tromper. Les lettres existaient encore. L'occasion se présenta de les reprendre et de les anéantir ; ce fut au moyen d'une dame qui se chargea de mener la restitution à bonne fin. Marianne reçut effectivement les siennes, et se proposa de les brûler ; mais l'amour-propre recule toujours devant le sacrifice de lui-même. Marianne se plut à se relire ; c'était le parfum de sa destinée perdue qu'elle se prenait à respirer. Elle ne quittait pas ses lettres, pensant qu'une femme est encore sa meilleure et sa plus sûre cachette ; en quoi, la pauvre enfant raisonnait juste, mais oubliait l'imprévu.

Un jour, son mari, prêt à sortir et cherchant je ne sais quelle petite clef qu'il ne trouvait pas, la pria, par impatience, de chercher sur elle-même, ce que naïvement elle fit, en tirant pour cela les papiers mystérieux dont il prit inquiétude, voulant voir aussitôt ce que ce pouvait être. Elle résista ; il persista. L'adultère fut la première pensée de Charles ; ce fut comme une détonation dans son cerveau. Puis, sur un éclat de colère, dont les amis n'ont jamais bien su toute la portée, elle se réfugia derrière des meubles, où il y eut un corps à corps. La femme ne put se défendre ; le mari s'empara du tout. Quand Marianne se vit en face des conséquences d'un mystère où Charles, avec sa pusillanimité conjugale, plongerait les yeux pour la première fois, sans considérer qu'elle allait aggraver les doutes de Charles, elle se releva, courut vers la porte, et le menaça de ne plus remettre les pieds à la maison, de s'enfuir, de se noyer, s'il ne restituait le tout à l'instant. Les lèvres pâles de Marianne, sa voix brève et délibérée, l'ascendant qu'elle prenait enfin quoique infiniment trop tard, tout pétrifia le malheureux, qui redouta d'en apprendre plus qu'il ne pourrait en supporter, et vit bien d'ailleurs qu'il briserait peut-être la chaîne de son esclave. Au jaloux, il faut un esclave. Le jaloux peut être amant, mais l'amour n'est qu'un sentiment de luxe pour la jalousie ; le jaloux est avant tout propriétaire. Il rendit les lettres et conjura Marianne de se calmer. Ses yeux troublés n'avaient rien vu de l'écriture, ou plutôt il y avait vu toutes les écritures des gens suspects de faire la cour à sa femme. Restitution faite, il leur fut impossible de se dire un mot de plus, de se regarder, de chercher à se rapatrier. Charles sortit un instant pour se remettre, pour se consulter, pour savoir comment il reviendrait à la charge sur l'explication interrompue. Tout vacillait devant ses yeux ; il se croyait devant un autre avenir ; et, comme lorsque la générosité devient une nécessité on s'en fait un héroïsme, il se promettait d'être généreux. Il ne devait pas en avoir l'occasion.

Quand il revint, sa femme était disparue, et des débris de papier consumé voltigeaient dans l'âtre. Il essaya de lire ces fragmens consumés, de surprendre à leurs cendres des secrets évanouis au vol de la flamme ; et, s'interrogeant sur les amans qu'avait pu se donner l'infidèle, il résolut de courir chez ceux qui lui paraissaient devoir mériter la préférence ; tout cela sans projet bien arrêté, quoique le doute et le désespoir dussent lui faire enfanter des projets ridicules. Un de ceux qu'il lui plut d'accuser de la séduction, sous ce prétexte qu'en revoyant le monde, Marianne avait effectivement repris un peu de courage pour sa toilette, et que cette circonstance cadrait avec des visites chez le prétendu séducteur ; celui-là, disons-nous, dégoûta Charles d'aller plus loin, et de colporter ses soupçons, en coupant court à toute explication sur ce point délicat. Il ne descendit pas à se défendre : la négation n'eût rien prouvé ; l'affirmation n'aurait été qu'une ignominie. Même en supposant que le fait fût vrai, il y a de ces choses qu'un lâche seul avoue. Lorsqu'un mari a des certitudes, c'est à lui de se décider ; seulement, l'homme qui refusait de s'asseoir sur la selette, blâma cette révélation imprudente, ce colportage indécent des plus petites castilles du ménage, comme très capable, tant de la part de Charles que de la part de Marianne, de les aliéner souverainement l'un à l'autre; c'était se rendre la fable des sots. Au suicide que Charles pressentait avec trop de raison, il opposa constamment son incrédulité; car ces sortes de débats, suivant lui, n'en valaient pas la peine. Il faut d'autres sévices et de plus violents, disait-il.

Le ton de cette entrevue, fier et délibéré, mit notre Charles, plus tard, en verve de soutenir que l'homme qui s'était permis de lui conseiller le silence devait être l'auteur de son infortune. On verra pourquoi. Cette infortune n'était pourtant que la suite trop naturelle d'un ménage posé à faux depuis son origine.

Marianne alors courait de son côté. Une seule amie lui restait de toutes celles que sa réclusion dans le ménage lui avait fait perdre successivement. Elle s'y rendit, et tout porte à croire que ce fut à dessein de la prendre pour conseil ou pour intermédiaire dans cette crise. L'amitié la plus franche a ses momens d'éclipse. Occupée pour ce moment d'une étrangère arrivée depuis la veille, l'amie ne lut pas et ne put pas lire le mot de l'énigme qu'elle avait sous les yeux dans le désordre de sa folle amie; l'évidence lui échappa, elle eût échappé à d'autres. Le spectacle de la joie glace les cœurs affligés ; ils voudraient trouver des âmes prêtes à les entendre ; et leur préoccupation les rend injustes contre les autres préoccupations. Marianne se retira sans dire le premier mot de son intention, et l'amie, très empressée d'autre part, courut à ses visites. La vie de la malheureuse tenait peut-être à ce fil !... Si Marianne avait eu quelque amant, la terreur l'aurait décidée à lui demander un refuge. L'effroi mène aux résolutions fortes ; la peur enfante plus d'actes héroïques que le vrai courage. Elle aurait quitté son mari ; elle ne se serait pas noyée, car on épuise alors jusqu'au dernier refuge.

Elle erra jusqu'au soir dans les rues ; puis, s'armant de résolution, elle alla consulter une femme d'esprit et d'une trempe courageuse, sur ce qu'il fallait hasarder en cette circonstance. Peut-être Marianne spéculait-elle sur une hospitalité que toutefois elle ne demanda pas. Or, les nouvelles s'étaient croisées dans le jour, et cette femme savait tout. Paris fourmille de nouvellistes prompts à faire circuler les événemens. Dans le parcours des conjectures, on avait deviné jusqu'au secret des lettres. « Un mari n'est dangereux que de loin, lui dit la commère ; le vôtre est déjà désarmé, prêt à toutes les capitulations ; de plus fiers se sont soumis à pis que ce qui vous arrive.

Osez donc! frappez un dernier coup, ressaisissez votre pouvoir sur vous-même! Chez lui, vous êtes chez vous; n'abandonnez pas votre maison, on vous blâmerait de prolonger cette absence qui prêterait à des interprétations stupides. Les vétilles d'avant le mariage ne comptent pas, et vous êtes forte de votre innocence. Après un tel éclat, vous devenez libre de vous reconquérir. Il vous a donné sur lui quinte et quatorze; prenez le point. L'exaspération chez les hommes tient de près à leur soumission absolue. Lorsque nous sommes demoiselles, ils se montrent doux et patelins, prompts à s'alarmer d'un caprice, à ramper devant nos moindres rigueurs. On ne doit pas cesser de s'appartenir en leur jurant fidélité. Notre caprice est un frein qu'ils savent subir, d'autant que de leur part nous en subissons bien d'autres. Prenons quelquefois conseil de ce souvenir pour nous créer dans le ménage une sorte d'indépendance. »

Avec ces conseils et d'autres, la dame ramena Marianne sur le chemin de son logis; la croyant persuadée, lui disant de revenir pour aviser sur le reste, lui promettant de tenir cette entrevue secrète, car il le fallait; et toutes deux se quittèrent.

Marianne, cependant, ne rentra pas de la nuit!.....

Le lendemain, redoublement de transes, rumeur nouvelle, déchaînement de suppositions, conjectures sans nombre; puis les mensonges obligés! et les gens qui savent bien des choses, mais qui ne les diront pas; et ceux qui ne savent rien du tout, mais qui ne sont pas en peine d'imaginer cent vanteries, cent contes plus sots les uns que les autres. En s'y prenant à propos et de la veille, avec le génie que l'on dépense sur le compte du prochain quand il n'est plus temps, on préviendrait toutes les catastrophes. Malheureusement, la présence d'esprit est boiteuse chez les jaseurs. Une version curieuse groupa le plus grand nombre des crédulités contre l'homme qui servait de but principal aux soupçons de Charles, et vers lequel notre jaloux dirigeait en ce moment l'artillerie de ses reproches, afin de ne pas s'en adresser à lui-même. Suivant cette version, les lettres brûlées étaient de l'impertinent qui n'avait pas voulu se justifier la veille, qui avait tranché du Robespierre vis-à-vis de Charles, en le malmenant sur un ton de moraliste. Rien ne prouvait le contraire, et voilà comme les faiseurs d'historiettes procèdent dans ces sortes d'instructions. Mais narrons l'historiette. Il avait séduit Marianne, disait-on, pour exciter les dépits et réveiller le caprice d'une infidèle; puis, au prix du sacrifice de Marianne, victime de ce manége, il s'était réintégré dans ses premières amours; d'où le désespoir de Marianne, inexplicable sans cela, disait-on. Ceux qui endurent les avanies n'imaginent pas qu'on se tue pour un soufflet donné par un mari. Deux jours pleins furent consommés par les faiseurs d'histoires à deviner et à mettre en ordre les diverses tactiques de cette scélératesse; et, l'imagination de ceux-ci venant en aide à l'imagination de ceux-là, l'on en fit décidément de l'authentique. Le suicide pur et simple, par fierté, par résolution prise de ne pas rentrer dans un cercle de tortures morales, et de ne plus se confier à sa propre faiblesse du soin de dompter un jaloux dont la pauvre enfant s'exagérait les violences; tout cela n'aurait pas rempli les conditions dramatiques dont on a besoin dans le vulgaire. Enfin, malgré l'incrédulité de celui que l'on accusait afin d'avoir le plaisir d'accuser quelqu'un, le corps de Marianne fut retrouvé sur les grèves de l'île des Cygnes. D'après l'état du cadavre, elle avait dû se tuer le soir même de sa disparition du logis conjugal. Par combien de rêves cette pauvre enfant avait dû passer! Quelle fierté s'était donc ranimée tout à coup chez elle après avoir ployé si long-temps? Un amour sans épanchement avait-il contribué à cet acte de délire? Qui sait! Les gens qui chérissent les malheureux après leur mort, parce que c'est une occasion pathétique de faire preuve de sensibilité, eurent des déclamations sur tout cela. Dans l'ivresse des clameurs, Charles, intéressé, comme on pense, à se défendre contre ses propres remords, accepta ou parut accepter le change. Il se répandit en menaces contre ce roué, ce séducteur, ce Robespierre moral, doué de la puissance de conduire les femmes à se tuer lorsque leurs maris les brutalisaient. Les curieux se frottaient les mains, et attendaient un nouveau drame. Il faut des combats de taureaux à la canaille. Ce fut sur ces entrefaites que la dame à laquelle Marianne s'était confiée en se trouvant sans amis et sans recours sur le pavé, vint me confier la circonstance de cette entrevue ignorée de tous, et une autre circonstance, plus décisive, qui disculpait de toute participation directe ou indirecte, de toute influence dans ce malheur, l'homme dont il semblait que dès ce moment les jours fussent menacés. La rouerie renouvelée de la régence était une fable, une ineptie, un rêve, et cela, par plusieurs raisons dont je restai le seul dépositaire, et qu'il ne m'appartient pas de dire; j'en eus les preuves, cela me suffit. Quand je crus devoir avertir cet homme de se tenir sur ses gardes, pour qu'il ne devînt pas victime d'une insulte ou d'un guet-apens, il m'assura qu'il ne craignait ni l'un ni l'autre, et qu'il se reposait sur la conscience des fauteurs véritables de cette sinistre aventure pour dormir en paix sur ses deux oreilles. Si l'on favorise des crédulités qui nous disculpent, il n'est pas donné d'aller plus loin. Les ressentimens factices sont sans conséquence. En effet, la fable se propagea, mais les menaces tombèrent, et c'est un exemple entre mille de l'insouciance qu'un homme de sens doit opposer à des absurdités. Tôt ou tard, elles se réfutent toutes seules. Aller au-devant des criailleries, c'est recevoir la loi des esprits subalternes. Mais, d'après cette fidèle analyse des tortures d'un malheureux couple qui vécut de divorce et divorça par un suicide, que penser des jugeurs qui s'agenouillent sur une tombe pour graver sur l'épitaphe, avec de fausses larmes, une injure contre la morte, une calomnie contre les vivans!... L'opinion est trop fractionnée par l'isolement des mœurs, trop ignorante, pour avoir dans nos consciences l'autorité d'un tribunal équitable. Entre la version qui purifie et la version qui injurie, l'opinion prendra plus communément la plus accusatrice, à la manière des procureurs du roi et des magistrats. On ne doit, d'après elle, traîner qui que ce soit sur la claie.

Ajoutez à cela que tous les suicides ne sont

pas pour être connus, et que la présomption le démontre.

Il suffit, en effet, de citer cet arquebusier du quartier du Roule qu'un dérangement dans ses affaires conduisit à se brûler la cervelle. Il était nuit ; la détonation de l'arme, assourdie par d'épaisses murailles, ne fut entendue de personne ; mais la bourre du pistolet, après avoir traversé la cervelle, alla s'égarer dans les tentures de l'alcove qui prirent feu. Le quartier dormait. Par hasard un voiturier, qui conduisait un tombereau, donna l'alerte ; un cri mit tout le monde sur pied. Sans la rapidité des secours, qui furent d'autant plus actifs que le quartier savait que cet arquebusier possédait chez lui des tonneaux de poudre, on aurait pu le croire victime involontaire de l'explosion effroyable qui serait venue couronner ce drame inconnu. Il avait mis des faux en circulation, par le moyen d'un tiers, comptant y parer avec des rentrées qui firent défaut, et se trouvait à la veille de l'échéance. Le salut du quartier ruina sa famille ; on s'abattit sur l'héritage.

N'a-t-on pas retrouvé dans les baignoires Vigier des personnes au fond de l'eau ? Parmi les lettres refusées et restées dans les bureaux de la poste, une d'elles, deux ans après, expliqua le secret d'une mort de ce genre, attribuée par les amis et la famille du défunt au sommeil ou à la défaillance, car on ne lui connaissait aucune raison pour se tuer; ce que sa lettre ne démentit que trop amèrement. La famille fut déshonorée par la publicité qui mit la raison de cette mort en évidence. Rien n'est donc plus hasardeux que de conclure; et, s'il faut aller jusqu'au bout, plus d'un assassinat fut si bien déguisé par les assassins que l'on aurait tort de décider contre le nombre de cas où ce déguisement aurait eu lieu avec plus d'habileté. La mort ne dit pas tous ses secre

Un médecin vint me consulter un jour sur une mort, dont je lui conseillai (ce qu'il fit) de laisser les causes dans l'ombre, quoiqu'il jugeât nécessaire de soumettre la question qu'une mort pareille soulève trop souvent à l'examen des hommes de cœur et de tête. Il s'en accusait, et je laisse aux consciences délicates à déterminer si cet homme était réellement coupable. Ses scrupules m'occupèrent et m'en donnèrent.

Un soir, à Belleville, où il demeurait, en rentrant par une petite ruelle au fond de laquelle était sa porte, il fut arrêté dans l'ombre par une femme enveloppée dont il ne vit pas la figure, et qui le supplia d'une voix tremblante de l'écouter. A quelque distance, une personne dont il ne discerna pas davantage les traits, se promenait de long en large. Il comprit qu'un cavalier protégeait la démarche de cette dame.

— Monsieur, lui dit-elle, je suis enceinte, et si cela se découvre je suis déshonorée. Ma famille, l'opinion du monde, les gens d'honneur ne me le pardonneront pas. La femme dont j'ai trompé la confiance et l'estime en deviendrait folle, et romprait infailliblement avec son mari. Je ne plaide pas ma cause. Je suis au milieu d'un scandale que ma mort seule empêcherait d'éclater. Je voulais me tuer, on veut que je vive. On m'a dit que vous étiez pitoyable, et cela même m'a persuadé que vous ne seriez pas le complice d'un assassinat sur un enfant, quoique cet enfant ne soit pas encore au monde. Vous voyez qu'il s'agit d'un avortement. Je ne m'abaisserai pas jusqu'à la prière, jusqu'à déguiser ce qui me semble le plus abominable des crimes. J'ai cédé seulement à des supplications en me présentant à vous, car je saurai mourir. J'appelle la mort, et pour cela je n'ai besoin de personne. On fait semblant de se plaire à arroser un jardin; on met pour cela des sabots; on choisit un endroit glissant où l'on va puiser tous les jours, on s'arrange pour disparaître dans le bassin de la source; et les gens disent que c'est un malheur. J'ai tout prévu, monsieur. Je voudrais que ce fût demain, j'irais de tout mon cœur. Tout est préparé pour qu'il en soit ainsi. On m'a dit de vous le dire, je vous le dis. C'est à vous de décider s'il y aura deux meurtres ou s'il n'y en aura qu'un. Puisque l'on a obtenu de ma lâcheté le serment que je me soumettrais sans réserve à ce que vous décideriez, prononcez !

« Cette alternative, continua le docteur, m'effraya. La voix de cette femme avait un timbre pur et harmonieux ; sa main, que je tenais dans la mienne, était fine et délicate. Son désespoir franc et résolu dénotait une âme distinguée. Mais il s'agissait d'un point sur lequel en effet je me sentais frémir ; quoique dans mille cas, dans les accouchemens difficiles, par exemple, quand la question chirurgicale se complique entre le salut de la mère et celui de l'enfant, la politique ou l'humanité tranchent sans scrupule à leur gré sur ces graves questions.

« — Fuyez à l'étranger, lui dis-je.

« — Impossible, me dit-elle d'un ton bref ; il n'y faut pas songer.

« — Prenez des précautions habiles.

« — Je n'en puis prendre ; je dors dans la

même alcove que la femme dont j'ai trahi l'amitié.

« — Vous êtes sa parente ?

« — Je ne dois plus vous répondre.

« J'aurais donné le plus pur de mon sang pour éviter à cette femme le suicide ou le crime, ou pour qu'elle pût sortir de ce conflit sans avoir besoin de moi. Je m'accusais de barbarie en reculant devant la complicité d'un meurtre. La lutte fut affreuse. Puis un démon me suggéra qu'on ne se tuait pas pour vouloir mourir ; qu'en ôtant aux gens compromis la puissance de faire le mal, on les forçait à se résigner à leurs fautes. Je devinais du luxe dans les broderies qui se jouaient sous ses doigts, et les ressources qu'offre la fortune dans la diction élégante de son discours. On croit devoir moins de pitié aux riches ; ma conscience se révoltait contre l'idée d'une séduction récompensée au poids de l'or, quoiqu'on n'eût pas touché ce chapitre, ce qui était une délicatesse de plus et la preuve qu'on estimait mon vrai caractère. Je refusai ; mais le refus une fois parti, j'aurais voulu pouvoir le reprendre. La femme s'éloigna rapidement. L'incertitude s'empara de moi et me retint en balance. Le bruit d'un cabriolet m'apprit que je ne pouvais réparer ce que je venais de faire.

« Quinze jours après, les papiers publics m'apportaient la solution de cet effroyable doute. La jeune nièce d'un banquier de Paris, âgée tout au plus de dix-huit ans, pupille chérie de sa tante, qui ne la perdait pas de vue depuis la mort de sa mère, s'était laissée glisser dans une source de la propriété de ses tuteurs, à Villemomble. Ses tuteurs furent inconsolables; la qualité d'oncle excusa sans doute les larmes amères de son séducteur. Mais, moi, j'avais tué la mère en voulant épargner l'enfant. »

Faute de mieux, on le voit, le suicide est le recours suprême contre les maux de la vie privée.

Citerai-je maintenant le trait de cet enfant, enfermé, par la colère de son père, dans un grenier, et qui se laissa choir d'un cinquième au milieu de ses proches, dans un accès de colère frénétique? Citerai-je encore ces malheureux qui, chaque année, s'asphyxient avec leurs enfans pour échapper aux avanies de la misère? Je quitte ce chapitre attristant où le mal qui ronge toutes les classes de la société se met trop énergiquement en relief. Il faut avoir raison avec sobriété.

Parmi les causes des suicides, j'ai compté fort souvent les destitutions de places, les refus de travaux, l'abaissement subit des salaires, par suite de quoi des familles se trouvaient au-dessous des nécessités de leur entretien, d'autant que la plupart vivent au jour le jour, et qu'en général peu de gens sont au niveau de leur revenu.

A l'époque où, dans la maison du roi, l'on réforma les gardes de la prevôté de l'Hôtel, un brave homme fut supprimé, comme tout le reste, et sans plus de cérémonies. Les gouvernemens représentatifs n'y regardent pas de si près; on taille en grand dans les économies, tant pis pour les événemens de détail. Son âge et son peu de protection ne lui permirent pas de se replacer dans le militaire; l'industrie était fermée à son ignorance. Il essaya d'entrer dans l'administration civile; les prétendans, nombreux là comme ailleurs, lui fermèrent cette voie. Il prit un chagrin noir et se suicida. On trouva sur lui une lettre et des renseignemens. Sa femme était une pauvre couturière; ses deux filles, âgées de seize à dix-huit ans, travaillaient avec elle. Tarnau disait « que, ne pouvant plus être utile à sa famille, et qu'obligé de vivre à la charge de sa femme et de ses enfans, vivant à peine du travail de leurs mains, il avait cru devoir s'ôter la vie pour les soulager de ce surcroît de fardeau; qu'il recommandait ses enfans à madame la duchesse d'Angoulême; qu'il espérait de la bonté de cette princesse qu'on aurait pitié de tant de misère. » Je fis un rapport à M. le préfet de police Anglès.

On remit une note au vicomte de Montmorency, chevalier d'honneur de Son Altesse Royale; Madame donna des ordres pour qu'une somme de 600 francs fût remise à la famille du malheureux Tarnau. M. Bastien Beaupré, commissaire de police du quartier, fut chargé de la remise de ce bienfait.

Triste ressource sans doute, après une semblable perte; mais comment exiger que la famille royale se charge de tous les malheureux, lorsque tout compte fait, la France, telle qu'elle est, ne pourrait les nourrir. La charité des riches n'y suffirait pas, quand même toute notre nation serait religieuse, ce qui est loin d'être. Le suicide lève le plus fort de la difficulté; l'échafaud, le reste. C'est à la refonte de notre système général d'agriculture et d'industrie qu'il faut demander des revenus et des richesses. On peut facilement proclamer, sur le parchemin, des constitutions, le droit de chaque citoyen à l'éducation, au travail, et surtout au minimum de subsistances. Mais ce n'est pas tout que d'écrire ces souhaits généreux sur le papier, il reste à féconder ces vues libérales sur notre sol par des institutions matérielles et intelligentes. La discipline païenne a jeté des créations magnifiques sur la terre; la liberté moderne, cette fille du Christ, sera-t-elle au-dessous de sa rivale? Qui donc viendra souder ensemble ces deux magnifiques élémens de puissance?...

Pour parvenir à des données certaines sur le suicide, j'avais formé le cadre d'un grand travail.

Je faisais d'abord un extrait analytique et raisonné des procès-verbaux des suicides; ensuite on plaçait sur des tableaux divisés en plusieurs colonnes toutes les particularités caractéristiques : 1º la date de l'événement; 2º le nom de l'individu; 3º son sexe; 4º son état ou profession; 5º s'il était marié, avec ou sans enfans; 6º son genre de mort, ou les moyens dont il s'était servi pour se suicider; dans la septième colonne, je consignais les diverses observations qu'on pouvait tirer du détail des autres colonnes.

Je me borne aux trois années 1820, 1821 et 1824, et à la circonscription de Paris. J'ai cru que ces années suffisaient pour offrir des objets de comparaison sur le nombre et les motifs connus des suicides; j'y joindrai le résumé de ceux qui ont eu lieu depuis 1817 jusqu'à 1824.

Récapitulation du nombre des personnes qui se sont suicidées dans Paris et la banlieue, pendant l'année **1820.**

Le nombre des personnes suicidées a été pendant cette année....... { 1ᵉʳ semestre. 166 } 325 (1)
{ 2ᵉ semestre. 159 }

DONT { vivans.................... 81 }
{ morts.................... 234 }

DU SEXE { masculin................... 211 }
{ féminin.................... 114 }

DONT { célibataires................ 157 }
{ mariés.................... 168 }

GENRE DE MORT.
{ Chutes graves volontaires......... 37
{ Strangulation................. 32
{ Instrumens tranchans, piquans, etc. . 28
{ Armes à feu.................. 46 } 325
{ Empoisonnemens............... 14
{ Asphyxiés { par le charbon......... 39
{ { par l'eau (en s'y jetant)... 129

MOTIFS.
{ Passions amoureuses............. 20
{ Maladies, dégoût de la vie, faiblesse et aliénation d'esprit, querelles et chagrins domestiques.............. } 107
{ Mauvaise conduite, jeu, loterie, débauche, ivrognerie................. } 42 } 325
{ Misère, indigence, pertes de places, d'emplois, dérangement d'affaires..... } 58
{ Craintes de reproches, de punition. . . 13
{ Motifs inconnus................ 85

(1) 51 de moins que pendant l'année précédente (1819).

Récapitulation du nombre des personnes qui se sont suicidées à Paris et dans la banlieue, pendant l'année 1821.

Le nombre des personnes suicidées { 1er semestre. 188 } 348
a été pendant cette année . . . . . . { 2e semestre. 160 }

DONT { vivans 104
{ morts 244

DU SEXE { masculin 236
{ féminin 112

DONT { célibataires 185
{ mariés 165

GENRE DE MORT.
{ Chutes graves volontaires 33
{ Strangulation 38
{ Instrumens tranchans, piquans, etc. . 25
{ Armes à feu . . . . 60 } 348
{ Empoisonnemens 23
{ Asphyxiés { par le charbon 42
{   { par l'eau (en s'y jetant) . . . 127

MOTIFS.
{ Passions amoureuses 35
{ Maladies, dégoût de la vie, faiblesse et aliénation d'esprit, querelles et chagrins domestiques . . . . } 126
{ Mauvaise conduite, jeu, loterie, débauche, ivrognerie . . . . } 43 } 348
{ Misère, indigence, pertes de places, d'emplois, dérangement d'affaires . . . . } 46
{ Craintes de reproches, de punition . . 10
{ Motifs inconnus 88

Tableau comparatif du nombre des personnes qui se sont suicidées pendant les années

1820	et	1821
1ᵉʳ semestre. . . . 166		1ᵉʳ semestre. . . . 188
2ᵉ semestre. . . . 159		2ᵉ semestre. . . . 160
Total. . . . 325		Total. . . . 348

Différence en plus de *vingt-trois*, pendant l'année 1821.

État du nombre des individus qui se sont suicidés à Paris et dans la banlieue pendant l'année **1824**.

Le nombre en a été...... { 1ᵉʳ semestre, 198 ; 2ᵉ semestre, 173 } de................ 371(1)

Dont.... { vivans............ 125 ; morts............ 246 } 371

Du sexe { masculin.......... 239 ; féminin............ 132 } 371

Dont.... { célibataires......... 207 ; mariés............ 164 } 371

Genre de mort. {
Chutes graves volontaires......................... 47
Strangulation................................... 38
Instrumens tranchans, piquans, etc.............. 40
Armes à feu.................................... 42
Empoisonnemens................................ 28
Asphyxiés { par le charbon..................... 61
           { par l'eau, en s'y jetant............. 115
} 371

Motifs... {
Passions amoureuses, querelles et chagrins domestiques. 71
Maladies, dégoût de la vie, faiblesse ou aliénation d'esprit... 128
Mauvaise conduite, jeu, loterie, crainte de reproches ou de punition....................................... 53
Misère, indigence; perte de places, d'emplois; dérangement d'affaires.................................... 59
Motifs inconnus.. 60
} 371

(1) *Dix-neuf de moins* que pendant l'année 1823.

Relevé du nombre des suicides qui ont eu lieu depuis 1817 jusques et compris 1824.

Années.	Vivans.	Morts.	Sexe masculin.	Sexe féminin.	Total.
1817......	66	285	235	116	351
1818......	89	241	192	138	330
1819......	105	271	250	126	376
1820......	81	244	211	114	325
1821......	104	244	236	112	348
1822......	102	215	206	111	317
1823......	116	274	262	128	390
1824......	125	246	239	132	371
					2,808 (1)

(1) Le nombre des suicides a été de 511 en 1826.

Ce tableau offre, comme on voit, un total de 2,808 personnes qui, dans le département de la Seine, ont attenté à leurs jours, ou se sont donné la mort par différens motifs. On y remarquera que le nombre des femmes est beaucoup inférieur à celui des hommes, soit qu'elles aient plus de courage pour soutenir les peines de la vie, plus de résignation, des sentimens plus religieux qui les soutiennent dans ces momens terribles (2) ; soit enfin, ce qui paraît plus probable,

(2) Voyez le *compte rendu du comité de l'exercice* 1825, imprimé par ordre du préfet de police.

que le chagrin leur ôte lui-même, en les tuant, la faculté d'en prendre la résolution.

MORGUE.

J'ai pensé qu'on voudrait savoir à combien s'élève annuellement l'exposition des corps à la Morgue; j'y joindrai le résultat du repêchage, parce que ceux qu'on retire de l'eau ne sont pas tous morts, et que, par conséquent, on ne doit compter dans ceux qu'on expose que les cadavres des premiers.

Résultat du repêchage des noyés pendant plusieurs années.

Années.	DU SEXE		REPÊCHÉS		Total.
	masculin.	féminin.	vivans.	morts.	
1811.....	239	69	90	218	308
1812.....	280	61	78	263	341
1813.....	166	54	64	156	220
1814.....	217	78	89	206	295
1815.....	238	55	63	230	293
1816.....	255	71	105	121	326
1817.....	95	85	66	251	317
					2,100

Relevé du nombre des cadavres déposés à la **Morgue** *pendant plusieurs années.*

Années.	DU SEXE		TROUVÉS en		Total.
	masculin.	féminin.	rivière.	voie publique.	
1811......	209	46	192	63	255
1812......	258	70	243	85	328
1813......	198	45	141	102	243
1814......	212	61	183	90	273
1815......	218	61	203	76	279
1816......	222	56	198	80	278
1817......	221	70	224	67	291
					1,947

CHAPITRE LIX.

DEPUIS LA CONSTITUANTE JUSQU'AU 10 AOUT.

Révélations sur la police révolutionnaire. — Législation révolutionnaire. — Etablissement des passeports et papiers dits de sûreté. — Commune du 10 août. — Sa tyrannie. — Journées de septembre. — Organisation de la police révolutionnaire. — Commission administrative de police.

La police ne fut pas absolument livrée, dans Paris, au désordre et à l'anarchie, comme on l'a tant répété. Mais moins de deux ans s'étaient à peine écoulés, que l'influence des événemens y opéra de tristes et déplorables altérations. La police devint plus soupçonneuse, plus atrabilaire, plus inquisitoriale; la surveillance politique fut persécutante. Le 10 août avait jeté l'épouvante dans une partie de la nation, et produit une irritation révolutionnaire dans l'autre. Toutes les branches de l'administration s'en ressentirent; la volonté des dominateurs du jour prit, comme dans toutes les réactions, la place des lois et de l'intérêt général. La législation de cette époque eut une grande influence sur la police, et la modifia.

Dès le commencement de 1792, l'Assemblée législative voulant s'opposer aux émigrations qui devenaient fréquentes et inspiraient des craintes, adopta des mesures préventives de rigueur dont l'exécution fut confiée et recommandée aux autorités de police.

La loi des passeports surtout occupa ces autorités; cette loi était devenue le motif d'une inquisition qui n'est pas encore disparue. Elle entraîna de nombreux changemens dans le régime municipal; elle devint odieuse par l'usage qu'en firent les hommes puissans pour retenir sous leurs coups ceux qui sans cette entrave auraient trouvé un abri contre le danger. Jamais la police politique ne fut plus persécutrice, si pourtant on en excepte quelques années du gouvernement de Bonaparte. A chaque changement de domination, je ne dirai pas de gouvernement, cette fatale loi des passeports, avec les accessoires qui s'y rattachent, devenait une arme meurtrière contre ceux qui avaient succombé dans la lutte (1).

Les partisans des actes révolutionnaires trouvaient ces mesures indispensables à la paix du royaume. Les nobles, les ecclésiastiques, disaient-ils, ne se bornaient pas à l'émigration pure et simple, ce qui n'eût été que l'exercice d'un droit naturel où l'autorité n'aurait eu rien à voir; mais ils menaçaient sans cesse d'attirer sur la France la vengeance étrangère; ils se formaient en compagnies hostiles et entretenaient dans l'intérieur des correspondances pleines de malveillance et d'inimitiés. On dénonça donc cette conduite à l'Assemblée législative qui, dès le 1er février 1792, rendit un décret, sanctionné le 28 mars de la même année, sur les passeports. On y lit : « Que l'Assemblée prenant en considération que, dans les circonstances actuelles, la sûreté de l'empire exige la surveillance la plus active, et qu'il est nécessaire de prendre les

---

(1) En 1814, *Monsieur*, comte d'Artois, alors lieutenant général du royaume, maintint, par une ordonnance du 20 août 1814, les passeports et les réglemens qui les concernent.

mesures qui peuvent concourir à la sûreté de l'état, décrète que toute personne qui voudra voyager dans l'intérieur du royaume sera tenue, jusqu'à ce qu'il en ait été autrement ordonné, de se munir d'un passeport. »

On était si convaincu cependant qu'une semblable police portait atteinte à la liberté civile, que, par un article spécial, on ajouta : « Qu'obligée de multiplier temporairement les mesures de sûreté publique, l'Assemblée déclare qu'elle s'empressera d'abroger ce décret aussitôt que les circonstances qui l'ont provoqué auront cessé, et que la sûreté publique sera suffisamment assurée. »

Ce qui démontre qu'on ne doit toucher à la liberté civile que lorsqu'on en sent le besoin. En définitive, la nécessité domine la loi; mais un voleur n'oserait donner cette excuse aussi insolemment devant les tribunaux.

De nombreuses réclamations s'élevèrent bientôt de la part même des patriotes zélés; ils se souvenaient que le général Lafayette avait, dans une des séances du mois de septembre 1791, de l'Assemblée constituante, proposé et fait décréter que tout Français pourrait voyager librement et sans passeport. Les municipalités se plaignirent, de leur côté, d'être assujetties à un service pénible et inusité, à interroger les voyageurs arrêtés, et que la circulation en était ralentie, tant pour le commerce que pour les affaires particulières.

Il fallut donc changer ou plutôt abolir la loi du 28 mars. Le 8 septembre, en conséquence, parut un décret qui prononça cette suppression; c'était, comme on voit, après le terrible 10 août. Le *Conseil exécutif*, qu'on venait de former, fut chargé de mettre ce décret à exécution. Il était composé de la réunion des six ministères : Roland, à l'extérieur; Servan, à la guerre; Monge, à la marine; Clavière, aux finances; Danton, à la justice; Le Brun, publiciste estimé, aux affaires étrangères (1). Je n'en parle ici que pour dire qu'ils étaient tous républicains zélés, et qu'on ne pouvait les soupçonner d'être ennemis communs des mesures de salut public. Ils ne se déclarèrent pas moins contre la mesure des passeports, et ce fut sur la provocation de Roland et de l'avis du Conseil, que le décret fut rendu. On y dit « que, comme le meilleur moyen d'assurer la tranquillité de Paris est d'y maintenir l'abondance des subsistances, et que le moindre obstacle opposé à la circulation des

---

(1) Ce Le Brun, qui eut une fin malheureuse, n'a aucun rapport de parenté avec l'heureux et l'oisif M. Le Brun, devenu malgré lui, duc de Parme, et mort il y a un an, saturé de richesses et de dignités.

personnes et des choses jetterait dans les approvisionnemens de Paris et des armées une lenteur funeste, l'Assemblée décrète que la libre circulation est rétablie, que la loi du 28 mars ne sera exécutée qu'à dix lieues des frontières ou des lieux occupés par les armées étrangères.

La liberté des passages était d'autant plus nécessaire qu'on sortait des scènes sanglantes d'août et de septembre, que les passions populaires étaient portées au plus haut degré d'exaspération, et qu'il était de toute justice de laisser à ceux qui pouvaient en être victimes un moyen de s'y soustraire.

La commune constitutionnelle avait été dissoute dans la nuit du 9 au 10 août 92; elle fut remplacée par une assemblée de députés envoyés par les quarante-huit sections, qui prit le nom de *Commune du dix août*, et, peu après, celui de *Commune régénérée*. On connaît les excès, les actes tyranniques, les usurpations et la fin des membres de cette commune (1). Leur règne avait été marqué par des scènes désastreuses,

---

(1) Soixante-onze membres qui le composaient furent mis hors de la loi, le 10 thermidor an 2, et exécutés le lendemain. Les historiens de la révolution n'ont presque rien dit de cette terrible exécution.

au nombre desquelles il faut placer celle des premiers jours de septembre 1792.

Les membres de la municipalité qui étaient en fonctions au mois de septembre 1793, ne se trouvèrent pas tous parmi ceux qui périrent au 11 thermidor; un petit nombre seulement s'y étaient maintenus.

Ce n'est pas ici le lieu de parler de ces scènes épouvantables, je dirai seulement qu'on a fort exagéré le nombre des victimes, déjà trop considérable sans doute.

Il y avait, au 2 septembre (92), 2,637 personnes détenues dans les prisons de l'*Abbaye*, de *Bicêtre*, du *Châtelet*, de la *Conciergerie*, de la *Force*, des *Galériens*, de la *Salpêtrière*, du *Séminaire-Saint-Firmin* et des *Carmes* de la rue de Vaugirard.

1,100 personnes y perdirent la vie dans les journées des 2, 3 et 4 septembre; 276 furent transférées; 742 mises en liberté; 276 évadées ou dont on ignora le sort; il en resta 243 dans les prisons.

On trouve dans les notes de la brochure de M. de Saint-Méard, intitulée *mon Agonie de quarante-huit heures*, que le nombre des tués alla à 3,000; c'est une erreur; le nombre ci-dessus est exact, il est tiré d'une pièce authentique venant du *Comité de salut public de la commune*.

On trouve à la préfecture de police, dans ses archives, le registre de la prison de l'Abbaye, de 1792, où sont relatées les *exécutions* et les *mises en liberté par le peuple*, des détenus qui comparurent devant le tribunal qui s'était installé dans la prison pour les juger.

Ce registre est tout maculé du sang dont étaient souillées les mains de ceux qui le manièrent.

En changeant la plupart des anciens membres, la municipalité du 10 août conserva l'organisation intérieure et la division en cinq départemens. Mais une grande partie de la police, tout ce qui concerne la surveillance politique, fut dévolue aux comités révolutionnaires qui furent créés en 1793, au nombre de douze, par la loi du 7 fructidor an 2.

Personne n'eût osé élever la voix pour réprimer les vexations des agens de cette commune; elle avait persuadé qu'elle n'exerçait un pouvoir aussi rigoureux que pour comprimer les traîtres; les exagérations tyranniques n'eurent plus de bornes, elles allèrent au point que peu de temps avant le 9 thermidor de l'an 3, et à l'époque où l'on forma un *camp des Elèves de Mars*, à la plaine des Sablons, un membre ayant dit, dans le conseil général de cette commune, qu'il était à craindre que les filles publiques ne corrompissent les mœurs des jeunes Élèves de Mars, et ne servissent ainsi les vues des ennemis de la patrie, il fut décidé et ordonné qu'*attendu que la vertu était à l'ordre du jour,* des visites domiciliaires seraient faites de nuit pour arrêter les femmes de mauvaise vie, ou qui ne pourraient pas dire de quoi elles vivaient. Les comités des sections furent chargés de l'exécution de cette mesure, à laquelle ils apportèrent un zèle aussi ridicule que barbare.

Tout devint femme de mauvaise vie; les maisons garnies furent investies de commissaires, et l'on vit, dans tous les quartiers, conduire de nombreuses troupes de femmes ou filles dans les corps-de-garde et qui avaient été enlevées dans ces hideuses recherches. Des mères de famille, des femmes mariées, de jeunes ouvrières qui ne pouvaient pas rendre raison de leurs moyens d'existence au gré des agens de cette odieuse police, furent impitoyablement arrachées, traînées aux *Madelonettes* et à la *Petite-Force,* jusqu'à ce que des réclamations jugées valables vinssent les en tirer.

La révolution, alors dans son apogée, continua de jeter le trouble et la perturbation dans la police; c'était la *Commune régénérée,* surtout, qui entretenait et fomentait l'anarchie. Aussi la Convention se vit-elle forcée de s'en occuper.

Par un décret du 14 fructidor an 2, elle détermina *comment et par qui la Commune* de Paris serait *administrée*.

Les ministères avaient été supprimés et remplacés par des *commissions nationales*. Cette loi du 14 fructidor, ordonna, 1° que la commission nationale du commerce et des approvisionnemens serait chargée de pourvoir immédiatement aux subsistances et à l'approvisionnement de Paris; 2° que celle des secours publics les erait de la surveillance et de l'administration immédiate des hôpitaux; 3° que la commission d'instruction publique serait chargée de l'administration des écoles primaires, de tous les instituts nationaux et des établissemens d'instruction publique; 4° que la commission des travaux publics serait chargée des dépenses et de la surveillance de ce qui les concerne; 5° que celle d'agriculture et des arts aurait l'administration immédiate des ateliers, filatures, et de tous les arts dont la direction n'était point attribuée à la commission des armes; 6° et que la commission des armes serait chargée de la direction de tous les arts relatifs à la guerre, aux munitions et à l'artillerie; 7° que la commission administrative des administrations civiles, de police et des tribunaux, aurait la surveillance, l'administration et la police des maisons d'arrêt, de justice et de détention ; 8° enfin, que la commission des revenus nationaux serait chargée de faire la perception de tous les revenus et des domaines de la ville de Paris ; les commissaires de la trésorerie restant chargés des autres revenus, de toutes les contributions publiques et d'acquitter les dépenses.

L'administration municipale et la police de Paris se trouvèrent ainsi confondues et mêlées à l'administration générale de la république, ce qui devait nécessairement apporter de la confusion, de la lenteur et du gaspillage dans tous les services de la capitale. La Convention l'avait sans doute prévu ; elle voulut l'arrêter, et ordonna, par la même loi, que provisoirement il y aurait sous la surveillance du département de Paris une commission chargée de la partie administrative de la police municipale.

Cette *commission administrative* de police pour Paris fut définitivement organisée par le décret du 26 vendémiaire an 3, et composée de vingt-quatre membres, au traitement de 4,000 fr., nommés par la Convention nationale sur la présentation des comités de salut public et de sûreté générale.

On y attacha un agent national, et la partie contentieuse de la police municipale fut exercée par le tribunal de police correctionnelle. Les *comités civils* (1) des sections furent conservés; un de leurs membres fut chargé de l'*état civil*: le comité l'était de dresser la liste des émigrés qu'il adressait au département de Paris. Les comités civils délivraient les certificats de civisme et de résidence que les comités révolutionnaires *visaient*. Les comités, tant civils que révolutionnaires, correspondaient avec ceux de la Convention et les commissions nationales directement.

Les membres de la commission administrative de police nommés par le décret du 26 vendémiaire an 3, en exécution de la loi du 14 fructidor, furent :

Les citoyens Leroux, secrétaire du conseil de discipline militaire de la section de la Montagne; Duret, membre du comité de bienfaisance de la section du faubourg Montmartre; Alletz, secrétaire-greffier du juge de paix de la section du Mont-Blanc (2); Jacquot, ébéniste; Vidoine; Gauthier; Desestangs; Poterel; Rouchas jeune, marchand mercier; Beurrier, capitaine du bataillon des Gravilliers; Champenois, ancien né-

---

(1) Ce nom de *civil* leur fut donné pour les distinguer des comités *révolutionnaires* qui existaient encore alors.

(2) Depuis commissaire de police dans la même section, auteur du *Dictionnaire de police moderne*, imprimé en 1819.

gociant ; Boquet-Destournelles ; Thérouanne, marchand de draps ; Paté, homme de loi ; Barbarin, architecte ; Deschamps, ancien commissaire de la section du Gros-Caillou ; Poteron, orfèvre ; Henin ; Gosset ; Babille ; l'agent national fut le citoyen Léger, depuis chef du bureau des passeports, sous M. Anglès.

Telle fut l'organisation de l'administration municipale et de la police de Paris jusqu'au 28 thermidor de l'an 3, que le nombre des membres fut réduit de vingt-quatre à trois ; elle subsista sous cette forme jusqu'à la mise en activité du *bureau central* qui lui succéda, et qui dura jusqu'à l'époque de la création du préfet de police, en 1800.

De nombreuses lois révolutionnaires avaient été publiées dans cet intervalle ; toutes portaient plus ou moins atteinte à la liberté civile et personnelle ; les lois sur les passeports surtout furent très multipliées, même pour les Français citoyens qui voulaient établir leur demeure à Paris ; on soumit ceux qui venaient y séjourner vingt-quatre heures à des déclarations et des formalités minutieuses. On exigea des arrivans qu'ils obtinssent l'autorisation des autorités de police, ce qui donna naissance aux permis de séjour, surcroît de précaution qu'on ne déploya pas dans les régimes appelés absolus (1).

Le pouvoir discrétionnaire, conservé à la police, de refuser le séjour à Paris à ceux qui lui en font la demande, et l'obligation de faire cette demande, furent confirmés par la loi du 27 ventose an 4. Cette loi porte que toute personne arrivée à Paris, sans y avoir antérieurement son domicile, est tenue de se faire connaître à l'administration municipale de son canton (le bureau central alors, le préfet de police aujourd'hui, en vertu de l'arrêté du 12 messidor an 8), et d'exhiber son passeport; que tout citoyen qui aura chez lui un étranger, tout concierge ou portier de maison non habitée sont tenus de faire leur déclaration dans les vingt-quatre heures, sous peine de trois mois d'emprisonnement; tout individu qui, dans le délai de six mois, n'aura pas fait connaître, par certificats authentiques, le lieu de son dernier domicile au bureau central, sera réputé vagabond et sans aveu, et comme tel traduit devant les tribunaux compétens. De nos jours, au moins, on ne qualifie de ce nom que les malheureux qui n'ont pas d'asile

---

(1) Lois du troisième sans-culotides an 2; du 4 vendémiaire an 3; du 4 floréal an 3.

et de pain. Les classes aisées ne subissent ces avanies que dans les jours de revanches populaires.

Je n'ai parlé ici de cette loi despotique du 27 ventose que par anticipation, puisqu'elle fut rendue par les deux conseils, à la demande du Directoire, et que parce que les élémens s'en trouvent dans les lois existantes de la période que j'ai parcourue. Comme toutes celles de la même espèce, elle fut motivée sur la nécessité de déjouer les projets et les intrigues des royalistes et des contre-révolutionnaires; mais depuis qu'il n'y a plus ni royalistes ni contre-révolutionnaires à craindre, on n'en a pas moins conservé la mise à exécution; car les lois arbitraires ont surtout la propriété de survivre aux circonstances et de s'amalgamer dans l'arsenal des lois, pour servir à d'autres passions et à d'autres hommes, alors même que ceux qui s'en servent ont gémi des rigueurs de ces instrumens d'oppression dont ils ne sont pas fâchés d'user à leur tour. Voltaire disait qu'il n'y avait contre les vieilles villes qu'un remède : le feu. Contre les vieilles lois, il n'y aurait pas de mal de se servir aussi de la flamme. La mansuétude et la servilité parisiennes ne font éprouver aucune opposition à ces sortes d'attributions que les pouvoirs se conservent. Bien plus, il n'est pas un habitant de la capitale qui ne regarde cette servitude comme une des bases du *gouvernement représentatif*.

D'après ce que je viens de dire, il est aisé de voir que la commission administrative de police différait peu, dans son organisation, du bureau central, qui fut la quatrième métamorphose de l'administration de la police à Paris; son importance, les services qu'il a rendus, méritent d'être mieux appréciés par les écrivains et le public.

CHAPITRE LX.

Ministère de la police générale; sa création.

Le ministère de la police est de création récente. Le Directoire obtint du corps législatif l'autorisation de répartir les emplois après en avoir fait comprendre l'urgence ; on en faisait surtout la demande par des vues politiques et pour l'affermissement des nouvelles lois.

L'exigence de l'ordre se faisait sentir avec énergie, jusqu'à l'usurpation même, après les désastreux élans de la liberté ; ainsi donc c'est en vertu de la nécessité de leur fraternité mutuelle que l'ordre et la liberté se sont supprimés tour à tour, probablement faute de lumière supérieure. Le problème était et est encore de concilier ces forces qui semblent irréconciliables à l'ignorance.

A la surveillance politique pour déjouer les complots et contenir les séditieux, le Directoire ajoutait, pour motiver la création d'un septième ministère, les attributions de la police municipale pour toute l'étendue de la république ; le ministre de l'intérieur en fut déshérité.

Cette question devint le sujet d'un rapport au conseil des Cinq-Cents, de la part d'une commission à laquelle on en avait renvoyé l'examen. Le rapport donna lieu à plus d'un débat dans l'assemblée. La proposition passa, comme de raison, mais bien et dûment déshonorée par la discussion même, de même toutes les propositions arbitraires et vagues qu'une majorité plus ou moins représentative fait triompher de vive force au scrutin contre une minorité plus ou moins réelle. Chaque parti désirait en apparence le maintien de l'ordre et la répression des troubles dans la république; mais si les royalistes et les ardens républicains manifestaient ouvertement leur crainte qu'à la faveur d'un semblable pouvoir le Directoire n'appesantît un joug insupportable sur la France, protestation éternelle qui cache d'autres pensées qu'on n'avoue qu'entre ligueurs et confédérés en secret, les partis extrêmes avaient peur que cette création ne nuisît à leurs intrigues mystérieuses et n'en coupât la trame. Les constitutionnels de bonne foi espéraient de cette création une arme offensive et défensive contre les ennemis du nouveau gouvernement, c'est-à-dire pour eux et pour leurs amis. Ni les uns ni les autres ne voulaient voir que dans un pays où la liberté se pavane comme un drapeau de parade dans les institutions écrites et fait défaut dans l'organisation matérielle de la commune, un ministre de la police peut également contribuer à la destruction comme au maintien de l'autorité centrale; à l'oppression des citoyens comme au bouleversement du pays; à la provocation des troubles comme à leur répression; et qu'en définitive, les dangers d'une police générale en balancent assez les avantages pour que l'on dût renoncer aux bienfaits de son immense pouvoir, à moins qu'un homme de génie et de bonne volonté, profitant de ce levier puissant, ne réalisât en le maniant avec vigueur, dans le foyer de la commune, la véritable cité politique, encore ignorée parmi nous ; miracle que la vanité de chacun n'attend, il est vrai, de personne.

Ministre de la police générale. — Armand-Gaston Camus, premier ministre de la police sous le Directoire.

2 janvier 1796 — 4 du même mois.

Le premier choix du gouvernement constitutionnel de l'an 3 tomba sur le député Camus, ex-conventionnel, homme dur, revêche, vaniteux, ayant la prétention de passer pour janséniste ; malgré le progrès de l'irréligion, il resta de sa secte, et manifesta la dévotion la plus outrée. Un magnifique crucifix ornait sa chambre; il y faisait ses prières matin et soir. C'était d'ailleurs un homme absolu et farouche. Il ne resta que deux jours au ministère, ou plutôt il refusa de l'accepter.

Né à Paris en 1740, et destiné au barreau par ses parens, il s'était appliqué à l'étude du droit ancien et moderne; sa science du droit canonique lui valut la place d'avoué du clergé de France, et de conseiller de l'électeur de Trèves. Nommé député aux Etats-Généraux de 1789, il se fit remarquer dans l'assemblée constituante par la fougue et la véhémence de ses opinions; il jouissait d'une grande popularité; la constitution civile du clergé fut en grande partie son ouvrage. Il eut la place de garde des archives nationales après la session de l'Assemblée constituante. Nommé à la Convention, il figura parmi les votans pour la mort de Louis XVI. Trois fois de suite député vers la Belgique avec ses collègues, Dumouriez, qu'il avait ordre d'arrêter, le prévint et l'envoya prisonnier chez les Autrichiens. On sait qu'il fut en 1795 échangé à Bâle contre la fille de Louis XVI.

Il siégea depuis au conseil des Cinq-Cents; le Directoire ayant demandé la création d'un septième ministère, le choix porta sur Camus. Comme on ne pouvait pas être député et ministre tout à la fois, préférant, par calcul peut-être, les fonctions gratuites aux fonctions salariées, il refusa le ministère, le 4 janvier 1796. Plus tard, on offrit à Camus le ministère des finances; il voulait conserver en même temps les archives nationales; la chose ne put se faire, il se livra dès lors en entier à la littérature. Sa place à l'Institut, dont il était membre, lui en offrait les occasions et les facilités; il fut associé par cette société à M. Pastoret, aujourd'hui chancelier pour la rédaction du recueil des *Ordonnances du roi de France*. Sa haine pour Napoléon était assez notoire; il voyait dans cet homme de génie l'assassin de la liberté. Camus mourut le 2 novembre 1804, d'une attaque d'apoplexie.

Merlin de Douai, ex-constituant, second ministre de la police générale.

4 janvier 1796 — 3 avril suivant.

Philippe-Antoine Merlin (de Douai) a joué un rôle distingué pendant la révolution. On ne l'aima pas; mais on ne lui refusa pas les talens d'un grand jurisconsulte; son *Répertoire de Jurisprudence* est un monument.

Né en 1754, à Arleux, petite ville du Cambresis, il embrassa la carrière du barreau. Au Parlement de Douai, il plaida sa première cause avec éclat. Une demoiselle Dumonceau lui apporta de la fortune; il vint à Paris, n'y resta qu'un an et retourna se fixer à Douai. Une charge de secrétaire du roi qu'il avait achetée, conférant la noblesse, lui valut quelques plaisanteries de ceux que choquait son républicanisme. Il le professa hautement dans les assemblées nationales dont il fut membre. Le Directoire l'appela au ministère de la justice; le ministère de la police ayant été créé, il y fut nommé, il n'y resta que trois mois; il reprit son premier portefeuille.

Malgré le zèle et la fermeté de Merlin, la police alla de plus en plus mal sous son ministère; sans le bureau central qui était assez bien composé et mettait beaucoup de zèle dans l'exercice de ses fonctions, la propreté, la sûreté de Paris eussent été fort compromises.

Deux conspirations remarquables éclatèrent pendant que Merlin était à la justice; *celle de Babeuf* et *celle de Brottier et la Ville-Heurnois*. Le ministre de la police déjoua la première. Celle de Brottier fut pour Merlin un grave sujet de discussion. Ceux qui l'avaient tramée étaient tous plus ou moins attachés au projet de rappeler les princes de la maison de Bourbon. Merlin prétendit que les auteurs de ce complot devaient être jugés par des conseils de guerre; le 10 février 1797, le Directoire adopta ses vues. Cependant le tribunal de cassation jugea qu'un conseil militaire était incompétent. Le conseil des Cinq-Cents, malgré les réclamations de M. Pastoret, passa à l'ordre du jour, et le conseil militaire fut établi. Ce conseil prononça la peine de mort; mais pour la forme, et la commua en quelques années de prison. Merlin, qui tenait rancune, profita de la révolution du 18 fructidor an 5 pour obtenir la déportation des principaux condamnés à Sinnamari; ils périrent dans ce funeste exil.

Nommé directeur après le 18 fructidor, Merlin ne fut déplacé que le 18 juin; il se retira à Douai; des diatribes le poursuivirent. Au retour d'Egypte, Bonaparte le nomma substitut du procureur général à la cour de cassation; sous l'empire il fut élevé à la dignité de procureur général à la même cour; il monta de grades en grades jusqu'au conseil-d'état, section de la justice; 1814 changea sa destinée. Napoléon, au retour de l'île d'Elbe, le rappela, et le département du Nord le nomma député à la chambre des représentans. Les changemens survenus reléguèrent Merlin dans la vie privée; il resta l'un des plus habiles jurisconsultes de la France.

Charles Cochon de Lapparent, *ex-conventionnel, troisième ministre de la police.*

3 avril 1796 — 6 juillet 1797.

Né en 1750, dans le département de la Vendée, et conseiller au présidial de Fontenai, M. Cochon de Lapparent fut nommé aux Etats-Généraux. Il se fit jour dans le monde politique par son attachement à la cause de la liberté : ce fut la marque de son caractère. A la Convention, il joignit sa voix aux accusateurs de Louis XVI, et remplit plusieurs missions aux armées. Membre du Conseil des Anciens, Cochon se leva contre les déclamations démagogiques. Il fut secondé, dans ses fonctions secrètes et dans la surveillance politique dont il jeta les fondemens, par un officier de paix, nommé Dossonville, homme de mérite, zélé et honnête.

Il dénonça la *conspiration de Babeuf* au Directoire et aux deux conseils. Tallien l'ayant accusé d'employer le baron de Batz et Dossonville dans une *police royale secrète* pour persécuter les républicains, il démentit cette accusation, et prouva qu'il avait donné l'ordre de rechercher le baron de Batz. Quant à Dossonville, il fit l'éloge de sa conduite, de la droiture de ses opinions et de son zèle à suivre avec impartialité les fils de la conspiration des terroristes qui se rangeaient sous le drapeau de Babeuf pour changer ou attaquer le gouvernement.

Ce n'est pas ici qu'il faut chercher une sérieuse analyse de la conspiration de Babeuf, dont tant de gens parlent sans la connaître, et qu'ils jugent fort mal en la croyant aussi méprisable que de maigres historiens nous le disent. Comme transition de l'esprit humain d'une idée à l'autre, ce coup de tocsin, étouffé par le bruit de l'échafaud, retient sa place entre le dogme de l'indivisibilité du sol de la république et le dogme professé par Saint-Simon de la concentration systématique du territoire entre les mains de l'autorité. J'ai connu Babeuf; en le combattant, je l'estimais. La communauté des biens, en tant que principe social, abstraction faite des servilités du cloître, a de fortes chances de résurrection dans l'égoïsme des propriétaires et dans le besoin de vivre des prolétaires; et cependant Babeuf est fort arriéré vis-à-vis de nous. On s'expose au réveil de ces doctrines sans règle en évitant de prendre ailleurs les élémens d'une plus noble initiative, et ces élémens existent. Ceux qui nous disent qu'une grande révolution est désormais impossible sont de bonnes gens, mais fort ignorans. C'est sur l'autorité des sots que les pouvoirs s'endorment, c'est sous la main des furieux qu'ils se réveillent.

———

Jean-Jacques Lenoir-la-Roche, quatrième ministre de la police.

6 juillet 1797 — 26 du même mois.

Lenoir-la-Roche était peu fait pour le ministère de la police ; mais sa réputation d'écrivain politique avait un grand prix alors. Le Directoire crut que ce serait un bon choix en vue de l'exécution du coup que l'on préparait. Il n'y a pas de stage et d'échelons successifs pour former les hommes d'état, d'où leur disette dans tous les temps et l'embarras de savoir où les prendre. Lenoir-la-Roche témoigna dès le premier jour le plus grand dégoût pour ses fonctions, il n'y entendait rien ; il entrait là dans un pays inconnu.

Né à Grenelle, en avril 1749, d'un père jurisconsulte, il fut destiné au barreau ; sa vocation était littéraire. Non qu'il fût sans ambition, puisque nous l'avons vu de républicain constitutionnel devenir comte de la création de Bonaparte, et sous Louis XVIII, entrer à la chambre des pairs, où il resta jusqu'à sa mort, arrivée en février 1825.

On sait à peine qu'il a été professeur de législation à l'école centrale du Panthéon; ce n'était ni un Montesquieu, ni un Domat; Lenoir-la-Roche était d'un caractère doux, paresseux, habitué à parler politique, sans voir plus loin que le bout de son nez, criant contre les anarchistes et les royalistes, et tour à tour l'un ou l'autre lui-même.

Pierre Sotin de la Coindière, cinquième ministre de la police.

26 juillet 1797 — 12 février 1798.

Le Directoire n'était point heureux dans ses choix; Sotin, jeune Nantais, n'avait pas plus d'instruction politique que son prédécesseur; mais il paraissait mieux convenir aux hommes du gouvernement.

Né à Nantes, en 1764, le jeune Sotin fut destiné à la profession d'avocat, ressource de tant d'esprits subalternes et stérilement chicaneurs; catégorie parasite qui vit de nos douleurs et de nos plaies, de nos haines et de l'échafaud. L'éclat des avocats, dans un pays, est toujours en proportion de ses misères. Il se distingua peu dans le barreau de Rennes. La révolution lui ouvrit la porte des emplois. Dès 1790, il fut nommé membre du Directoire du département de la Loire-Inférieure ; il en exerçait les fonctions, lorsqu'au mois de novembre 1793, il se vit envelopper dans la proscription de cent trente-deux Nantais, à propos de l'affaire à la suite de laquelle on accusa Carrier, d'après une fable frappée désormais de mépris par les gens qui réfléchissent un peu, celle d'avoir voulu faire noyer ses ennemis au pont de Cé ; conduits à Paris, les proscrits y arrivèrent au nombre de quatre-vingt-quatorze, décimés à plusieurs reprises par les dangers et les fatigues de la route. Après la mort de Robespierre on les mit en liberté. Sotin s'attacha au parti directorial, qui le crut propre à ses vues, et le nomma ministre de la police le 26 juillet 1797.

Il facilita l'événement du 18 fructidor. Des vaincus l'ont accusé, mais sans preuve, de barbarie ; il est vrai qu'il fit exécuter la déportation avec promptitude. Jamais les émigrés turbulens et les prêtres réfractaires n'eurent plus à souffrir de la police qu'avec Sotin.

Sorti du ministère, par une faute qu'on ne lui pardonna pas, celle d'avoir fait saisir des casimirs de contrebande destinés à des manteaux pour les députés, il passa en qualité de chargé d'affaires ou de ministre du Directoire à Gênes. Une gaucherie plus sérieuse lui fit perdre cette place. On voulait s'emparer des Etats du roi de Sardaigne; Sotin était dans le secret et devait en favoriser l'exécution; au lieu d'agir avec la discrétion d'un conspirateur, Sotin, ébruitant le projet, écrivit ostensiblement au Directoire de la Ligurie pour l'inviter à secourir au besoin les insurgés du Piémont. C'était imiter les officiers français à la bataille de Fontenoy, et dire à son adversaire de tirer le premier. Le Directoire trouva cette sottise trop chevaleresque. Sotin fut rappelé; il le méritait bien. Après quelques autres fonctions publiques sous le Directoire et Bonaparte, il mourut en 1810, sans fortune, dans l'obscurité.

Sotin n'était pas sans quelque mérite; il avait de l'instruction, mais de la présomption; aussi les présomptueux ne pouvaient le souffrir. On lui mit sur le dos toutes les âneries que la tournure grotesque de son nom pouvait faire passer très facilement dans l'esprit de la canaille, qui juge volontiers les hommes en place d'après de stupides quolibets. En somme, il était brave, serviable, honnête; mais outrecuidant comme un avocat, et toujours la phrase à la main. Il savait surtout prendre un parti, quoiqu'il manquât de grandeur et ne sût pas se faire estimer; mais il savait aussi qu'il ne faut pas toujours mériter l'estime de tout le monde. Il faisait son choix.

Dondeau, sixième ministre de la police générale.

12 février 1798 — 15 mai suivant.

Encore un mauvais choix du Directoire; Dondeau était un grossier personnage, faisant mal à propos étalage de son jacobinisme; à la sortie de Sotin on ne savait qui nommer; Merlin fit tomber le choix, par forme d'intérim, sur son compatriote. Un intérim est le nec plus ultra des vœux de beaucoup d'incapables; il en résulte pour leur vanité le relief d'un titre à mettre fièrement à la suite de leur signature. Dondeau traversa le ministère de la police sans y laisser de trace. Il y était chef de la division de la *sûreté* avant sa nomination; malgré la mise en circulation du dogme de l'égalité qui semblait autoriser tous les choix possibles, les employés ne purent s'accoutumer à le regarder sérieusement comme leur chef. Il fut par la suite nommé maire de

Douai, administrateur du département, et finalement, juge au tribunal criminel du même département. Ces places ne le rendirent ni moins rustaud ni plus habile en matière gouvernementale.

M. Le Carlier, septième ministre de la police générale.

16 mai 1798 — 29 octobre suivant.

Les ministres de la police se succédèrent rapidement.

Le Carlier, homme estimé, mais sans lumières et faible, était maire de la ville de Laon; le bailliage de Vermandois l'avait député aux Etats-Généraux. Appelé à la Convention nationale, il vota la mort de Louis XVI.

Ce motif détermina peut-être le Directoire à le choisir pour remplacer Dondeau; il n'y avait guère à gagner au change. Il se borna à entretenir une correspondance active avec le bureau central, pour l'exécution des réglemens de sûreté.

Sorti du ministère, Le Carlier se livra à quelques travaux de cabinet; en 1799, le département de l'Aisne le nomma membre du Conseil des Anciens. Il mourut peu après.

On a remarqué que Le Carlier avait appuyé dans le temps le projet proposé par M. Guillotin, son collègue, pour la substitution de l'instrument de supplice en vigueur aujourd'hui à tous les autres instrumens de supplice ; l'Assemblée législative adopta cette proposition, et le 20 mars 1792, elle décréta la forme de cet instrument, que d'honnêtes royalistes ont pris en exécration, sans que leur génie pour extirper les germes de l'assassinat et de la misère s'élevât plus haut qu'au désir de régénérer la potence.

Jean-Pierre Duval, huitième ministre de la police générale.

29 octobre 1798 — 22 juin 1799.

M. Duval, porté au ministère par le parti directorial, a conservé, depuis sa retraite comme pendant les fonctions qu'il a remplies, l'estime publique et l'attachement de ceux qui l'ont connu. Après avoir été membre de la Convention, il fut appelé au Conseil des Cinq-Cents, puis, au 29 octobre 1798, fait ministre de la police. Il servit le Directoire avec zèle, sans qu'on puisse lui reprocher des actes d'oppression, si communs à cette époque. Il avait été question de le faire passer au Directoire ; mais Sieyes, qui voulait profiter de la sortie de Rewbell pour y entrer, déjoua le parti de Duval par ses agens à Paris, et ce dernier resta au ministère de la police. Cet échec accrut la mélancolie de Duval, naturellement triste et peu fait pour les grandes intrigues, quoiqu'il eût la faiblesse de vouloir s'y mêler.

Rien de remarquable ne s'est passé à la police générale sous ce ministre ; Duval resta dans l'obscurité jusqu'en 1800 ; il fit partie du Corps législatif, sous Bonaparte, qui, l'année suivante, le nomma commissaire général de la police à Nancy, ensuite préfet du département des Basses-Alpes. Il conserva cette place même après l'époque de 1814 ; mais, ayant accepté la préfecture du département de la Charente pendant les Cent-Jours, il perdit son emploi au second retour du roi.

Bourguignon-Dumolard, neuvième ministre de la police générale.

22 juin 1799 — 20 juillet de la même année.

C'est à M. Gohier, qui a laissé un Mémoire si singulier et a tenu une conduite si républicaine au 18 brumaire, qu'on dut la nomination de M. Bourguignon-Dumolard.

Ce savant jurisconsulte naquit le 31 mars 1760, à Vif, arrondissement de Grenoble; il y exerçait des fonctions judiciaires lorsque la révolution éclata.

En butte aux avanies, comme tous ceux qui avaient alors un nom, des talens et de l'honneur, ce que les mauvais apprentis de l'œuvre révolutionnaire regardaient comme une tendance à l'aristocratie, M. Dumolard fut, pendant quelque temps, le jouet de beaucoup d'événemens et courut des dangers dont il sut tirer quelque gloire. Nommé secrétaire du comité de sûreté générale, il y rendit de grands services aux *suspects*; de là, il passa chef de division au ministère de l'intérieur, puis secrétaire du ministère de la justice, et enfin commissaire du Directoire près le tribunal de cassation. On cite

ces différens emplois, pour montrer que M. Bourguignon n'était étranger à aucune des connaissances qu'exigent les fonctions de ministre de la police. Le président du Directoire en parle ainsi :
« Sa correspondance, en entrant au ministère,
« caractérisait un administrateur aussi sage que
« ferme. Ce n'était pas assez pour Sieyes (1);
« Bourguignon n'était pas jacobin, et il ne
« voyait que par ses yeux, quand Sieyes voulait
« que le ministre de la police ne vît que par les
« siens.

« Bourguignon, qui n'avait que l'ambition de
« servir légalement son pays, ne se fit pas de-
« mander deux fois sa démission. L'intrigue de
« Sieyes, qui avait un homme à lui, ne réussit
« qu'à moitié; Bourguignon quitta; mais Barras,
« qui s'était réuni au président pour le renvoi
« de Bourguignon, qu'il ne connaissait pas,
« proposa Fouché qu'il croyait mieux connaître;
« et, le 2 thermidor, la majorité du Directoire
« nomma Fouché, persuadé qu'il ne serait pas
« plus l'homme de Sieyes que Bourguignon. »

Ces intrigues sont sans intérêt aujourd'hui, mais elles caractérisent l'esprit de l'époque et les acteurs qui jouaient les grands rôles. Fouché, qui remplaça Bourguignon, eut l'injustice

---

(1) Alors président du Directoire.

et la sottise de dire, dans un écrit de sa main, « que l'honnête Bourguignon était tout-à-fait au-dessous de sa place. » Si Fouché a voulu dire par-là qu'il n'avait ni la rouerie, ni la fausseté, ni l'esprit de mensonge dont Fouché a donné tant de preuves, Fouché a raison. On ne dispute pas à Fouché son savoir-faire; mais on ne peut supporter qu'il ravale mal à propos un homme qui valait mieux que lui; ce qui n'est pas beaucoup dire.

Bourguignon, sous le Consulat, se trouva membre du tribunal criminel du département de la Seine lorsque Moreau, Georges et leurs coaccusés furent mis en jugement; il se borna à demander une détention de deux ans.

Depuis la seconde rentrée de Louis XVIII, M. Bourguignon s'est occupé d'ouvrages de jurisprudence criminelle. Il mourut sans fortune au mois de mars 1829

Joseph Fouché, duc d'Otrante, dixième ministre de la police.

20 juillet 1799 — 15 septembre 1802. = 18 juillet 1804 — 2 juin 1810. = 21 mars 1815 — 23 juin 1815.

Né dans un petit village, en 1753, près de Nantes, d'un capitaine de bâtiment marchand, Joseph Fouché devait suivre la profession de son père. Sa santé fut un obstacle; sa famille le fit entrer aux oratoriens; de rapides progrès dans les sciences physiques et mathématiques le mirent bientôt en état de professer dans plusieurs maisons de l'ordre.

Le père Fouché ne trouva pas que l'état monastique convînt à son fils. Fouché jeta le froc et se maria. Il se fixa à Nantes et continua d'enseigner les mathématiques. La révolution éclata; dès l'abord, Fouché y prit une grande part en se faisant recevoir dans un club de jacobins de la ville; bientôt il parut aux jacobins de Paris; son début fixa les yeux sur lui. Il se signala promptement par une énergie toute romaine dont la ville de Lyon et le département de la Nièvre ne perdront jamais la mémoire. Ce n'est pas ici le lieu de tracer l'esquisse d'un tableau qui tient une place sanglante dans le musée des fastes révolutionnaires. Je m'occupe du ministre de la police et non du député à la Convention. On a beaucoup vanté sa sagacité, son habileté, comme cela est d'usage à propos de tous les gens qui tiennent long-temps en haleine l'attention publique; on en a même fait un homme d'un génie supérieur, et ce sont là de ces partis pris dont on ne revient guère. Peut-être ne fut-il que fin et cauteleux; mais enfin sa carrière dans la police lui a créé une réputation vraiment fantastique, et l'on ne peut s'empêcher, même après avoir pesé le véritable poids de la crédulité générale, de le placer au premier rang des hommes qui remplirent ce ministère de la police avec éclat et bonheur.

On ne citerait pas facilement d'ailleurs un personnage sur lequel on ait répandu autant de bruits de nature aussi contradictoire, de traits si peu vraisemblables, qu'on en ferait un volume, à part même ce qu'on sait de sa conduite révolutionnaire qui formerait seule un tableau comme les archives des cours d'assises n'en ont pas offert de plus dramatique.

De tous les écrivains qui se sont occupés de recueillir ces faits sur Fouché et son ministère, aucun, avant ce qu'en a écrit M. le duc de Rovigo dans ses Mémoires, ne s'en était plus spécialement occupé que l'auteur des *Matériaux pour servir à la vie privée et publique de Joseph Fouché, duc d'Otrante* (1), non qu'il n'y ait beaucoup de faits incertains, de récits oiseux, d'anecdotes controuvées dans ce recueil; c'est l'habitude des petits esprits de tailler des contes d'après leur propre patron sur les hommes dont ils s'érigent les historiens; mais on y trouve réunies grand nombre de pièces qui viennent de ce personnage, à tort ou à raison célèbre, ce qui l'a fait rechercher.

Je prends Fouché lorsqu'en 1797 il fut appelé à cette place par le Directoire; le 18 brumaire, qui changea le gouvernement, laissa Fouché dans la même position. Il se tourna du côte de Bonaparte, le flatta, lui montra jusqu'à quel point un ministre de la police dévoué pouvait servir à ses grands desseins; Fouché eut dès lors la confiance de Bonaparte et la conserva sans interruption jusqu'au 15 septembre 1802 que le ministère de la police fut réuni à celui de la justice.

Un des premiers actes de Fouché fut de faire arrêter les députés restés fidèles à la république; il mit dans l'exécution de cette mesure une modération et des égards qui lui firent des amis dans les deux partis.

---

(1) Un vol. in-8°; Paris, Domerc, libraire, 1821. On l'attribue à Regnault-Warin, l'auteur du *Cimetière de la Madelaine*.

Fouché, malgré les Cincinnatus de son époque, contempteurs affectés des richesses et prôneurs déterminés des joies ineffables que procure la vertu, secte vénale et mendiante, quoique fière de son maintien d'anachorète, Fouché, disons-nous, connaissait le pouvoir de l'argent; et de bonne heure, à travers ces désintéressemens qui se mettaient à l'enchère, il se fit des cliens au milieu de cette écume qui surnage à travers les partis tombés et les héroïsmes las. Mais il est absurde, il est contre la vérité d'affirmer, comme l'a fait M. Beauchamp dans ses *Mémoires sur Joséphine*, qu'au moyen d'un sacrifice de mille francs par jour, Fouché sût, par la complicité de Joséphine, le détail de tout ce qui se passait au château. Que Fouché se soit habilement acquis la bienveillance de cette princesse, par la mise à sa disposition de quelques sommes considérables, la chose ne serait pas absolument impossible ; on connaît la prodigalité de cette créole généreuse et dissipée, toujours harcelée de créanciers, malgré les réprimandes de Bonaparte. Mais la travestir grossièrement en mouchard domestique, c'est à quoi jamais elle n'eût consenti. Joséphine avait trop de grandeur pour s'abaisser complaisamment à des servitudes de ce genre. On conçoit qu'elle le récompensa de sa protection; elle n'accepta certainement pas une vassalité dégradante.

Le ministre de la police disposait de la faveur des jeux; il lui devenait facile de donner des pensions et de remettre secrètement des dons utiles aux personnes dont le crédit lui semblait nécessaire; c'est ce que Fouché pratiqua toujours avec adresse. Les choses les plus ignobles se traitent encore chez les gens de distinction avec une grandeur qui les dépouille de tout vernis repoussant; mais les faiseurs d'historiettes manquent de ton.

En même temps Fouché tenait la main à l'exécution des mesures relatives aux émigrés, aux prêtres, aux Vendéens, aux journaux, et faisait surveiller les domestiques des personnes en place et même ceux du premier consul.

La puissance des ressorts révolutionnaires dont il s'était réservé le secret, empêcha toujours le premier consul d'accorder une entière confiance à l'homme qui pouvait employer cet instrument contre lui. Fouché représentait une puissance occulte à laquelle il fallait faire son lot, mais en se tenant prêt à l'étouffer dès que cette puissance voudrait nuire. Il était l'émonctoire de la plaie sourde qu'un parvenu comprend bien qu'il ne saurait fermer sans péril et qui ne cesse pas d'être un péril, quoiqu'elle soit ouverte. Pour se garder du côté de la carte suspecte, Bonaparte imagina d'établir des *contre-polices* destinées à surveiller la police et Fouché. Le chef du cabinet, M. de Bourienne, était au courant, par là, de tout ce qui pourrait donner de l'inquiétude au chef de l'Etat. Ces contre-polices datent de quelques mois avant le 3 nivose an 9 (24 décembre 1800).

Malgré son activité, ses agens, l'or qu'il versait à pleines mains, Fouché ne fut pas toujours servi avec promptitude ou fidélité. Des personnes très au courant des intrigues qui s'agitaient chez les conspirateurs, ou royalistes, ou démagogiques, à cette époque, lui refusent le mérite d'avoir découvert la conspiration du 15 vendémiaire (17 octobre 1800), connue sous le nom d'Aréna, qui avait pour complices Céracchi et Demerville : cette découverte, assure-t-on, ne doit être attribuée qu'aux imprudentes confidences de Demerville à Barrère, et aux révélations de ce dernier au général Lannes, commandant de la garde consulaire, qui n'en porta la nouvelle à Fouché qu'après s'en être fait honneur auprès du premier consul.

L'événement du 3 nivose, que Fouché ne prévit pas davantage, fut cependant une occasion pour lui, quoiqu'après coup, de mettre en jeu les ressources de sa sagacité. Il s'y releva de la défaveur que devait lui faire éprouver l'ignorance ou au moins la connaissance tardive qu'il eut de la *conspiration d'Aréna* (1).

A la première nouvelle de l'explosion de la *machine infernale*, la cour des Tuileries tout entière ne manqua pas d'en accuser les Brutus du coin, nom que l'on donnait aux imitateurs romanesques des vieilleries patriotiques de l'antiquité. Le premier consul revenait de l'Opéra comme le ministre accourait aux Tuileries. — Eh bien ! lui dit le premier consul avec vivacité, peut-être même avec colère, direz-vous que ce sont les royalistes ? Fouché, fort de quelques lièvres déjà levés, lui répondit : — Oui, citoyen premier consul, je le dirai ; et, qui plus est, je le prouverai. — Voilà qui est un peu fort ; vous le prouverez ? — Oui, citoyen premier consul, et je ne demande que quelques jours pour cela. Sans cette assurance, il culbutait. On sait qu'un fer de cheval qui fut mis en pièces par l'explosion, joua son rôle dans les indices qui menèrent de proche en proche au foyer de

---

(1) C'est bien mal à propos que cette conspiration garde ce nom dans les chroniques. J. Aréna s'y vit impliqué, mais il ne conspirait pas personnellement : ce qui ne l'empêcha pas d'en périr. Mais où serait le mérite de la JUSTICE, si elle ne donnait raison au pouvoir ! Il faut bien que son utilité soit manifeste par quelque point.

cette cabale abominable. Fouché tint parole, et les recherches ainsi que la procédure, confirmèrent les présomptions qu'il avait formées.

Cependant Bonaparte avait réuni les attributions de la police à celles de la justice, au mois de septembre 1802. Fouché, nommé sénateur et pourvu de la sénatorerie d'Aix, resta vingt mois éloigné des affaires, non sans en retenir tous les fils, tant à sa campagne qu'à Paris, en conservant des relations avec les hommes marquans des divers partis. Il se maintint habilement dans leurs bonnes grâces, pour être à même de les vendre au besoin. C'était rester en position d'être utile. Un homme fin, dans ces sortes de fonctions, peut les quitter un instant et ne pas désespérer; cela dépend des bévues de son successeur. Il doit faire comprendre au pouvoir qu'il est en mesure de le servir encore. Fouché n'ignorait pas qu'on le tenait sous la surveillance; il agissait en conséquence, et pour qu'on sût à quoi s'en tenir sur son propre compte. Aussi Bonaparte ne tarda pas à sentir le vide que lui causait la rupture de ses rapports directs avec Fouché. Le murmure élevé tout autour de lui par le jugement du duc d'Enghien, l'éclat de la conspiration de Georges et de Pichegru, le procès inquiétant de Moreau, et la transition, quelque peu chatouilleuse, du Consulat à l'Empire, donnèrent à réfléchir à Napoléon que la police mielleuse et circonspecte de son ancien ministre pourrait aplanir bien des aspérités dans de pareilles circonstances. La réapparition au pouvoir de l'un des tigres jacobins pouvait flatter l'esprit démocratique. Cet homme avait manié des têtes, des cœurs, des espions de toutes les nuances. On le flattait, on le craignait, on le regardait comme une pierre d'achoppement placée sous les pieds de Napoléon.

Ces motifs de Napoléon pour ne pas le laisser en arrière, sont bien plus réels que les prétendues intrigues que l'on assure que Fouché fit jouer pour se réintégrer au pouvoir. L'histoire n'est pas tout entière enfermée dans des suggestions de caillettes; il y a de la place dans ce champ-là pour des considérations plus fortes. Le ministère de la police lui fut donc rendu, et il l'organisa d'après ses vues, au mois de juillet 1804.

Par les actes émanés de lui, nous sommes à même de dire que sa seconde administration fut de beaucoup supérieure à la première. Il ne s'agissait plus pour cet homme, si diversement compromis par ses ruses et ses violences, de débattre sa fortune et sa position politique dans le bourbier des intrigues et des factions. Le sang ne barrait plus sa route, il lui devenait inutile de descendre dans la boue; sa dignité, s'il est permis de se servir de ce mot à son égard, pouvait se reconnaître. Le nouvel ordre de choses lui donnait de la sécurité. Le moment le portait à des vues de consolidation. Il n'avait plus besoin d'entretenir de la fermentation et du doute dans les esprits; mais il n'était cependant pas homme à reculer devant la nécessité de reprendre et de répéter ses premiers rôles. Il y avait trois hommes dans Fouché : le grand scélérat, l'homme d'esprit, et le misérable; ou plutôt son esprit avait deux manières de se manifester, suivant les temps ; et tous les hommes sont ainsi faits. Si jamais, à partir de ce moment, police ne fut ni plus absolue ni plus arbitraire que la sienne, on avouera cependant qu'il n'en exista pas de plus active et de plus protectrice, de plus ennemie de la violence dans l'exécution des ordres, qui pénétrât par des moyens moins choquans dans le secret des familles, et dont l'action, moins sentie, se laissât moins apercevoir; c'est au moins l'opinion des gens qui jugèrent Fouché par son second ministère, nouvelle phase de son astre qui grandissait au-dessus de l'horizon.

Nous ne devons pas oublier non plus que ce fut pendant que Napoléon, contraint d'enchaîner le continent pour nous donner enfin le dernier mot de sa pensée, portait la guerre aux extrémités de l'Europe, que Fouché tint véritablement les rênes de l'Etat, et fit régner dans toutes les parties de l'Empire une paix profonde. Voilà des traits qui caractérisent son talent en administration, et qui, s'ils ne les balancent pas, font oublier les crimes qu'on aurait à lui reprocher dans sa conduite à Lyon, à Nevers, et dans les événemens antérieurs au 9 thermidor.

A la vérité, la guerre, sous la discipline d'une seule pensée, offre une large voie d'écoulement à l'esprit aventurier des nations ; et pourvu qu'on se batte fort et ferme sur un point capital de ce globe, on est à peu près sûr, en politique, d'entretenir la paix dans le reste du monde. Par suite, les routiniers politiques concluent bravement à l'incurable nécessité de la guerre, comme élément supérieur de prospérité, à condition toutefois de vaincre sans cesse, ce qui ne se peut.

Napoléon, de retour en France après la paix de Presbourg (25 décembre 1805), manifesta son contentement au ministre de la police en lui conférant le titre de duc d'Otrante et une dotation dans les états de Naples ; cinq ans après, en 1810, Napoléon lui retira le portefeuille, sur le soupçon d'une intrigue entre ce ministre et Bernadote.

L'intrigue dont Napoléon crut saisir les fils, offrait de justes sujets de mécontentement au chef de l'Etat. Il ne s'agissait pas moins que d'enchaîner la puissance de l'empereur et de mettre Bernadote à la tête de ce grand mouvement, pour lequel il y avait déjà une nombreuse levée de gardes nationales que Napoléon licencia à son retour. L'esprit adroit, les grandes relations de Fouché avec les principaux personnages de l'Etat, rendaient fort dangereuse, à la suite d'une destitution, la présence de l'ancien ministre de la police en France; l'empereur le nomma gouverneur de Rome. Disgrâce sournoise dont Fouché comprit le fin mot. Rome était pour lui le village de César; mais, après avoir été le premier à Paris, Fouché devait se sentir dans la disgrâce à Rome.

Avant le départ de Fouché pour sa destination, deux conseillers d'Etat, Réal, Dubois, préfet de police, se rendirent dans la rue des Saints-Pères pour enlever certains papiers qui provenaient du cabinet de l'empereur. Sous cette rubrique, ils se seraient emparés du reste. Le disgracié sentit l'intention et joua serré. Il rendit quelques papiers et en retint quelques autres. Ce refus excita la colère de Napoléon. Il y avait un ordre d'arrestation au bout de cette comédie. Fouché ne perdit pas de temps; il s'éloigna de la France; mais il y revint presque aussitôt, offrant à l'empereur, facile à désarmer dès que l'on capitulait sur ses conditions, et pour rançon de la liberté qu'il réclamait, de lui remettre le reste des papiers. Fouché vécut tranquille dans la ville d'Aix, jusqu'aux grands événemens qui précédèrent et suivirent le rappel des Bourbons en France. Le 20 mars lui fit ouvrir de nouveau les portes des Tuileries; il se réinstalla dans le ministère de la police jusqu'à la bataille de Waterloo, qui trancha de la destinée de Bonaparte au profit de la famille des Bourbons.

Une commission fut créée pour traiter avec les alliés; il en fut le président; il prit des mesures pour précipiter le départ de son ancien maître, qui, dit-on, sous le coup d'une inspiration de soldat, réclamait avec instance qu'on le laissât se mettre un jour encore à la tête de l'armée française en qualité de général en chef, certain qu'il était de couronner sa gloire militaire par la dispersion des armées ennemies. Fouché ne laissa point Napoléon en repos qu'il ne l'eût contraint à s'expatrier au plus vite. Les délais de Napoléon n'aboutirent qu'à le faire tomber entre les mains des Anglais.

On peut reconnaître le caractère de Fouché à la conduite qu'il tint dans ces circonstances. Il paraissait approuver, en conseil et en public, les principes et les résolutions de ses collègues. Le démocrate fougueux semblait rajeunir ; il prenait part à des déclarations de principes, comme s'il se trouvait encore sur les bancs de la Montagne ; son zèle patriotique enflammait les assemblées ; mais en particulier, c'était autre chose ; dévoué en apparence à tous les partis, en réalité dévoué à lui seul, il flattait royalistes et démagogues, et les abusait tour à tour par de faux épanchemens, de chimériques espérances. Il parlait de liberté aux républicains ; de gloire et de Napoléon II aux bonapartistes ; de légitimité aux amis du roi ; de garantie et de paix générale à ceux qui craignaient les troubles et les agitations, et parvenait ainsi à se ménager de tous côtés, en cas de besoin, des appuis et des chances favorables. Il ne poursuivait qu'une pensée, et cette pensée le concernait.

Le roi à son second retour conserva Fouché dans le ministère ; tant d'intrigues étaient couronnées ; mais la place n'était pas tenable, et cette association hurlait. Il y avait une ineffaçable date de sang à son front, que les Bourbons ne pouvaient saluer sans ignominie. C'était salarier trop cher l'habileté que de la tolérer au prix de cette honte. Robespierre eût été plus concevable aux Tuileries que Fouché ; car le grand montagnard avait du moins porté l'épithète d'incorruptible. Enfin, vers la fin du mois de septembre 1815, le roi lui demanda sa démission et le nomma son ministre à Dresde. Après l'éloignement vint l'avanie. Frappé de bannissement comme *votant* par la loi du 6 janvier 1816, il quitta bientôt Dresde, se rendit à Prague, puis à Lintz, enfin à Trieste, où il mourut le 25 décembre 1820, laissant une fortune de plus de quatorze millions, à ce qu'on prétend. Le secret de la vie de Fouché nous semble tout entier dans ces derniers mots.

Les mœurs de cet homme étaient simples et réglées, comme cela n'est que très commun chez les hommes d'une grande et profonde ambition; on ne lui a reproché aucun excès de conduite privée; il était doux, poli avec le public et les personnes qui l'approchaient. Rien autre chose que ce qui pouvait le maintenir au pouvoir ne le flattait ou ne lui paraissait digne de souci. Il ne faut pas juger de son intérieur par les propos des écrivains qui ne le connaissaient pas. Les niais s'amusent à composer des monstres pour la satisfaction des enfans et des commères. Les hommes en butte à l'animadversion des partis prêtent à des croyances de servantes. On barbouille platement toute leur vie, comme on l'a fait de la vie des rois, des reines et des papes, en leur prêtant des crimes imaginaires, ou en travestissant grossièrement les moindres actes de leur existence. L'histoire, chez nous, est généralement écrite par des ignorans, d'après des récits d'aveugles. On ne sait pas éclairer ces ténèbres en prenant le cœur humain pour criterium et pour fanal.

Il ne suffit pas pour le but qu'on se propose dans ces Mémoires d'avoir peint le duc d'Otrante sous des rapports généraux d'administration et de politique; on doit donner aussi une idée de ses principes en matière de police, et de la marche qu'il dictait à ceux qui se trouvaient sous ses ordres pour leur conduite personnelle; c'est ce qu'on trouve exposé avec clarté et justesse dans la circulaire aux préfets peu après sa nomination au ministère; elle est datée de Paris, 30 brumaire an 8.

« Citoyen préfet,

« Vos rapports avec la justice sont intimes et nombreux; les relations qu'ont entre elles l'action de la police et l'action de la justice se touchent réellement; elles semblent se confondre, sans cesse elles concourent aux mêmes actes. Combien cependant ce concours est loin d'être un accord ! Entourée de formes qu'elle ne trouve jamais assez multipliées, la justice n'a jamais pu donner à la police sa rapidité. La police, affranchie de presque toutes les entraves, n'a jamais excusé, dans la justice, ses lenteurs ; les reproches qu'elles se font mutuellement, la société les fait souvent à l'un et à l'autre. On reproche à la police d'inquiéter l'innocence, à la justice de ne savoir ni prévenir, ni saisir le crime. Parce qu'elle a été dans la main des rois, la police a passé plus généralement pour un instrument du despotisme; la justice, parce qu'elle est rendue par les organes des lois, a paru souvent égarée dans leurs obscurités et leurs contradictions. Chez certains peuples ombrageux à l'excès, jaloux à l'excès de leur liberté, on a sacrifié la police à la justice; chez d'autres peuples, plus impatiens d'être traînés avec lenteur dans les formes et dans le labyrinthe de tant de lois, on a fait de la justice elle-même une police.

« Qu'on porte un œil attentif sur les lieux et sur les momens de leur action, on pensera que la justice et la police ne peuvent exister, pour le véritable ordre social, ni l'une sans l'autre, ni entièrement confondues l'une avec l'autre..... Les momens qui précèdent les arrêts de la justice, et les momens qui la suivent, sont deux momens où la justice elle-même ne doit pas agir, et ces deux momens appartiennent à l'action de la police. C'est la police qui, ayant partout des regards et des bras, peut faire arrêter les coupables partout où les crimes peuvent être commis; c'est elle qui, disposant, pour maintenir l'ordre public, d'une force armée supérieure à toutes les forces qui peuvent le troubler, a tous les moyens, et de mettre les prévenus sous la main de la justice, et d'écarter ou de vaincre tout ce qui s'opposerait à l'exécution de ses arrêts..... Ce que les ordres positifs des lois vous commandent le plus impérieusement, c'est de ne tenir aucun citoyen sous la main de la police que le temps strictement nécessaire pour le mettre sous la main de la justice. Les lois font elles-mêmes quelques exceptions à cette loi, unique garantie de toutes les autres. Ces exceptions rares et bien déterminées, les lois les font comme à regret et presque avec effroi; si nous en ajoutions une seule, nous ne serions plus les magistrats de la police, mais les agens de la tyrannie..... Pour toutes les arrestations et à tous les instans, des agens de la police doivent donc être en état de produire les preuves écrites qui constatent le moment précis où un citoyen a été arrêté, et le moment précis où il a été déposé sous la garde des lois. La société tout entière a le droit, à cet égard, d'interroger, et le ministère de la police, et les préfets, et tous leurs agens. N'oubliez jamais combien il est dangereux de faire des arrestations sur de simples soupçons; songez que vos actes, alors même qu'ils seront des erreurs, seront une première présomption contre ceux que vous conduirez devant la justice, et méditez, dans votre conscience tremblante, l'histoire de tant d'innocens qui n'ont été envoyés par la justice sur les échafauds que parce qu'ils avaient été menés par l'erreur devant la justice.

« Ces vœux de l'humanité, présentés par la philosophie de la France aux puissances et aux juges de l'Europe, ne sont pas de même gravés dans le dispositif de nos lois ; ils le sont dans le cœur de tous ceux qui servent la république. Ce n'est pas seulement de la moindre rigueur ajoutée aux rigueurs indispensables pour l'exécution des lois et des arrêts de la justice que nous serions coupables ; nous le serions encore si nous ne tempérions pas ces rigueurs par tous les adoucissemens qu'elles peuvent recevoir. »

Il était difficile, en présence de la double difficulté si bien mise en lumière dans les premiers paragraphes de cette circulaire ministérielle, d'établir des principes de conduite plus propres à guider les autorités de la police dans l'exercice de leurs fonctions préventives. L'obstacle persistait ; mais il était avoué ! bonne foi rare, et qui doit, si le progrès n'est pas un mensonge, conduire les esprits à chercher le mieux possible, par des méditations nouvelles ; obligation infatigable des autorités, qui nous doivent de se retirer, ou qui doivent s'écrouler lorsqu'elles ne veulent pas y souscrire. Si Fouché eût porté cette dialectique lumineuse sur toutes les parties de l'administration, et, par conséquent, appelé les consciences de ses contemporains à de fortes études, si nécessaires dans les temps de gouvernemens représentatifs où toutes les traditions vraiment ascendantes sont noyées dans le courant des médiocrités mercantiles, nous oublierions volontiers la part terrible qu'il a prise dans l'histoire de nos troubles, pour ne décerner que des éloges à sa mémoire.

CHAPITRE LXI.

10 juillet 1804. — 14 juillet 1810.

M. Dubois, premier préfet de police. — Sa nomination à la préfecture. — Soins qu'il donna à cette organisation. — Divers arrêtés sur le service intérieur. — Ordonnances de police municipale. — Intervention du préfet dans la police publique du premier consul. — Conspiration d'Aréna, Céracchi et autres. — Machine infernale. — Conspiration du Georges. — Lettre authentique de Moreau au premier consul. — Plaintes contre la police du préfet. — Fauche-Borel. — Affaire de Perlet. — Retraite de M. Dubois. — M. Piis, secrétaire général.

M. Dubois fut nommé à la préfecture de police le 21 messidor an 12, le même jour que Fouché à la police générale. Avocat et procureur au Châtelet avant la révolution, on le choisit à l'époque de l'organisation des tribunaux en 1791, pour présider le tribunal criminel du département de la Seine; depuis, il a rempli quelques autres fonctions.

Il apporta du zèle à l'organisation de la préfecture; les connaissances qu'il avait acquises au bureau central l'aidèrent en ceci. L'importance et l'utilité de cette nouvelle magistrature déterminèrent le premier consul à en étendre le ressort aux communes de Saint-Cloud, Sèvres et Meudon. (Arrêté du 3 brumaire an 9.)

M. Dubois régla par des arrêtés particuliers les divers services et les bases de la comptabilité très compliquée de son administration.

Par l'arrêté du 30 germinal an 12, il fixa les frais d'expéditions des extraits d'actes sur papier, au timbre de soixante-quinze centimes; les bonis, après le prélèvement des frais de timbre et de papier, devaient servir aux pensions des employés vieillards et indigens placés à Chaillot dans l'institution de *Sainte-Périne*, ainsi qu'aux frais et dépenses d'un conseil particulier qu'il établit à la préfecture, et aux gratifications des employés en activité. Le service de la Morgue, assez négligé, fut réglé par un arrêté du 12 messidor de l'an 13.

Il fut ordonné que ce service serait fait par un

concierge, un aide et un homme de peine; leurs traitemens furent fixés.

Le concierge dut tenir deux registres où seraient inscrits, jour par jour, les cadavres apportés à la Morgue, leur désignation ainsi que celle du lieu où ils auraient été trouvés, les causes de mort présumées, l'autorité qui en aura ordonné l'envoi à la Morgue et la date de la sortie du cadavre; mention devait être faite de la reconnaissance ou non des cadavres. Les vêtemens des cadavres, reconnus ou non, étaient conservés par le concierge; il n'en disposait que d'après l'ordre du préfet. Un double du registre de la Morgue est remis à la préfecture de police.

Le traitement du concierge fut originairement fixé à 2,000 fr.; celui de l'aide à 1,200, et celui de l'homme de peine à 300; ils n'ont point eu d'augmentation depuis.

Un arrêté important de M. Dubois pour régler la comptabilité des dépenses de la préfecture est celui du 3 vendémiaire an 14. Il statue « que, chaque année, l'exercice de la comptabilité sera fermé dans les trois mois qui suivent; en conséquence, l'architecte de la préfecture et les chefs de service, tant à l'intérieur qu'à l'extérieur, sont tenus de remettre au secrétariat de la préfecture, pendant le courant du premier trimestre de l'année, tous les mémoires rectifiés et réglés qui restent à produire pour les dépenses de l'année précédente.

« Tout mémoire qui ne serait pas présenté dans ce délai est rejeté et laissé au compte de celui qui aurait négligé de se présenter. »

Par un arrêté du 19 septembre 1808, M. Dubois avait réglé que les effets trouvés sur la voie publique, abandonnés, ou déposés chez les commissaires de police et à la préfecture, seraient annoncés dans les feuilles publiques et livrés aux réclamans qui justifieraient de leur propriété; mais que si, au bout d'un an, ces effets n'étaient pas réclamés, ils seraient remis aux personnes qui en auraient fait le dépôt.

L'usage de remettre les effets non réclamés à ceux qui les ont déposés, s'ils les redemandent, s'est soutenu; mais l'annonce dans les journaux est tombée en désuétude; on a cru cet assujettissement inutile et sujet à quelques inconvéniens. L'inconvénient contraire qui résulte du silence de l'autorité nous paraît beaucoup plus grave. En général, la police est organisée sur une base étroite et parcimonieuse qui l'empêche de rendre une foule de services et ne lui permet que de faire sentir ses vexations; d'où l'effroi vulgaire que son nom nous inspire. Le mot de police, à lui seul, circule toujours avec une acception désobligeante.

La police de la fourrière, où l'on met en dépôt les chevaux et animaux trouvés en contravention ou arrêtés par mesure de sûreté, fut l'objet d'un arrêté du 16 mars 1810.

Dans l'ordonnance du 9 floréal an 8, le préfet prescrit les règles et les formalités pour la levée des cadavres, à l'usage des instructions judiciaires. Il indique les précautions pour donner des secours aux gens retirés de la rivière et qui donneraient signe de vie. Les frais exigés à la Morgue empêchaient souvent de réclamer les cadavres ; par un article de son ordonnance, M. Dubois mit ces frais à la charge de la préfecture. Afin d'encourager les hommes de rivière à venir au secours des personnes submergées, il régla qu'il serait donné 25 francs de récompense pour le repêchage d'un individu vivant, 15 pour celui d'un cadavre, et 5 pour la visite du chirurgien ou officier de santé qui constaterait l'état ou administrerait des secours ; ces frais furent assignés sur la caisse de la préfecture et soldés d'après le procès-verbal du commissaire de police. De pareils réglemens, dont l'utilité se comprend sans que j'insiste, devraient être plus officiels qu'ils ne le sont, afin de prévenir un plus grand nombre de rapacités subalternes. Ce que l'on ignore le plus parmi nous, c'est ce qui règle les mille et un faits de la vie courante. A chaque instant et pour la moindre chose, on se croit perdu dans une sorte de dédale; et les spéculateurs tablent sur la peur générale d'avoir affaire avec les grandes autorités pour tondre le public jusqu'à l'écorcher..

Le préfet s'occupa de perfectionner les établissemens de secours pour les personnes submergées, établissemens qui dataient déjà de 1772, mais qui reçurent depuis de nombreux accroissemens, trop contrariés par l'ignorance publique et les bouleversemens administratifs. L'autorité ne fait le bien qu'au moyen de la durée.

L'ordre dans les halles et marchés de Paris avait été négligé sous le bureau central; M. Dubois y préluda par des ordonnances de police du 25 prairial, 1er messidor, 1er fructidor, 26 fructidor an 8; 6 vendémiaire, 13 brumaire, et 8 fructidor an 9. Les améliorations successives introduites dans cette branche de l'ordre public présenteront long-temps des lacunes dans l'absence d'un système régulier qui saurait se suffire à lui-même. Mais le reproche que je consigne ici doit se reproduire dans toutes les branches de l'administration; l'administration est une science dont on ne semble pas encore avoir bégayé l'alphabet.

La police de la rivière, tant sous le rapport de la navigation que pour la sûreté des marchandises sur les ports et la tenue des bains, attendaient des réglemens ; ce fut l'objet des ordonnances du préfet en date du 29 germinal, au jour complémentaire an 8, 19 brumaire, 4 frimaire, 27 ventose, 5 floréal an 9.

L'ordonnance qu'il rendit sur les carrières au 2 ventose an 9, en rappelant les anciens réglemens sur la manière de les exploiter sans compromettre la sûreté publique, réprima pour un temps les abus. Mais c'est d'une conception à priori sur l'ensemble que peut seulement résulter le classement régulier des objets de détails; et cette conception n'est pas sortie jusqu'à présent des cerveaux administratifs; ils vivent au jour le jour et sur des routines.

M. Dubois, par un écart de zèle assez étrange, publia la plus singulière ordonnance, le 16 brumaire an 9, et dont les motifs paraîtront bien légers. « Considérant, y est-il dit, que les femmes travesties sont exposées à une infinité de désagrémens et même aux méprises des agens de la police, si elles ne sont munies d'une autorisation spéciale; celle qui désirera de s'habiller ainsi devra s'adresser à la préfecture de police pour en obtenir l'autorisation ; toute femme déguisée en homme qui sera trouvée sans cette permission sera arrêtée et conduite à la préfecture de police. »

La grossièreté d'une pareille ordonnance, et l'ingénuité de ses motifs sont assez palpables. En France, pays de liberté et de galanterie, du moins à ce que nous avons la bonhomie de dire nous-mêmes à tout propos, interdire notre costume aux femmes et commettre des agens de police à veiller sur l'exécution rigoureuse des cas de tolérance, c'était plus qu'impérial ; surtout lorsqu'on sait qu'une fois la nuit venue, et pour circuler à son aise en échappant à la licence des manans, le costume de l'homme peut être un porte-respect pour les femmes isolées. Cette grossièreté a survécu dans nos mœurs. L'ordonnance subsiste encore.

La répression du vagabondage et de la mendicité, que l'on confond si mal à propos l'un avec l'autre, éternel écueil de la justice, occupa M. Dubois. Le vagabondage fut moins libre, la mendicité resta la même. Le dépôt de mendicité se trouvait insuffisant.

L'événement du 3 *nivose* éveilla l'attention du préfet sur les étrangers qui pouvaient trouver refuge à Paris. On eut recours aux anciennes lois révolutionnaires. Peu de jours après la catastrophe, on remit en activité la loi du 27 ventose an 4 qui oblige les propriétaires ou principaux locataires de faire leurs déclarations à la police.

Quelque habile que fût Napoléon pour tendre

des piéges à ses ennemis, on ne peut que soupçonner la part qu'il eut dans toutes les conspirations dirigées contre lui. C'était encore de la guerre, mais sur un autre terrain. Les maximes de Vauban ne s'utilisent pas que sur le champ de bataille. Le 3 nivose fut trop dangereux pour penser qu'il en ait été l'instigateur, malgré le profit qu'il en tira. Il n'en a pas été de même de celle qui fit périr Aréna. Le piége est évident pour tout homme impartial. Le premier consul haïssait Aréna mortellement, et n'en était pas moins détesté. Il connaissait, en outre, les projets très positifs que fomentaient les émigrés et les Anglais. Une petite terreur pouvait, dans ces circonstances, avoir son mérite pour faire rétrograder des tactiques inconnues. Un agent fut dépêché près des principaux jacobins pour les sonder. On a sous la main tout ce qu'on veut et dans tous les temps, quand on sait s'y prendre et faire un choix; d'autant que la police tient un registre de coupe-jarrets à front d'airain, qui, pour un peu d'or, tueraient leur père après l'avoir dévalisé. On jeta donc les yeux sur un officier, capitaine à la suite de la 45e demi-brigade, qui n'était point en activité, et qui, par cette raison, semblait mécontent du gouvernement.

Instruit de son rôle, les uns disent par Fouché, les autres disent par Barrère, (et c'est la version la plus accréditée : on verra pourquoi!) Harel alla trouver le préfet de police, qui lui donna des indications et mit à sa disposition tous les hommes dont il pouvait avoir besoin.

Harel avait connu un nommé Demerville au Comité de sûreté générale de la Convention. Il lui rendit visite. A la suite de quelques plaintes contre le nouveau gouvernement, Demerville lui fit entendre qu'il surviendrait tôt ou tard quelque changement favorable aux patriotes. C'est l'éternel lieu commun des partis; mais il prête à la provocation par les excellentes dispositions qu'il prouve. Que l'on me donne un enthousiaste, et je me charge d'en faire un assassin.

Harel revint voir Demerville, ne manquant pas d'insister chaque fois sur ses opinions et de faire tomber la conversation sur un changement futur du gouvernement.

Les choses en vinrent, suivant Harel, au point qu'il fut question de tuer Bonaparte lorsqu'il irait au spectacle; déjà même un grand nombre de gens prenaient part à ce complot : la fournée promettait. Suivant la police, Harel aurait seulement fait part du complot à un agent de police, Lefèvre, son ancien ami; et ces deux hommes se concertèrent pour faciliter aux conjurés les moyens d'exécuter leur dessein, en cherchant à les tranquilliser sur les suites.

On comprend ce que cela veut dire ! Il entre dans le métier d'agent de police d'être sacrifié si la moindre clarté pénètre dans la caverne officielle. L'honneur d'un agent de police est si peu de chose qu'il n'y regarde pas de si près quand il y gagne.

Harel retourna plusieurs fois chez Demerville. Il promit à celui-ci de lui procurer quatre hommes décidés à tout entreprendre. Il en aurait pu promettre cent; M. Dubois les lui eût fournis. Demerville remit quelque argent à Harel pour le lui donner et appuyer toutes les promesses convenables. Demerville ne voulait entrer dans le complot que par la bourse; mais cela suffisait pour l'y mettre par la tête. Harel empocha.

Plus tard Harel se trouvant chez Demerville pour lui demander encore de l'argent afin d'acheter des armes (et ce fut le mémoire le plus lourd, comme bien on pense), y rencontra Céracchi, sculpteur distingué que l'on comparait à Canova pour le talent, ayant figuré à Rome en 1799 parmi les partisans de la *république romaine*; depuis qu'il résidait en France, Bonaparte l'avait choisi pour modeler son buste.

On avait annoncé à Demerville que *les Horaces* devaient être joués à l'Opéra le 18 vendémiaire et que Bonaparte s'y rendrait. Il en instruisit promptement Harel, en lui disant de préparer tout son monde et des armes pour ce jour-là.

On rapporte que Bertrand Barrère, qu'on retrouve partout lorsqu'il s'agit de battre monnaie sur les têtes, vint chez Demerville, avec lequel il avait eu des liaisons. Barrère se prêtait à l'espionnage de Fouché. Barrère espion ne doit pas plus étonner que Fouché ministre de la police. Il était très propre à seconder le caractère ambigu du ministre dans les affaires de conspirations. L'Anacréon de la guillotine était là dans sa spécialité. Demerville, plus sensible qu'un conspirateur ne doit l'être, lui conseilla de ne pas aller à l'Opéra, qu'il y aurait du trouble, que le spectacle pourrait être cerné. L'état d'agitation de Demerville éveilla les soupçons de Barrère qui se connaissait en complots, pour en avoir fait sans s'y mettre. Il fit part de ses inquiétudes au général Lannes, dit-on, et vraisemblablement à Fouché. Le lecteur décidera, d'après lui-même, sur ces *on dit*. Le faux doit se rapporter de vingt façons contradictoires, et l'histoire, jusqu'à présent, n'est que le registre des mensonges.

Les quatre hommes fournis par Harel se trouvèrent le 18, à deux heures, au jardin des Tuileries; Harel les attendait. On commanda le dîner dans un cabaret voisin. Harel alla chercher les armes, poudre, poignards et pistolets qu'il remit aux quatre hommes, en les instruisant de ce qu'ils devaient faire et des postes à occuper dans la salle. Il joua sa comédie jusqu'au bout : le zèle des vrais conspirateurs pouvait fléchir, et la chose arriverait assez ordinairement sans la police; mais on a du cœur lorsqu'on ne risque rien, et Harel ne risquait que sa réputation. Il assura donc les prétendus agens de la conspiration que Demerville serait au *Palais-Egalité*, avec un grand nombre de jeunes gens, pour se rendre à l'Opéra dès que le coup serait porté, et protéger la sortie des conjurés.

Tant de précautions et de forces réunies entraînèrent la résolution définitive des francs conspirateurs. Ils n'hésitèrent pas à se rendre aux postes indiqués. Demerville était au Palais-Royal, Céracchi dans le couloir qui conduit à la loge du premier consul, et Aréna, qui jusqu'alors n'avait traité qu'avec Harel, se rendit au foyer quelque temps après l'arrivée du premier consul.

A un signal donné, Harel et les agens de la police, placés convenablement, firent main basse sur les conjurés; Céracchi fut arrêté dans le couloir, Demerville se sauva chez un ami, Aréna fut arrêté à son domicile.

Les papiers saisis chez les conjurés furent déposés au greffe du tribunal ; il fut aisé de mettre sur ces listes les noms de ceux que l'on voulut y mettre.

On comprend surtout que l'utilité spéciale de ces jongleries politiques est de se défaire des innocens qui pourraient être dangereux.

Napoléon voulait d'une pierre frapper deux coups. En taillant le complot lui-même, il mettait le génie de Fouché en alerte ; c'était une leçon que le maître donnait au valet, en même temps qu'un reproche pour tenir sa verve en haleine. La haine se lève et frappe les grandes capacités qui se permettent ces jeux infâmes ; le mépris tombe sur les hommes de rien qui les secondent.

Le procès de ces malheureux n'était pas terminé que l'affaire du 3 nivose offrit la preuve d'un complot réel contre le chef du gouvernement ; c'était à se perdre entre le réel et le faux. On accusa la police d'incurie dans l'exercice de sa surveillance. L'affaire de l'Opéra, donnée pour l'œuvre des jacobins, dirigeait principalement les recherches contre ceux-ci et donnait beau jeu aux royalistes.

L'agence royale avait à Paris une chouanerie qui dévalisait les voitures publiques (1) et dont

---

(1) Voyez le chapitre de la contre-police.

le but était le meurtre du premier consul, si l'on ne pouvait pas s'en défaire autrement.

Je passe les détails de cette affaire plus vulgaire que l'autre et parfaitement éclaircie dans une foule d'écrits contemporains.

Bonaparte, qui aurait dû manifester un vif mécontentement contre M. Dubois et le destituer, le conserva. Il craignait vraisemblablement de faire un plus mauvais choix, ou de mettre M. Dubois à même de livrer quelques-uns de ces mauvais secrets dont un préfet de police quelconque est toujours le dépositaire. Le pouvoir a souvent des affaires véreuses. Le premier consul pensait, en mettant un autre homme à sa place, que les fils de la police auraient été rompus et les renseignemens perdus. Le remède pouvait tourner à l'accroissement du mal. Choisir un remplaçant à M. Dubois dans les ténèbres, c'était le prendre à la courte-paille.

La conspiration de Georges Cadoudal, Pichegru, Moreau et divers autres, découverte au mois de pluviose an 12, fut un autre et important sujet d'occupation. De nombreuses recherches en furent la suite ; elles se multiplièrent, et n'excitèrent cependant pas les plaintes entendues à d'autres époques, dans de semblables événemens ; soit que Bonaparte y mît de la modération, soit que la succession des événemens familiarisât le

Parisien aux visites domiciliaires. La servilité des peuples est la raison de l'insolence des pouvoirs. Chacun son tour.

Fouché n'était plus ministre de la police ; les fonctions en avaient été réunies à celles du grand-juge, ministre de la justice, Regnier.

On a lieu de croire que le parti qui avait échoué au 3 nivose fut l'auteur, le soutien et le provocateur du complot qui échoua de même trois ans plus tard. L'abbé de Montgaillard a prétendu que le plan avait été conçu par l'évêque d'Arras, chef du conseil du comte d'Artois, qui déshonorait un aussi noble emploi par des projets furibonds et insensés. M. de Conzié ne fut que l'organe des émigrés et du gouvernement anglais, décidés, à quelque prix que ce fût, à se défaire de Bonaparte.

Une pièce importante et digne de l'histoire est la lettre qu'écrivit Moreau à Bonaparte pour sa justification, parce qu'elle constate certains faits et révèle des circonstances dignes de remarque. Je vais la rapporter, sauf à m'écarter un instant de la biographie de M. Dubois. Les choses importantes, arrivées dans le voisinage d'un homme vulgaire, font tout le mérite de son histoire.

Lettre du général Moreau au Premier consul.

Le général Moreau au général Bonaparte, Premier consul de la République française.

« Au Temple, le 17 ventose an 12 de la République.

« Voilà bientôt un mois que je suis détenu
« comme complice de *Georges* et de *Pichegru*,
« et je suis peut-être destiné à venir me discul-
« per devant les tribunaux du crime d'attentat
« à la sûreté de l'Etat et du chef du gouverne-
« ment.

« J'étais loin de m'attendre, après avoir
« traversé la révolution et la guerre, exempt
« du moindre reproche d'incivisme et d'ambi-
« tion, et surtout quand, à la tête de grandes
« armées victorieuses, où j'aurais eu les moyens
« de les satisfaire, que ce serait au moment où,
« vivant en simple particulier, occupé de ma
« famille, et voyant un très petit nombre d'amis,
« qu'on vînt m'accuser d'une pareille folie. Nul
« doute que mes anciennes liaisons avec le gé-
« néral *Pichegru* ne soient les motifs de cette
« accusation.

« Avant de parler de ma justification, per-
« mettez, général, que je remonte à la source
« de cette liaison, et je ne doute pas de vous

« convaincre que *les rapports qu'on peut conserver*
« *avec un ancien chef et un ancien ami*, quoique
« divisés d'opinion, *et ayant servi des partis dif-*
« *férens*, sont loin d'être criminels.

« Le général *Pichegru* vint prendre le com-
« mandement de l'armée du Nord au com-
« mencement de l'an 2; il y avait environ six
« mois que j'étais général de brigade; je rem-
« plissais par intérim les fonctions de division-
« naire. Content de quelques succès et de mes
« dispositions à la première tournée de l'armée,
« il m'obtint très promptement le grade que je
« remplissais momentanément.

« En entrant en campagne, il me donna le
« commandement de la moitié de l'armée et
« me chargea des opérations les plus impor-
« tantes.

« Deux mois avant la fin de la campagne, sa
« santé le força de s'absenter : le gouvernement
« me chargea, sur sa demande, d'achever la
« conquête d'une partie du Brabant Hollandais
« et de la Gueldre. Après la campagne d'hiver,
« qui nous rendit maîtres du reste de la Hol-
« lande, il passa à l'armée du Haut-Rhin, me
« désigna pour son successeur, et la Convention
« nationale me chargea du commandement qu'il
« quittait. Un an après, je le remplaçai à l'armée
« du Rhin. Il fut appelé au Corps Législatif, et

« alors je cessai d'avoir des rapports fréquens
« avec lui.

« Dans la *courte campagne* de l'an 5, nous
« prîmes les bureaux de l'état-major de l'armée
« ennemie ; on m'apporta une grande quantité
« de papiers que le général *Desaix*, alors blessé,
« s'amusa à parcourir. Il nous parut, par cette
« correspondance, que *le général* Pichegru *avait*
« *eu des relations avec les princes français*. Cette
« découverte nous fit beaucoup de peine, et
« *à moi particulièrement*. Nous convînmes de la
« laisser en oubli. *Pichegru*, au Corps Législatif,
« pouvait d'autant moins nuire à la chose pu-
« blique, que la paix était assurée. Je pris néan-
« moins des précautions pour la sûreté de l'ar-
« mée relativement à un espionnage qui pouvait
« lui nuire. Ces recherches et le déchiffrage
« avaient mis toutes les pièces aux mains de
« plusieurs personnes.

« Les événemens du 18 fructidor s'annon-
« çaient, l'inquiétude était assez grande; en
« conséquence deux officiers, qui avaient con-
« naissance de *cette correspondance*, *m'engagèrent*
« *à en donner connaissance au gouvernement*, et me
« firent entendre qu'elle commençait à devenir
« assez publique, et qu'à Strasbourg on s'apprê-
« tait à en instruire le Directoire.

« J'étais fonctionnaire public, et je ne pouvais

« garder un plus long silence. Mais, sans m'a-
« dresser directement au gouvernement, j'en
« prévins *confidentiellement le directeur Barthe-*
« *lemy*, l'un de ses membres, en le priant de
« me faire part de ses conseils, et le prévenant
« que ces pièces, quoique assez probantes, ne
« pouvaient *cependant faire des preuves judiciaires,*
« puisque rien n'était signé, et que presque tout
« était en chiffres.

« Ma lettre arriva à Paris peu d'instans après
« que le citoyen *Barthelemy* eut été arrêté; et
« le Directoire, à qui elle fut remise, me de-
« manda les papiers dont elle faisait mention.

« *Pichegru* fut à Cayenne, et, de retour,
« successivement en Allemagne et en Angle-
« terre; je n'eus aucune relation avec lui. *Peu*
« *de temps après la paix d'Angleterre*, M. David,
« oncle du général *Souham*, qui avait *passé un*
« *an avec lui* à l'armée du Nord, m'écrivit que
« le général *Pichegru* était le seul des *fructidorisés*
« *non rentrés;* et il me mandait qu'il était étonné
« d'apprendre que c'était sur ma seule opposition
« que vous vous refusiez à permettre son retour
« en France. Je répondis à M. *David* que, loin
« d'être opposant à sa rentrée, je me ferais au
« contraire un devoir de la demander. Il com-
« muniqua ma lettre à quelques personnes, et

« j'ai su qu'on vous fit positivement cette de-
« mande.

« Quelque temps après, M. *David* m'écrivit
« *qu'il avait engagé Pichegru à vous demander*
« *lui-même sa radiation; mais qu'il avait répondu*
« *ne vouloir la demander qu'avec la certitude de*
« *l'obtenir.* Qu'au surplus, il le chargeait de me
« remercier de la réponse que j'avais faite à l'im-
« putation d'être l'opposant à sa rentrée, et
« qu'il ne m'avait jamais cru capable d'un pareil
« procédé, et qu'il savait même que, dans l'af-
« faire de *la correspondance de* Klinglin, *je m'étais*
« *trouvé dans une position très délicate.* M. *David*
« m'écrivit encore trois ou quatre lettres très
« insignifiantes sur ce sujet. Depuis son arres-
« tation, il m'écrivit pour me prier de faire
« quelques démarches en sa faveur. Je fus très
« fâché que l'éloignement où je me trouvais du
« gouvernement ne me permît pas d'éclairer votre
« justice à cet égard; et je ne doute pas qu'il
« n'eût été facile de vous faire revenir des pré-
« ventions que l'on aurait pu vous donner. Je
« n'entendis plus parler de *Pichegru* que très
« indirectement, et par des personnes que la
« guerre forçait de revenir en France. Depuis
« cette époque, jusqu'au moment où nous
« nous trouvons, pendant les deux dernières
« campagnes d'Allemagne, et depuis la paix,

« il m'a été quelquefois fait des ouvertures assez
« éloignées pour savoir s'il serait possible de
« me faire entrer en relation avec les princes
« français. Je trouvais tout cela si ridicule, que
« je n'y fis pas même de réponse. Quant à la
« conspiration actuelle, je puis vous affirmer
« également que je suis loin d'y avoir eu la
« moindre part. Je vous avoue même que je suis
« à concevoir comment une poignée d'hommes
« épars peut espérer de changer la face de
« l'état, et de remettre sur le trône une famille
« que les efforts de toute l'Europe et la guerre
« civile réunis n'ont pu parvenir à y placer;
« et que, surtout, je fusse assez déraisonnable,
« en y concourant, pour y perdre le fruit de
« tous mes travaux, qui devraient m'attirer de
« sa part des reproches continuels.

« Je vous le répète, général, quelque propo-
« sition qui m'ait été faite, je l'ai repoussée par
« opinion, et regardée comme la plus insigne
« de toutes les folies; et quand on m'a présenté
« les chances de la descente en Angleterre
« comme favorable à un changement de gouver-
« nement, j'ai répondu que le sénat était l'auto-
« rité à laquelle tous les Français ne manque-
« raient pas de se réunir en cas de troubles, et
« que je serais le premier à me soumettre à ses
« ordres.

« De pareilles ouvertures, faites à moi, parti-
« culier isolé, n'ayant voulu conserver nulle re-
« lation, ni dans l'armée, dont les neuf dixièmes
« ont servi sous mes ordres, ni avec aucune au-
« torité constituée, ne pouvaient exiger de ma
« part qu'un refus. Une délation répugnait trop
« à mon caractère; presque toujours jugée avec
« sévérité, elle devient odieuse et imprime un
« sceau de réprobation sur celui qui s'en est
« rendu coupable vis-à-vis des personnes à qui
« on doit de la reconnaissance, et avec qui on a
« eu d'anciennes liaisons d'amitié; le devoir
« même peut quelquefois céder au cri de l'opi-
« nion publique.

« Voilà, général, ce que j'avais à vous dire
« sur mes relations avec *Pichegru;* elles vous con-
« vaincront sûrement qu'on a tiré des inductions
« bien fausses et bien hasardées de démarches
« et d'actions, qui, peut-être imprudentes,
« étaient loin d'être criminelles, et je ne doute
« pas que si vous m'aviez fait demander, sur la
« plupart de ces faits, des explications que je me
« serais empressé de vous donner, elles vous au-
« raient évité les regrets d'ordonner une déten-
« tion, et à moi l'humiliation d'être dans les
« fers, et peut-être d'être obligé d'aller devant
« les tribunaux dire que je ne suis pas un con-
« spirateur, et appeler, à l'appui de ma justifica-

« tion, une probité de vingt-cinq ans qui ne s'est
« jamais démentie, et les services que j'ai ren-
« dus à mon pays. Je ne vous parlerai pas de
« ceux-ci, général, j'ose croire qu'ils ne sont
« pas encore effacés de votre mémoire ; mais je
« vous rappellerai que si l'envie de prendre part
« au gouvernement de la France avait été un
« seul instant le but de mes services et de mon
« ambition, la carrière m'en a été ouverte d'une
« manière bien avantageuse quelques instans
« avant votre retour d'Egypte ; et, sûrement,
« vous n'avez pas oublié le désintéressement que
« je mis à vous seconder au dix-huit brumaire ;
« des ennemis nous ont éloignés depuis ce
« temps. C'est avec bien des regrets que je me
« vois forcé de parler de moi et de ce que j'ai
« fait ; mais dans un moment où je suis accusé
« d'être le complice de ceux que l'on regarde
« comme agissant d'après l'impulsion de l'Angle-
« terre, j'aurai peut-être à me défendre moi-
« même des piéges qu'elle me tend. J'ai l'amour-
« propre de croire qu'elle doit juger du mal que
« je puis encore lui faire, par celui que je lui ai
« fait.

« Si j'obtiens, général, toute votre attention,
« alors je ne doute plus de votre justice.

« J'attendrai votre décision sur mon sort avec
« le calme de l'innocence, mais non sans l'in-

« quiétude de voir triompher les ennemis qu'at-
« tire toujours la célébrité.

« Je suis avec respect,

     « Le général Moreau. »

Bonaparte fit répondre avec insolence à cette lettre qu'avec plus de caractère, Moreau n'aurait pas dû écrire à un rival jaloux, haineux, et dont la vie, d'ailleurs, avait été menacée.

Le grand juge fit donc, par l'ordre du premier consul, cette réponse au prisonnier :

« J'ai mis, citoyen général Moreau, aujour-
« d'hui à onze heures votre lettre de ce jour
« sous les yeux du premier consul.

« Son cœur a été vivement affecté des mesures
« de rigueur que la sûreté de l'état lui a com-
« mandées.

« A votre premier interrogatoire, et lorsque
« la conspiration et votre complicité n'avaient
« point encore été dénoncées aux premières au-
« torités et à la France entière, il m'avait
« chargé, si vous m'en aviez témoigné le désir,
« de vous mener à l'heure même devant lui;
« vous eussiez pu contribuer à tirer l'état du
« danger où il se trouvait encore (1).

---

(1) Pour entendre ceci, il faut se rappeler que Moreau fut arrêté

« Avant de saisir la justice, j'ai voulu, par un
« second interrogatoire, m'assurer s'il n'y avait
« pas de possibilité de séparer votre nom de
« cette odieuse affaire ; vous ne m'en avez donné
« aucun moyen.

« Maintenant que les poursuites juridiques
« sont commencées, les lois veulent qu'aucune
« pièce à charge ou à décharge ne puisse être
« soustraite aux regards des juges, et le gouver-
« nement m'a ordonné de faire joindre votre
« lettre à la procédure.

« *Signé* REGNIER. »

La découverte de la conspiration de Georges et
la punition des coupables relevèrent le pouvoir
de Bonaparte et donnèrent à sa police un caractère d'audace qu'on ne lui avait pas trouvé aupa-
ravant. Un spadassin heureux devient insolent de
son bonheur, qui lui sert alors d'étoile. M. Dubois
partagea et mérita l'aversion que le public en res-
sentait. Les royalistes et les contre-révolutionnaires n'épargnèrent pas les objurgations, mais
personne ne lui en prodigua plus dans la suite
que le fameux Fauche-Borel, si connu par ses intrigues politiques, et mort au mois de septembre

---

le 25 pluviose, et que Pichegru ne le fut que le 8 ventose, et
Georges le 18 du même mois.

de cette année 1829 (1) à Neufchâtel, sa patrie.

Si les platitudes de la haine faisaient foi, nous en aurions de curieuses à citer contre M. Dubois. Il est certain pourtant que l'affaire de l'agent Perlet, espèce de Doublemain politique, qui vendit cent louis à la police le neveu de Fauche-Borel, et tira concurremment de l'oncle six cents louis, sous prétexte de travailler activement à la délivrance de ce malheureux jeune homme à l'heure même où on le fusillait, excuserait des diatribes plus amères et les avanies dont Fauche-Borel accabla M. Dubois, qu'il regardait comme le complice d'un assassin.

Au reste, la réflexion montre Fauche presque aussi coupable envers son neveu que Perlet. Comment, lui, qui connaissait les ruses, les astuces, l'art infernal de ce qu'on appelle la *police politique*, et qui en faisait métier depuis si long-temps ; comment pouvait-il croire que celle de Bonaparte, de Fouché, de Dubois et de Veyrat, n'était pas en mesure de connaître, de déjouer et de punir les projets semblables à ceux que le malheureux Vitel, son neveu, se chargeait d'exécuter ?

Les voleurs de diligence ont mauvaise grâce à

---

(1) Les journaux ont rapporté que ses affaires étant *mauvaises*, il s'était jeté par la fenêtre. Il n'en avait jamais fait de *bonnes*.

crier contre des gredins. Tous ce monde-là se valait; mais le malheur de ce métier, comme dans le commerce, c'est que les concurrens s'y décrient. Il faut s'en féliciter. Que deviendrait le monde entre leurs mains s'ils ne lavaient leur linge sale qu'en famille?

Ces fâcheuses impressions n'empêchèrent pas qu'en 1815, M. Dubois ne fut élu membre de la Chambre des réprésentans par le département de la Seine. Il avait été nommé comte par Napoléon, qui, cependant, lui avait ôté sa place de préfet au 14 octobre 1810, et l'avait donnée à M. Pasquier, dont je parlerai tout à l'heure. On a voulu trouver la cause de ce renvoi dans son absence de Paris au moment de l'incendie de l'hôtel de Schwarzemberg. L'empereur, qui l'avait envoyé chercher, en conçut de l'humeur et le destitua.

On lui doit l'établissement du *conseil de salubrité*, dont les fonctions se sont étendues depuis, et qui a rendu de si grands services à la ville de Paris; il jeta aussi les fondemens du *dispensaire de salubrité*, destiné à surveiller la santé des filles publiques, et à prévenir la propagation de la contagion siphylitique.

C'est encore à M. Dubois qu'est due l'organisation sur le commerce de la boulangerie à Paris;

organisation assez bien entendue dans l'état généralement imparfait des diverses administrations en Europe.

Il était membre du conseil d'état, où il avait été appelé par l'empereur; il y siégeait en 1814, au premier retour du roi, qui le continua dans cette place. Il n'avait pas été étranger, dit-on, aux dernières combinaisons en faveur de la famille royale. Il avait signé les actes du *gouvernement provisoire*, et donné son adhésion au rétablissement de Louis XVIII.

Le second retour du roi le rendit à la vie privée; il s'est livré dès lors à des entreprises commerciales et industrielles; sa fortune, sans être colossale, est considérable. Il est propriétaire de l'ancien château de Vitry et d'une grande partie des forêts de la commune. Les produits des jeux, de la loterie, son traitement et les gratifications de Bonaparte l'avaient rapidement enrichi, et en dix ans de temps l'avaient mis à même d'avoir plusieurs millions à sa disposition.

Son secrétaire général ne fit pas une aussi grande fortune, ou plutôt ne recueillit de sa place que de la gêne et du désagrément; c'est Piis, dont, par disette sans doute, on faisait un poète, et qui fut à peine un chansonnier de troisième ordre, célèbre avant la révolution d'ailleurs par son poëme de *l'Harmonie imitative*, dont nul ne se souvient; faible recommandation auprès des gens de police. C'est le seul secrétaire général de la préfecture dont le nom ne soit pas resté ignoré du public.

Je ne puis rien de plus pour son éloge et pour sa mémoire.

CHAPITRE LXII.

14 OCTOBRE 1810 — 8 AVRIL 1814.

Etienne-Denis Pasquier, deuxième préfet de police. — Sa famille. — Les places qu'il remplit. — Diverses ordonnances de police municipale. — Celle sur les prisons et établissement de la brigade de Vidocq. — Affaire de Malet. — M. Pasquier conduit à l'Hôtel de la Force. — Sa conduite à la restauration.

Fils d'un conseiller au Parlement, M. Pasquier, né en 1767, avait embrassé la carrière de la magistrature avant la révolution. On ne sache pas qu'il ait rempli de fonctions publiques pendant les orages au milieu desquels son père tomba sur l'échafaud. Sa marche vers les honneurs et les grands emplois fut rapide à partir de l'élévation de Bonaparte. Sur le trône, l'empereur, qui voulait s'attacher les noms de quelque notoriété en raison de la clientelle que ces noms entraînent habituellement avec eux, comme une seule et même famille, distingua M. Pasquier; il le nomma successivement maître des requêtes, officier de la Légion-d'Honneur, procureur général au sceau des titres, et, enfin, préfet de police, au mois d'octobre 1810. M. Pasquier remplit cette place jusqu'aux événemens de 1814. Louis XVIII le trouvant des premiers auprès de son trône, le fit alors, par une raison contraire à celle de Bonaparte, d'abord conseiller d'état, puis directeur général des ponts-et-chaussées. Le retour de Bonaparte, les Cent-Jours, éloignèrent M. Pasquier des places et des affaires publiques; mais à la seconde rentrée de la famille royale, Louis XVIII le nomma ministre de la justice, garde des sceaux et membre du conseil privé. M. Pasquier est avec M. Pastoret un des hommes sur lesquels se sont successivement amoncelés pyramidalement les dignités et les emplois sans raison évidente, sans prétexte individuel, sans qu'on en puisse dire au juste la cause officielle et majeure. Il y a de l'hérédité et de l'inamovibilité dans leurs familles. Les Pasquier et les Pastoret ont l'habitude d'être dans les affaires et on a l'habitude de les y voir. Ils sont toujours compris dans l'inventaire du mobilier politique. Ces exemples, pour ne pas être rares, n'en sont pas au reste moins remarquables.

M. Pasquier, dans sa place de préfet, suivit à la lettre les erremens de son prédécesseur; le même esprit dirigea ses opérations. Elles ont été de deux sortes : les unes se rapportaient à la police municipale, les autres à la police politique ou secrète.

Depuis M. Pasquier, la spécialité politique acquit une si fameuse célébrité qu'il faut se réserver d'en parler plus amplement après avoir épuisé la série des préfets.

Quant à la police municipale, dont on parle moins que de l'autre et qui mérite cependant plus de considération, je ferai connaître en quoi M. Pasquier a contribué à la maintenir par l'introduction de quelques réformes utiles.

Un de ses premiers actes, que beaucoup de personnes regarderont comme très important, mais dont le plus grand nombre pourra bien révoquer en doute l'utilité par suite de l'assujettissement qu'il entraîne, est l'ordonnance sur les domestiques. C'est à M. de Rovigo qu'en est duc l'idée ; ce fut celui-ci qui fit rendre le décret impérial du 3 octobre 1810, *concernant les individus de l'un et de l'autre sexes qui servent en qualité de domestiques ;* mais M. Pasquier ne fut pas moins l'exécuteur des mesures singulières qu'il établit. On y assujettit les domestiques à des obligations minutieuses, et les maîtres eux-mêmes sont tenus de s'y conformer. Dans le fait, on s'y conforme peu ; on prend ou l'on renvoie ses domestiques sans recourir au *livret* et à l'intervention du commissaire de police, qui n'a vraiment rien à faire dans les arrangemens de cette espèce, tous de confiance ou de caprice. Mais une arrière-pensée se cachait sous ces mesures de régularité : on voulait savoir par qui chacun était servi chez soi, et connaître jusqu'à quel point on pouvait employer tels ou tels domestiques à l'espionnage ; la sûreté des maîtres, la fidélité des domestiques n'étaient que des prétextes. Pas plus que les maîtres, d'ailleurs, la police ne peut se porter caution à cet égard, et ce serait la plus triste caution du monde en raison des méfiances légitimes que la police nous inspire la plupart du temps.

Je ne ferai pas le même reproche aux réglemens sur la vente en gros des poissons d'eau douce dans Paris pour l'exécution du décret impérial du 24 janvier 1811 qui établit un droit sur cette vente et des *facteurs* comme à la *marée* pour en faire les criées. Plus d'ordre s'est introduit à la halle dans ce commerce depuis ce réglement.

On doit également à M. Pasquier une ordonnance du 24 mai 1811, approuvée par le ministre de l'intérieur, sur le commerce de la joaillerie à Paris; elle assujettit les marchands-fabricans de joaillerie, ainsi que les colporteurs de cette marchandise, à se faire inscrire à la préfecture de police. En multipliant les mesures de surveillance contre la vente des bijoux de mauvais aloi et contre l'achat des objets volés, double délit de ce commerce, on n'a pas empêché les fraudes, on a rendu les fraudeurs plus alertes. C'est dans le perfectionnement de l'éducation publique à propos des objets de luxe qu'il faut chercher le contrepoids de la première fraude; c'est à l'association des intérêts entre eux qu'il faut demander le contrepoids de la seconde.

Une ordonnance du 18 février 1811 règle en détail, pour faire suite au décret du 18 janvier précédent, la navigation de la Seine et le passage sous les ponts, objet important pour le commerce par eau dans Paris; il rappela par une autre ordonnance l'exécution de la loi du 22 germinal an 11 et de l'arrêté du gouvernement du

9 frimaire an 12 sur les livrets dont les ouvriers doivent être pourvus.

L'époque de la magistrature de M. Pasquier fut signalée par des fêtes publiques très nombreuses en l'honneur du chef du gouvernement à propos de sa fête, de son mariage, et d'autres circonstances analogues. M. Pasquier eut à exercer sa surveillance pour prévenir les accidens et maintenir l'ordre public dans ces cérémonies; elles furent l'objet de quantité d'ordonnances que je me crois dispensé de citer.

Un chapitre spécial pourrait seul agiter cette matière plus importante en bonne administration que l'on ne le croirait au premier abord, puisqu'indépendamment du gaspillage systématique du triste mobilier de ces fêtes, on en citerait peu que la foule n'ait plus chèrement payées encore par de déplorables événemens.

Les commissionnaires qui stationnent sur la voie publique peuvent abuser de la confiance des gens. Il fallait une garantie ostensible de leur fidélité : une ordonnance du 29 juillet 1811 assujettit tout commissionnaire à se pourvoir d'une permission et d'une médaille pour se mettre au service du public. On conçoit que cette médaille dont la police dispose la mettait à même d'obtenir de ces commissionnaires des renseignemens spontanés sur une foule d'objets.

Toute la domesticité parisienne, publique ou privée, devait se trouver sous le même coup de filet.

Deux ordonnances de M. Pasquier, ont introduit un changement remarquable dans la police de la voie publique ; ce sont les ordonnances du 20 novembre 1810 et du 20 août 1811, concernant les passages ouverts au public sur les propriétés particulières, et devenus comme tels, par prescription, des servitudes. On y établit que les propriétaires de ces passages doivent les laisser libres et ne point encombrer la circulation par des dépôts de marchandises ou étalages. L'ordonnance assimile les contraventions qu'on pourrait commettre à cet égard à celles qui, par le code pénal, sont passibles d'amendes plus ou moins fortes.

Son ordonnance sur le balayage, du 9 novembre 1811, introduisit un peu de propreté dans Paris, et la surveillance devint pendant quelque temps plus régulière. C'est surtout dans cette spécialité de la régie municipale, si intéressante pour la santé publique, que se fait comprendre l'insuffisance des réglemens toujours partiels et tronqués de notre administration, puisque chaque progrès installé dans nos habitudes, comme, par exemple, la création des trottoirs, des égouts, des bornes-fontaines, ou bien encore la mise en circulation des grandes lignes d'omnibus, la direction du courant des ruisseaux, les plants d'arbres semés sur les quais ou dans les places, la substitution des candelabres fixes de gaz aux potences mobiles des réverbères; puisque tout cela, disons-nous, doit amener un progrès parallèle dans le transport et le prompt débarras des immondices quotidiens, afin de permettre une libre et complète circulation de jour et de nuit. Si l'administration se trouve toujours en arrière à cet égard, c'est que le ressort n'est pas monté de façon à combler de lui-même les lacunes au fur et à mesure qu'il s'établit un vide entre le confortable de la circulation et les routines du service. D'où les plaintes éternelles de chacun sur l'indigne puanteur et l'horrible malpropreté de la plupart des quartiers de Paris. Un particulier qui n'aurait pas plus soin de lui-même qu'une grande ville comme la nôtre n'a soin de sa voie publique, serait en peu de temps pestiféré. Nous avons hérité sur ce point des plaies et des routines sauvages de nos ancêtres. On ne peut pas nous accuser de luxe dans la propreté lorsque l'on parcourt nos rues.

Par son arrêté du 27 décembre 1811, M. Pasquier assaya de régler la police intérieure et extérieure des spectacles. L'arrêté du 13 janvier 1812 régla la police des voituriers employés sur les ports et dans les chantiers. Enfin, la vente de la volaille et du gibier au marché de la Vallée; le transport des pierres destinées aux constructions de Paris; le curage et la réparation des puits; la circulation des grains et farines; l'approvisionnement et la police des marchés; la fixation du prix des blés; le lâchage des bateaux sous les ponts de Paris; la police de la rivière et des ports pendant l'hiver, dans les temps de glaces, de grosses eaux et de débâcles, ordonnance renouvelée tous les ans et sans laquelle le nombre des accidens sur la rivière et les ports serait plus considérable; tous ces réglemens antérieurs et incomplets furent successivement renouvelés ou rajeunis. On conçoit ce qu'il a dû se glisser d'arbitraire et d'imparfait dans ces mesures d'ordre public, lorsque, parmi nous, l'intérêt particulier si ingénieux à chercher le vice des arrêtés et des réglemens, se trouve éternellement en lutte avec l'intérêt général, et lorsque cet intérêt général est représenté par des hommes peu versés dans les spécialités sur lesquelles ils prononcent; ce qui dénature la police municipale et en fait une source de brutalités subalternes, de petits procès, de criailleries sans fin, de délits imaginaires et d'amendes réelles. A la vérité, des foules de parasites vivent sur ces misères et sont intéressés à ce qu'elles se perpétuent.

M. Pasquier soumit les billards publics à des réglemens par son ordonnance du 6 novembre 1812. Les gênes apportées à ces établissemens sont généralement enfreintes, et le seront toujours; par le nombre des récalcitrans, la désobéissance conquiert l'impunité. Il renouvela semblablement, par son ordonnance du 25 novembre 1812, les anciennes mesures qui concernent les brocanteurs, très sujets à n'en jamais tenir compte.

De tous les réglemens de M. Pasquier celui qui a pour objet le régime des prisons dans le ressort de la préfecture de police, est un des plus remarquables par son importance et son étendue (10 septembre 1811).

Le désordre qui règne sur ce point ne sera pas vaincu facilement, tant que l'on ne divisera pas les prévenus en catégories spéciales; tant que ces mêmes prévenus seront soumis dès le jour de la prévention au régime de vie des gens déclarés coupables; tant qu'ils resteront enfin sous la main de l'autorité qui s'est chargée de leur arrestation et qui les traite en ennemis. Des vices obscènes, domiciliés dans ces salles et dans les préaux, un pêle-mêle ignoble, l'infecte malpropreté des édifices, des spéculations subalternes sur la vie et la nourriture des prisonniers, couchés et nourris salement à cet effet, appellent l'attention des esprits humains et religieux que l'athéisme impitoyable de nos lois révolte, et qui, du mépris de l'individu, ne tirent pas le dogme recteur de la société dont ils font partie. Une remarque fondamentale est à faire sur le régime des prisons, depuis surtout qu'on parle de les transformer en ateliers d'une façon plus régulière ; si l'on organisait les travaux dans la commune au bénéfice du citoyen, comme on s'y prépare pour la geôle en faveur du condamné, les deux tiers des incarcérations n'auraient pas lieu. On semble attendre que le malheureux devienne un scélérat pour lui fournir les moyens de redevenir honnête homme ; c'est bien tard s'y prendre ; et nos lois n'ont de la prévision qu'après coup. Mais revenons.

Une énigme reste dans la conduite de M. Pasquier comme préfet de police ; nous voulons parler de son manque de surveillance dans l'affaire de Malet qui lui causa de si vifs désagrémens, et mit le gouvernement impérial en danger. Il était évident qu'en magistrat dévoué à son maître, il ne devait jamais perdre de vue des hommes tels que Malet, Guidal, Lahory, officiers supérieurs déjà repris pour des complots politiques, et trop mal gardés pour ne pas en ourdir de nouveaux. Je dirai un mot ici de cet événement ; on trouvera plus de détails au chapitre de M. de Rovigo sur le caractère de ces individus.

Malet était lié avec MM. de Polignac et le marquis de Puivert, renfermés comme lui dans la maison de santé du sieur Dubuisson, grande rue du faubourg Saint-Antoine ; Guidal et Lahory étaient à la force, mais peut-être ignorant le complot. Les conjurés entretenaient des correspondances actives et suivies avec les différentes prisons où se trouvaient des hommes dévoués à la même cause ; ils étaient même arrivés jusqu'aux cardinaux détenus à Vincennes. Ils avaient aussi ménagé des intelligences avec quelques officiers des armées, surtout avec ceux qui commandaient à Paris. L'isolement merveilleux du principal conjuré, affirmé tant de fois alors, fut une des ruses de la politique impériale qui craignit de faire sonder la profondeur de la plaie et de mettre les servilités en verve de désertion. Le cancer était plus large ; on trouva des échantillons de toutes les inimitiés dans ce complot contre Napoléon. Les casernes de *Belleville*, de *Picpus*, des *Minimes*, avaient été gagnées ; et tout cela s'était fait sans que la police de M. Pasquier en eût la moindre connaissance.

Le 23 octobre 1812, les conjurés tinrent conseil chez Belhomme pour arrêter les dispositions de la tentative. Ils la regardaient comme certaine par les mesures qu'ils avaient prises, par le secret qui avait été bien gardé et la fausse sécurité de MM. Pasquier et Rovigo, absorbés alors par le soin de leurs intérêts personnels.

Les casernes furent visitées le 23 dans la journée; on vint à la maison de Belhomme apporter le mot d'ordre le soir; tout étant disposé du côté de la troupe, un sénatus-consulte fut rédigé pendant la nuit par les conspirateurs.

Cette pièce « investissait le général Malet de « tous les pouvoirs pour commander la force « armée; la mort de Bonaparte y était annoncée « comme ayant eu lieu le 7 du mois. Le gou- « vernement impérial était détruit, la conscrip- « tion abolie; un gouvernement provisoire éta- « bli, dont la première réunion devait se tenir à « l'Hôtel-de-Ville; la conservation des honneurs « et emplois maintenue à ceux qui en jouissaient, « ainsi que l'aliénabilité des domaines natio- « naux. » Il n'y était point question du rétablissement des Bourbons, soit que ce ne fût pas la pensée de Malet, soit qu'on ne crût pas à propos d'en parler dans ce moment. Malet aurait décidé! Quiconque peut rétablir peut s'établir. Le rôle de Monk est une exception.

Les conjurés sortirent la nuit de la maison de

santé où ils s'étaient réunis, et se rendirent à la caserne des Minimes où fut lu le sénatus-consulte.

Des ordres furent ensuite donnés par le général à divers commandans des cohortes de faire lire également dans leurs casernes le même acte, de leur faire prendre les armes, et de se rendre avec leurs officiers à la place de Grève, pour attendre de nouveaux ordres.

On se rend aussi à la prison de la Force; on y fait lecture au concierge du sénatus-consulte, et les généraux Guidal et Lahory sont mis en liberté.

Sortis de la Force, Guidal, Lahory, un autre prisonnier délivré, nommé Bocheiampe, et le général Malet, prirent chacun le commandement d'un peloton de troupes rassemblées sur la place de Grève. Les deux premiers se rendirent au ministère de la police générale, un troisième à la préfecture, et Malet à l'état-major de la place. C'est là qu'il échoua.

Cependant Guidal et Lahory, rendus au ministère de la police, avaient donné lecture au général Savary du fameux sénatus-consulte; ils le sommèrent de se rendre à la prison de l'hôtel de la Force, ce qu'il fit après quelques difficultés; Guidal le fit monter dans un cabriolet, avec

M. Desmarets, chef de la division publique au ministère, et les conduisit à la force.

Un autre conjuré, nommé Boutreux, décoré d'une écharpe, se présente à la préfecture de police à huit heures et demi du matin. Il lit à M. Pasquier le sénatus-consulte, lui signifie son mandat et l'ordre en vertu duquel il fallait qu'il se rendît en prison et fût mis en sureté; cela se fait sans réplique ni observation. Boutreux est nommé préfet provisoire. Tous les agens de police sont consignés; on laisse entrer ceux qui viennent; mais personne ne ressort : différens ordres sont donnés par le nouveau préfet, et une surveillance commence à s'organiser.

La démarche que faisait le général Malet à l'état-major, place Vendôme, où il s'était porté avec un peloton de troupe, pendant que ceci se passait, rendit inutiles ces premiers succès.

Je n'entrerai pas dans les détails de ce dénoûment, il est étranger au préfet de police; d'ailleurs il en sera fait mention en parlant du duc de Rovigo dans le chapitre des ministres de la police.

Le conseiller d'état Réal avait été instruit promptement de ce qui se passait; il se rendit chez Cambacérès, et deux heures après la scène de la place Vendôme, les conjurés étaient arrêtés, le préfet et le ministre en liberté.

Livrés à une commission militaire, Malet, Lahory et Guidal furent fusillés à la plaine de Grenelle quelques jours après. Malet mourut avec courage et résignation.

« Hélas! me dit un jour sa veuve, mon mari était comme bien d'autres, il travaillait pour lui. » Supposition plus que vraisemblable, mais qui ne dut pas l'empêcher d'abonder préalablement dans les idées de tous les hommes dont il se fit des instrumens. Que sa veuve ait officiellement dit le contraire après cela, dans une pétition au roi, cela ne m'étonne pas davantage.

Un événement pareil devait inspirer à l'empereur Napoléon un vif mécontentement contre M. Pasquier; Napoléon n'eut pas l'air de s'en affecter : M. Pasquier continua de jouir de la confiance de son maître. Ses fonctions de préfet furent continuées jusqu'aux événemens du mois de mars 1814.

M. Pasquier rendit dans cet intervalle plusieurs ordonnances utiles sur des objets de police municipale; telle est celle du 9 février 1813, pour le transport de la foire aux jambons, qui se tenait avant cette époque au parvis de Notre-Dame, devenu trop insuffisant pour contenir le nombre des marchands forains qui y affluent chaque année. On fut obligé de chercher un local plus convenable, et le quai de la Vallée fut choisi.

Le service des sapeurs-pompiers, si utile pour la sûreté de Paris, fut le sujet d'une autre ordonnance du 24 mars 1813. On sut gré aussi à M. Pasquier d'avoir publié un réglement sur la police des fiacres et cabriolets dans Paris (4 mai 1813), quoiqu'il n'ait été guère plus heureux que ses prédécesseurs dans les précautions prises contre les accidens ou les désagrémens causés par ces voitures.

Un curieux document resterait à créer et à consulter sur ce point ; ce serait d'établir chaque année l'état régulier des événemens, et celui des rues où ces événemens se passent, afin de savoir au juste ce que le peu de largeur des rues et l'ignorance des cochers occasione de malheurs. On en conclurait sans doute à la nécessité d'une école pour les cochers, et d'un diplôme, ainsi qu'à la clôture ou à l'élargissement de certaines voies trop étroites ou trop populeuses.

Mais où M. Pasquier se signala à cette époque, ce fut dans les ordres qu'il donna pour célébrer avec éclat l'anniversaire de la naissance de l'empereur, en 1813. Les plus minutieuses précautions furent prescrites pour prévenir ce qui aurait pu troubler la fête. Elle eut un faste qui trompa l'empereur lui-même sur les dispositions du pays. La curiosité provoqua la foule, et les grands rassemblemens ont toujours un certain air d'enthousiasme. En cette occasion, avec la dépense, qui, sur toutes les localités de notre sol, s'évapora dans les airs en cris d'ivrognes et en fumée d'artifice, chaque commune aurait pu s'envelopper de fortifications redoutables pour fermer le sol de la France à l'invasion des coalisés. Mais le pouvoir se garde bien d'avoir de semblables idées qui ne concernent tout au plus que le peuple; qu'on ravage la France, qu'on en passe vingt fois le sol au labour de la baïonnette, que lui importe! Il a toujours la réserve de capituler, à nos dépens en se rabattant sur les Tuileries.

Passons sur quelques réglemens, et, entre autres, celui très important du 1er octobre 1813, relatif aux fonctions de l'architecte-commissaire de la petite voirie, pour en venir aux ordonnances que rendit M. Pasquier, en expiation sans doute de celle du fameux et dernier anniversaire de Napoléon; 1° pour faire effacer les emblêmes et armoiries qui caractérisaient le gouvernement de Bonaparte, conformément à un arrêté du gouvernement provisoire, du 5 avril 1815; 2° pour prescrire les mesures d'ordre à observer à la revue des troupes russes et prussiennes dans la place Louis XV, le 10 avril de la même année; 3° pour les mesures d'ordre à observer à l'occasion de l'entrée de S. A. R. Monsieur, frère du roi, 11 avril 1814; 4° pour la cérémonie à observer à l'occasion de la réception de S. M. l'empereur d'Autriche; 5° enfin, l'ordonnance concernant les mesures d'ordre à observer à l'entrée du roi, rendue le 1er mai 1814.

Ces actes méritèrent à M. Pasquier l'estime et la reconnaissance du roi de France; ils étaient dans l'ordre de ses attributions, comme préfet de police; mais ils ne faisaient pas moins un singulier contraste avec son caractère de magistrat de la création de Bonaparte, dont il avait, quelques mois plus tôt, tant préconisé la gloire. Cela tenait à l'inamovibilité de son caractère. M. Pasquier était fait pour rester en place.

M. Pasquier fut donc, comme je l'ai déjà dit plus haut, nommé conseiller d'Etat, puis directeur général des ponts-et-chaussées par le roi, après que la préfecture de police, ayant été réunie à la direction générale de la police du royaume fut administrée par trois maîtres des requêtes (1). Au retour de Napoléon, au 20 mars 1815, M. Pasquier fut obligé de se retirer; mais la seconde restauration le rappela dans les affaires publiques et au ministère de la justice; classé ainsi

---

(1) Voy. les directeurs généraux.

parmi les favoris de la fortune et du prince, élu membre de la Chambre des Députés, par le département de la Seine (septembre 1815), il s'y montra, comme on doit le croire, partisan du gouvernement, quoiqu'il eût été remplacé à la justice par M. de Barbé-Marbois; mais, en 1817, il y revint et fut nommé une seconde fois garde des sceaux, place qu'il remplit jusqu'au mois de décembre 1818. Il est aujourd'hui pair de France. Les écrivains railleurs l'ont surnommé l'*Inévitable*, parce que, pendant long-temps, dès qu'il vaquait une place importante dans le gouvernement, on était sûr que M. Pasquier y serait *inévitablement* nommé. Il est assez bon parleur, bon travailleur, quoique homme de plaisirs, qu'il ne soit plus de l'âge de la verdeur; cette vieille habitude n'a pas empêché qu'il n'ait été un préfet de police passable. Il y en a eu de plus mauvais.

Parmi les établissemens qu'on lui doit en cette dernière qualité, il faut placer ce qu'on peut appeler la *police de sûreté*, consacrée aux recherches et aux investigations, pour découvrir les voleurs, les assassins, les fripons dénoncés à la police. Cet emploi fut confié par M. Pasquier au fameux Vidocq, ou plutôt c'est à celui-ci qu'est due l'organisation telle qu'elle existe encore. Lui-même rend compte, dans ses Mémoires, de l'origine de cette institution aussi utile par son objet que la *police politique* est nuisible par la fausse diversion qu'elle donne si souvent aux mesures de l'administration.

Un chef de division, nommé Henri, célèbre à la police par son habileté et son zèle à démasquer et poursuivre les fripons et les voleurs (1), eut connaissance du plan de Vidocq pour la formation d'une *brigade de sûreté*, uniquement destinée aux recherches relatives à sa division. Il en fit agréer le projet à M. Pasquier, qui accorda les fonds pour solder et récompenser les agens qu'on y emploierait (1812).

Les commencemens en furent peu importans. Voici comment Vidocq en rend compte lui-même dans ses Mémoires, ouvrage assez mal fait dans tout ce qui sent la retouche de l'homme de lettres : « Je n'eus d'abord que quatre agens; puis six, puis dix, puis douze. En 1817, je n'en avais encore que ce dernier nombre (2); et cependant, du 1er janvier au 31 décembre de cette année, j'effectuai sept cent soixante-douze arrestations

---

(1) Ce M. Henri avait tellement en goût ses fonctions que s'il n'y avait eu ni voleurs ni escrocs à poursuivre, il en aurait plutôt créé que de s'en passer ; il était, à cet égard, ce que fut depuis le comte de Pins sous M. Delavau pour les conspirations.

(2) L'établissement avait commencé en 1812.

et trente-neuf perquisitions ou saisies d'objets volés. En voici l'état numératif : Assassins ou meurtriers, quinze; voleurs avec effraction ou par violence, cinq; voleurs avec effraction, escalade ou fausses clefs, cent huit; voleurs dans les maisons garnies, douze; voleurs et filous divers, deux cent seize; recéleurs nantis d'objets, trente-huit; évadés des fers ou des prisons, quatorze; forçats libérés ayant rompu leur ban, quarante-trois; faussaires, escrocs, prévenus d'abus de confiance, quarante-six; vagabonds, voleurs renvoyés de Paris, deux cent vingt-neuf; en vertu de mandats spéciaux du préfet, quarante-six; perquisitions ou saisis d'objets volés, trente-neuf. Total, huit cent onze.

« Ce fut, continua Vidocq, dans le cours des années 1825 et 1824 que la brigade de sûreté prit son plus grand accroissement. Le nombre des agens dont elle se composait fut alors porté à vingt et même à vingt-huit, en y comprenant huit individus payés sur le produit des jeux que le préfet, M. Delavau, autorisait à tenir sur la voie publique. La police de sûreté qui s'exerçait presque en totalité par la brigade de Vidocq, n'a jamais coûté, suivant cet agent plus de 50,000 fr. par an, et les détails en étaient immenses. »

C'est un fait dont on a lieu de s'étonner et qu'on révoquerait en doute si Vidocq n'en donnaît point une preuve irrécusable, que la solde, ou au moins une partie de la solde des agens de sa brigade, était fournie par le produit des jeux tenus sur la voie publique. Il n'est pas sans intérêt de rapporter l'arrêté du préfet qui le constate.

Paris, 13 janvier 1823.

« Nous, conseiller d'état préfet de police, etc., arrêtons ce qui suit :

« A compter de ce jour, les sieurs *Drissen* et *Ripaud*, précédemment autorisés à tenir sur la voie publique un jeu de *trou-madame*, feront partie de la brigade particulière de sûreté sous les ordres du sieur *Vidocq*, chef de cette brigade. Ils continueront à tenir ce jeu; mais il leur sera adjoint six autres personnes qui feront également le service d'agens secrets.

« Le conseiller d'état, etc.,

« *Signé* DELAVAU.

« Pour copie conforme, le secrétaire général,

« L. DE FOUGÈRES. »

Vidocq y fait connaître que le montant de ces jeux en plein air s'éleva, du 20 juillet au 4 août 1823, à 4,564 fr.; c'était donc l'argent des ouvriers, des apprentis, chez lesquels on déchaînait ainsi le goût d'un funeste penchant; et l'on tolérait une friponnerie publique pour avoir lieu d'en pouvoir surveiller une autre. Etrange remède qui consistait à doubler le mal!...

La brigade de sûreté changea de directeur ou de chef sans changer d'objet; elle passa, sous M. de Belleyme, dans les mains d'un agent secret, nommé Barthélemy Lacour, ancien habitué des prisons, comme Vidocq, et devenu son ennemi déclaré. M. Veyrat avait surtout la police politique; il ne cessa de s'en occuper que lorsque M. Anglès l'eut remercié pour le remplacer par M. Foudras, dont il sera question plus tard.

Le lecteur a pu voir par ce qui précède que la préfecture de police fut désorganisée par M. Beugnot en 1814; à la place d'un préfet, il substitua trois maîtres des requêtes qui formèrent ainsi une sorte de bureau central. Cette administration complexe ou collective dura jusqu'au 20 mars, que Bonaparte rétablit l'ancienne forme et nomma préfet de police M. Réal, conseiller d'état, qui fut le troisième préfet de police.

CHAPITRE LXII.

12 mars 1815 — 20 mars 1815.

Louis Fauvelet de Bourrienne, troisième préfet de police.

L'administration de M. de Bourrienne dura trop peu pour rien laisser de marquant à la préfecture de police où Louis XVIII le nomma au 12 mars 1815, sans doute à cause des animosités qui régnaient entre Napoléon et son ancien secrétaire. Les événemens se succédaient rapidement; le gouvernement royal, entraîné par sa propre incurie dans un abîme que les fatuités de cour n'avaient pas d'abord permis de sonder, chancelait sur sa base fragile, et Bonaparte, dont l'extravagance faisait sourire les émigrés, s'installait à Lyon.

Sous Napoléon, le rôle que M. de Bourrienne avait joué, son changement de parti, l'acte d'hostilité qu'il faisait contre son ancien maître en acceptant un emploi pareil dans de semblables circonstances, sont les diverses phases d'une métamorphose qui pique le plus la curiosité publique. Je ne puis m'empêcher d'en dire quelques mots.

M. de Bourrienne, né à Sens en 1769, fit ses études à l'école de Brienne; il y connut Bonaparte, et fut son camarade de classe. Il a démontré quelque part qu'il avait eu sur le grand homme une supériorité marquée dans le courant de ses études. C'est un argument contre les enfans précoces. Bonaparte, au moment de sa puissance, ne redouta pas la supériorité de son ancien condisciple; il le fixa auprès de lui sous le titre de secrétaire. On lira peut-être avec intérêt dans les *Mémoires* publiés par M. de Bourrienne, ses relations avec l'empereur; j'y renvoie pour plus de détails.

Attaché au général Bonaparte, il le suivit en Egypte; revenu avec lui aux Tuileries, il y jouit d'un grand crédit pendant dix ans qu'il fut le chef de son cabinet et le confident de ses desseins; il avait été fait conseiller d'Etat en 1801.

M. de Rovigo a peint avec des couleurs amicales, mais avec vérité, au moins autant qu'on peut s'en rapporter à son témoignage, la conduite et la nature des occupations du secrétaire de l'empereur.

« Depuis que le premier consul exerçait l'autorité suprême, dit ce ministre de la police dans ses Mémoires, sa vie était un continuel travail; il avait pour secrétaire particulier M. de Bourrienne, qui avait été l'ami de son enfance, et lui faisait partager ses fatigues. Il le mandait plusieurs fois dans la nuit, et exigeait en outre qu'il fût chez lui dès sept heures du matin. Bourrienne s'y rendait assidument avec les journaux qu'il avait déjà parcourus.

« Bourrienne avait une mémoire prodigieuse; il parlait, écrivait plusieurs langues, faisait courir sa plume aussi vite que la parole. Il connaissait l'administration, le droit public, et avait une activité et un dévouement qui en faisaient un homme indispensable au premier consul. J'ai connu les divers moyens qui lui avaient valu la confiance illimitée de son chef; mais je ne saurais parler avec la même assurance des torts qui la lui ont fait perdre. »

Pour ma part, imitant le silence de M. de Rovigo, je ne répéterai pas ici ce qui se trouve écrit d'ailleurs dans vingt endroits, des motifs de mécontentement que Bonaparte eut contre M. de Bourrienne; ces révélations, présentées comme des traits dignes d'occuper la postérité, sont en grande partie des malignités exagérées par le désir de surenchérir à force de scandale sur des biographies écrites sous la dictée des rancunes particulières.

Dans les temps, différens bruits coururent sur l'imprudence intéressée qui porta M. de Bourrienne à s'associer à une maison de commerce tombée en déconfiture, et accusée, disait-on, de se livrer à des affaires frauduleuses; le premier consul, instruit de ce fait, destitua son secrétaire. Que ce soit là le sujet de sa disgrâce, ou qu'une tracasserie domestique ait brouillé les deux amis, c'est ce qu'il est peu important de tirer à clair. Une troisième version est celle qui réunit ces deux versions; mais je n'écris pas pour éclaircir ces sortes de faits. Les attributions de M. de Bourrienne passèrent en partie à M. Maret, depuis duc de Bassano, et M. de Menneval fut mis à la tête du cabinet.

Bonaparte tenait trop par l'habitude à ses anciennes liaisons avec M. de Bourrienne, pour se refuser aux insinuations officieuses de ceux qui sollicitèrent en sa faveur. Il nomma M. de Bourrienne son chargé d'affaires à Hambourg. Cette mission ne fut pas sans orages et sans quelque sujet de plaintes contre M. de Bourrienne; mais les grands et malheureux événemens de la campagne de 1813 firent perdre de vue ces légers incidens, et M. de Bourrienne revint à Paris, ainsi que tous les agens de la France qui se trouvaient en Allemagne.

La contrebande sous l'empire, cet échec systématique dans lequel, et comme en se riant, l'Angleterre tint la grandiose et impossible théorie du blocus continental, était un moyen si facile de faire fortune, que ceux qui se sont enrichis alors en furent tous accusés. C'est, après tout, le moindre des griefs que l'on ait proférés contre l'administration impériale, et, ce qui pourra paraître étrange, les contrebandiers de nos frontières ont été désolés des mansuétudes qui se sont introduites dans la législation sur ce chapitre, où Napoléon ne badinait que tout juste. Avec l'abolition de la peine capitale à cet égard, les aventuriers des contrées maritimes et limitrophes ont perdu cent pour cent. Par le fait, les lois prohibitives ne protègent nullement l'industrie nationale : elles donnent seulement une prime aux douaniers intelligens qui savent accommoder leur intérêt avec l'apparence de leur devoir.

Napoléon, du reste, n'a pas plus échappé à l'accusation que ses serviteurs ; mais le maître pouvait se permettre impunément l'exception et voulait maintenir sévèrement la règle.

On raconte donc, et je le rapporte sans y croire absolument, qu'un négociant de Hambourg alla trouver en secret le chargé d'affaires, à l'occasion du magnifique chargement de cochenille et autres denrées, attendu d'un jour à l'autre. L'argument irrésistible fit son office. Le chargé d'affaires, après avoir, dit-on, laissé l'honnête négociant doubler et quadrupler l'enchère sur l'acte de condescendance qu'il venait lui demander, en détaillant à son séducteur et les obstacles, et sa propre conscience, et la sévérité de l'empereur et la possibilité d'être découverts, détermina finalement que les bâtimens attendus frapperaient à telle porte plutôt qu'à telle autre. Un supérieur connaît ses agens. Les bâtimens arrivèrent, et contre tout espoir ils furent saisis. Désappointement du négociant qui parlait de se brûler la cervelle, ayant spéculé sur la connivence du plénipotentiaire impérial. M. de Bourrienne, si l'on prête méchamment l'oreille aux colportages de ces sortes de bruits, lui conseilla de s'adresser au chef du poste, excellent homme, rébarbatif pour la charge, et qu'on désarmerait avec l'emploi des moyens pathétiques. Effectivement, le chef du poste ne manqua pas de se laisser attendrir, et à bien meilleur marché que son supérieur, comme cela doit être dans une hiérarchie bien équilibrée. Cette historiette insolente n'est qu'un échantillon des mille et une du même genre, que l'on met sur le compte de M. de Bourrienne, et que je ne donne pas comme avérées; car il est impossible qu'il en traîne aucune preuve. Mais les lois prohibitives prêtent à ces sortes de soupçons, et ces calomnies trouvent des complices dans ceux qui se piquent de connaître à fond le cœur humain.

Arrivé à Paris, M. de Bourrienne y retrouva tous les désagrémens qu'il avait déjà éprouvés. On fit à l'empereur des rapports malveillans sur son compte ; et ces rapports furent suivis de nombreuses tracasseries; se voyant à la fin abandonné du souverain et en butte à des persécutions, M. de Bourrienne se rangea parmi les ennemis de l'empereur. On expliqua ce revirement par l'assertion que Bonaparte se mit au nombre de ses créanciers.

En épousant le parti contraire qui ne lui demandait rien, M. de Bourrienne lui porta son talent et son activité. Il connaissait les replis du cœur de Marmont; il avait été intimement lié avec lui pendant la guerre d'Italie et en Egypte; il était trop habile pour ne pas avoir aperçu le côté par où l'on devait l'attaquer. Il avait d'ailleurs un auxiliaire capable de corrompre le cœur que Talleyrand avait intérêt à gâter; c'était Montessin, ancien aide-de-camp du maréchal Marmont, à qui aucun mouvement de l'âme de son chef n'avait échappé.

M. de Bourrienne se trouva ainsi placé au milieu de ceux qui signèrent cette capitulation de Paris contre laquelle se sont élevées tant et de si fortes plaintes. M. de Talleyrand était alors président du *gouvernement provisoire*. Il fit nommer M. de Bourrienne à la place de M. de Lavalette à l'administration des postes, dont l'ex-chargé d'affaires prit possession le 3 avril 1814. Il ne conserva cet emploi important que jusqu'à l'arrivée du roi en juillet suivant; on lui donna pour successeur M. le comte Ferrand, mort depuis pair de France.

Pendant la courte durée de son administration aux postes, il survint une affaire assez obscure et équivoque, à laquelle il prit une part au moins indirecte; c'est celle de Maubreuil, dont il a été question plus particulièrement à l'article du comte Anglès, ministre provisoire de la police alors. Ce fut M. de Bourrienne qui donna les ordres nécessaires pour faciliter la mission ténébreuse de l'agent du gouvernement provisoire. En voici la preuve :

« *Direction générale des postes.*

« Le directeur général des postes ordonne aux maîtres de postes de fournir à l'instant à M. de Maubreuil, chargé d'une importante mission, la quantité de chevaux qui lui sera nécessaire et de veiller à ce qu'il n'éprouve aucun retard pour l'exécution des ordres dont il est chargé.

« Le directeur général des postes,

« *Signé* Bourrienne.

« Hôtel des postes, Paris, 17 avril 1814. »

La teneur d'un tel ordre ne suffit pas absolument pour réfuter l'odieuse accusation répandue contre le gouvernement provisoire, que la mission du marquis de Maubreuil avait pour objet d'ôter la vie à Bonaparte alors retiré à Fontainebleau ; mais, bien sûrement, quelque sujet de mécontentement que pût avoir M. de Bourrienne contre Napoléon, il n'eût jamais voulu signer, et signer en toutes lettres, un ordre formel pour faciliter une aussi noire mission.

Tout prouve qu'il s'agissait uniquement d'enlever les diamans de la reine de Westphalie, en route pour se rendre en Allemagne.

L'année 1814 et partie de celle de 1815 s'étaient passées dans les intrigues et les agitations sous la direction générale de la police de MM. Beugnot et d'André, lorsqu'on apprit que Bonaparte était débarqué à Cannes. Ce ne fut qu'un point à l'horizon et que l'on méprisa; ce nuage portait la foudre. Le 20 mars 1815, Napoléon était à Paris.

J'ai parlé de la désorganisation que le premier de ces directeurs généraux, le comte Beugnot, introduisit dans la préfecture de police, en en partageant l'administration entre trois maîtres des requêtes. Cette désorganisation nuisait à la marche de la police, et les circonstances exigeaient une rapide exécution. M. de Bourrienne fut donc nommé, mais Napoléon était déjà à Lyon; le 30 mars, le nouveau préfet dut se retirer; il suivit la cour à Gand.

M. de Bourrienne rend compte lui-même dans ses Mémoires de la manière dont il se conduisit pendant ce peu de temps.

« L'on pensera bien, dit-il, que pendant les huit jours que j'y ai passés, je n'ai fait aucun usage de ces indignes moyens employés par ce qu'on appelle la *police politique,* c'est-à-dire l'espionnage, la délation et les provocations. Une discrétion dont je me fais un devoir me défend d'en donner des preuves. J'ai obtenu ce qu'il fallait obtenir, sans mesure violente, sans secousse, sans vexations; j'ose affirmer que personne n'a eu à se plaindre de moi : les faits sont là. Si je faisais imprimer la liste des personnes que j'ai eu ordre de faire arrêter, celles d'entre elles que n'a pas moissonnées la mort, seraient étonnées de n'avoir su que par le *Moniteur* que j'étais préfet de police. J'ai obtenu par la raison, par la persuasion et la douceur ce que je n'aurais pas eu par la violence. »

Il fait bon de se vanter soi-même; et, dans ces cas-là, nul ne saurait trop se louer. Est-il vrai cependant que M. de Bourrienne ait signé le 16 mars, comme on l'a écrit, l'ordre d'arrêter le duc d'Otrante, qui, pourtant, peu après fut appelé par Louis XVIII au ministère de la police? Cette action, si le bruit public est fondé, si M. de Bourrienne n'eut pas le moins du monde la main forcée par des ordres supérieurs, contrasterait sûrement avec ce qu'il dit de sa douceur et de ses moyens de conciliation.

Nous nous souvenons aussi d'une mise à prix de la tête de Napoléon, et dont les affiches se trouvèrent officiellement placardées jusque sur la colonnade du Louvre avec une profusion désespérée qui souleva le mépris. On promettait avec impudeur un million à l'assassin. Machiavel eût conseillé d'en donner cinq, et de ne pas s'y prendre par le moyen des petites affiches. La police de M. de Bourrienne ignorait-elle ce fait si connu?...

Le seul acte vraiment notoire qui subsiste de la présence de M. de Bourrienne à la préfecture est une ordonnance du 15 mars 1815, concernant les mesures de police relatives à la séance de la Chambre des Députés, du 16, où le roi devait se rendre et se rendit; où le comte d'Artois se convertit à la Charte constitutionnelle. Cette ordonnance est contre-signée par le secrétaire général, chevalier de Piis.

Le mot d'un vieux soldat de la caserne Popincourt, au duc de Berri, ce jour-là, donna la moralité de ces soumissions tardives aux nécessités politiques. Le duc de Berri se rendit à la caserne pour fraterniser en mangeant à la gamelle. On l'attendit quelque peu; l'enthousiasme en tomba d'autant. Il comprit sa faute. Quand le prince prit la cuiller des mains d'un vétéran : — F.....! monseigneur, il est trop tard, lui dit celui-ci d'un ton leste; la soupe est froide!...

M. de Bourrienne imitant en cela les moralistes qui devinent après coup, a dévoilé autant qu'il a été en lui le vice de la police publique de Bonaparte et signalé les honteuses manœuvres qu'elle se permit pour provoquer de prétendues conspirations ; honteux moyen de puissance qui pervertit les peuples et ébranle la sûreté du gouvernement. Mais il est plus difficile de dire aux gouvernemens comment ils doivent s'y prendre pour demeurer stables, sans tomber soi-même dans la niaiserie ou dans la scélératesse.

Il cite entre autres la conspiration de Céracchi et de ses complices, « conspiration, dit-il, qui n'était qu'une ombre et dont on convint de faire un corps; » sans doute, ajouterons-nous, afin d'exagérer les dangers auxquels avait été exposé le premier consul et d'exaspérer l'opinion publique en sa faveur. Quand les mauvais moyens lui semblent les seuls bons, comment douter que la toute-puissance en use?

La rentrée de Napoléon aux Tuileries força M. de Bourienne à se rendre à Gand, rendez-vous de tous ceux qui n'étaient pas en odeur de sainteté près du grand homme, et qui furent à même par-là de se faire un mérite de ce qu'ils n'avaient pas pu faire autrement. Au retour du roi à Paris, M. de Bourrienne ne fut pas oublié. Louis XVIII le nomma conseiller d'Etat. Cette distinction le classa nécessairement parmi ceux qui étaient attachés au poste de la cour. A ce titre, il fut nommé député par le département de l'Yonne aux élections de 1821.

LXIII.

21 mars 1815 — 2 juillet 1815.

Le comte Réal, conseiller d'Etat, quatrième préfet de police.

La notice historique de M. Réal serait un abrégé complet de la révolution. Il naquit, au mois de mars 1757, à Chatou, département de

Seine-et-Oise ; il se destina aux affaires du palais. Pourvu, à l'âge de vingt-cinq ans, d'une charge de procureur au Parlement, il la vendit au moment de la révolution ; c'était le bon moment. Il prit goût aux changemens et aux événemens du jour. Son entrée à la société des Jacobins le lia d'abord aux nouveaux principes : bientôt il se tourna vers le système mixte, celui des Girondins. Le règne de la terreur l'éloigna des affaires. Le 9 thermidor le rappela sur la scène politique ; il se fit défenseur officieux auprès des tribunaux, et rédigea avec Méhée une feuille publique sous le titre de *Journal des Patriotes de* 89. Ses principes étaient modérés, quoique toujours dans le sens de la révolution.

C'était une dangereuse carrière, dans ces temps de troubles, que celle de défenseur officieux. M. Réal se distingua particulièrement dans l'affaire de Babeuf, et n'empêcha pas toutefois les deux chefs du parti d'être condamnés à mort. On sait que Babeuf et d'Arthé se poignardèrent lorsque M. Réal leur apprit leur condamnation, et n'en furent pas moins conduits à l'échafaud pour y subir l'exécution (5 prairial an 5, 25 mai 1797).

Commissaire du gouvernement, en 1799, auprès du département de Paris, M. Réal en remplissait les fonctions lorsque le 18 brumaire éclata. Il y prit une part active, et fut immédiatement nommé conseiller d'Etat. Depuis ce moment, il resta constamment fidèle et attaché au premier consul. Dans l'affaire de la conspiration de Georges et Pichegru, l'ex-défenseur officieux ne fut pas très conforme à lui-même et à ses miséricordieux antécédens. Un nommé Querelle, condamné à mort, avait demandé par écrit à faire des révélations; c'était en mars 1804. Le premier consul chargea M. Réal de l'entendre; il en résulta la connaissance du projet de Georges; on se trouva sur la voie d'en surveiller les démarches, et d'en prévenir les effets. M. Réal fut chargé des interrogatoires de Moreau, Pichegru et Georges Cadoudal, arrêtés et renfermés au Temple; il s'en acquitta avec un zèle et une intelligence qui donnèrent au chef du gouvernement une favorable idée du zèle de son partisan dans les affaires de haute police. Aussi le nomma-t-il commandant de la Légion-d'Honneur en le chargeant des rapports de police, dans l'étendue du premier des arrondissemens, par décret du 21 messidor an 12 (10 juillet 1804).

Des nuages se sont élevés sur la conduite de M. Réal à propos de la catastrophe du duc d'Enghien, au 21 mars 1804. On a dit qu'il avait refusé d'interroger le prince, et qu'il fut cause du jugement précipité qui fit périr l'intéressante victime. D'autres prétendent qu'il n'y eut point de la faute de M. Réal; que, dans la matinée du 20 mars, le premier consul l'avait chargé d'interroger le duc d'Enghien, lorsqu'il serait à Paris; que ce ne fut que le soir du même jour, fort tard, qu'il sut que le duc était prisonnier à Vincennes; et que le lendemain 21, comme il se disposait à s'y rendre à cinq heures du matin, il apprit que le prince avait été fusillé pendant la nuit. Nous ne comprenons pas trop ce que les argumentations improvisées de M. Réal auraient pu changer à la résolution bien arrêtée de Bonaparte. On ne procédait certainement pas par le rapt du duc d'Enghien à sa mise en liberté. Il ne s'agissait pas ici d'une affaire judiciaire, mais d'un acte politique; il suffisait d'être un Bourbon pour être coupable. Les formalités et les lois auraient ployé devant la volonté de fer qui planait sur le prisonnier de Vincennes. Il y eut donc une hypocrisie et une formalité de moins dans cet acte de violence, et la violence nue insulte moins à la conscience que la violence fardée.

C'est à la présence d'esprit de M. Réal que doit se rapporter le manque de succès de la singulière conspiration de Malet. De sa demeure, au coin de la rue de Bourbon et des Saints-Pères, il entendait le bruit de la troupe, au moment où les conjurés s'emparaient du duc de Rovigo (1). M. Réal ne perdit pas de temps, et courut chez Cambacérès; la conspiration manqua. M. Réal se rendit au ministère, et fit arrêter Lahory, qui s'était déjà établi ministre de la police et en faisait les actes.

Que M. Réal ait ou n'ait pas été du nombre des aspirans, lors du retour de Bonaparte de l'île d'Elbe, c'est ce qu'il importe peu de savoir. Tout ce qu'on a dit d'une prétendue conspiration à ce sujet, est dénué de fondement; on n'en donne aucune preuve. L'outrecuidance des émigrés en face des poltronneries intéressées de leurs spoliateurs, la sottise tracassière du clergé aux prises avec la sotte incrédulité de la bourgeoisie, l'enthousiasme de l'armée, qui regrettait ses aigles et sa gloire, l'étranger haï pour ses représailles sur notre territoire, le grandiose de l'audace de Napoléon, le mépris niais de la gentilhommerie d'alors, qui se flattait qu'on ferait justice de l'usurpateur avec quatre hommes et un caporal, expliquent

---

(1) L'ancien hôtel de Pontécoulant, rue des Saints-Pères, vis-à-vis la rue de Bourbon, faisait alors une dépendance des bureaux du ministre de la police, et il communiquait par des jardins avec son hôtel, quai Voltaire.

assez cette résurrection momentanée de l'Empire, sans recourir aux petites intrigues qui n'auraient jamais produit une si grande chose. Tous les militaires désiraient ce retour et y croyaient. On se racontait, dans les casernes, la mystérieuse tradition de la violette du pavillon de Flore qui donnait ses parfums tous les ans, au 20 mars, jour anniversaire de la naissance du roi de Rome, et dont l'Empereur, étonné de trouver cette fleurette dans les interstices de son balcon, avait accueilli le pronostic comme une promesse de Dieu, pendant les douleurs de Marie-Louise, en s'écriant : « Si c'est une fille, j'abolirai la loi salique. » C'était une superstition populaire ; et ce que prédisent les masses arrive toujours, quand les ambitieux en sont avertis. Le 20 mars ne fut même pas un acte de courage de Napoléon, ce ne fut qu'un trait de bon sens. L'examen des pièces, des correspondances, les révélations fausses ou réelles montrent l'erreur, l'illusion, quelquefois les mensonges et la petite crédulité des écrivains qui ont voulu flatter les Bourbons, en attribuant à des moyens secrets ce qui ne fut visiblement que le résultat de l'incurie des mauvais gouvernemens, des ministres et des imprudentes menaces des courtisans. M. Réal n'a donc pas pu être complice d'une conspiration qui n'a point existé. Les élémens conspiraient alors et tout seuls contre les Bourbons, comme un peu plus tard ils conspirèrent en leur faveur. Les événemens tournent dans un cercle vicieux.

Il n'en est pas moins vrai que le jour même de son arrivée au château, Napoléon fit appeler M. Réal.

Un des premiers actes de son administration fut l'ordonnance sur les mesures d'ordre à observer lors de la présentation aux Tuileries des confédérés du faubourg Saint-Antoine et Saint-Marceau. Elle est à la date du 12 mai 1815.

Le peuple de ces deux quartiers de Paris, provoqué par les partisans de Bonaparte, avait conçu un projet de confédération ; d'où le nom de fédérés qui resta. Cette levée de boucliers fut formidable ; il semblait une révolution disciplinée. C'étaient en général des ouvriers, des gens du peuple, et ce qu'on appela par dérision des *Sans-Culottes* dans les temps de la révolution. Matière première de toutes les armées pour tous les gouvernemens ; force immense, mais désorganisée, mobile, inquiète, dédaignée par tous les régimes qui lui donnent des fêtes insultantes, qui lui prennent le plus pur de ses économies et de son sang, et qui révolutionnera toujours le monde tant que la misère et le mépris étoufferont ses ressorts. Un très petit nombre fut armé de piques; leur costume se composait d'une veste courte, d'une espèce de casquette et d'un sabre. Le plus grand nombre resta sans être formé en compagnies. Napoléon s'abstint de leur donner des armes. Il se conduisit en cette circonstance comme un allié des rois du continent.

Une députation de ces fédérés, qu'on a si mal à propos et si injustement traités de canaille (après leur désarmement, bien entendu), désira d'être passée en revue par l'empereur; étalage vain, et qui constata que l'empereur était un homme de trop bon ton pour mériter l'estime et le dévouement des prolétaires. Il ne voulait faire de terreur que sur le champ de bataille, d'après les routines de la guerre. Ces braves gens lui parurent l'arrière-garde des montagnards et la résurrection de 93.

Le préfet de police, informé que cette cérémonie devait avoir lieu le dimanche 14 mai, aux Tuileries, prescrivit les mesures d'ordre à observer ce jour-là dans Paris pour prévenir les embarras et les accidens. Bonaparte ne témoigna presque aucune satisfaction à ces hommes qui, bien que mal vêtus, et parmi lesquels s'étaient glissés des vagabonds et des gens connus pour anciens terroristes, n'en étaient pas moins, pour la presque totalité, animés d'enthousiasme et prêts à défendre le sol de la patrie contre l'invasion des étrangers.

La personnalité de l'empereur étouffa cette démonstration populaire. Ce ne fut pas le sol dont il s'inquiéta, il craignit d'avilir sa mémoire en se ravalant aux moyens anarchiques. Nos communes qni pouvaient répondre à cet appel, restèrent sans autre protection que son génie, et ce génie avait faibli, ne fût-ce que dans la confiance des soldats qui ne le croyaient plus invincible. Un seul cri de sauve qui peut devait amener de nouveau le ravage et la désolation de notre territoire. On conçoit qu'un Bourbon pût reculer devant de pareils auxiliaires; mais d'où sortait donc Napoléon pour en faire fi?....

Le mépris que les gouvernans font du peuple retombe sur eux. Nos guenilles et notre barbarie témoignent des imbécilités de leur administration, et disent avec assez d'éloquence qu'ils ne savent pas extirper, mais exploiter notre misère.

D'importans événemens se sont passés dans le peu de temps que M. Réal fut à la préfecture de police. De ce nombre est la grande réunion des députés *au Champ-de-Mai,* convoqués pour l'acceptation du nouvel acte *constitutionnel* ou *additionnel,* ainsi qu'on l'appela, et qui reçut, comme on pouvait y compter, l'approbation de toute l'assemblée. Ce fut le sujet d'une grande cérémonie et de réjouissances pour lesquelles le préfet de police rendit deux ordonnances, l'une du 30 mai 1814 *concernant les mesures de police relatives aux cérémonies qui auraient lieu à l'occasion de l'acceptation de la Constitution au Champ-de-Mai.*

Il est remarquable que M. Réal ne parle pas de la *présentation* de la Constitution, mais de l'*acceptation*, tant on doutait peu que la volonté de Bonaparte pût être un seul instant problématique dans son objet.

De fait, une Charte constitutionnelle, méditée par le génie d'un grand homme, nous semblerait infiniment préférable à celle qui serait enfantée dans les avanies du scrutin, entre les discussions errantes des représentans de la médiocrité publique; de même que nous comprenons que l'Académie pouvait se permettre des critiques de détail contre le Cid, mais qu'elle était indigne en masse de se montrer rivale du grand Corneille. C'est du grenier d'un homme de génie que sortira définitivement la véritable loi sociale du monde. Et certes, en dépit de l'immortalité que s'attribuent insolemment nos transactions d'un jour, le suffrage universel se ralliant à l'évidence, en saluera la promulgation comme on accepte avec un empressement respectueux les découvertes mathématiques de Kepler et de Newton.

Il y eut aussi des réjouissances à la suite de cette parade ; M. Réal rendit en conséquence une ordonnance, en date du 3 juin, *concernant les mesures de police relatives aux jeux* qui devaient avoir lieu dans les Champs-Elysées, le dimanche prochain, 4 juin. La dernière ordonnance qui émana de son autorité fut celle du 6 juin qui prescrivait des mesures de police relatives à l'ouverture de la session des deux Chambres qui eut lieu le 7.

Le retour du roi, au 8 juillet, suite inévitable de la bataille de Waterloo, ôta la préfecture à M. Réal. M. Rivière, maître des requêtes, qui avait été de l'organisation ou désorganisation de la préfecture opérée par M. Beugnot, remplit les fonctions de préfet depuis le 2 juillet. Ce fut M. Rivière qui signa le 8 juillet *pour le préfet de police* l'ordonnance concernant les mesures d'ordre à observer à l'occasion de la rentrée du roi dans sa capitale ; elle est contresignée Piis, M. Roland, secrétaire général sous M. Réal, s'étant retiré avec lui.

CHAPITRE LXIV.

2 juillet 1815 — 9 juillet 1815.

Pierre-Marc-Antoine Courtin, cinquième préfet de police.

M. Rivière, maître des requêtes, eut la signature *pour le préfet de police* depuis le 2 juillet jusqu'au 8 inclusivement, jour où le roi fit son entrée à Paris; le lendemain, M. Courtin fut installé dans cette administration.

Avocat au Parlement de Rouen, puis à celui de Paris, M. Courtin avait exercé plusieurs fonctions publiques; entre autres, en janvier 1811, celle d'avocat général à la cour impériale, puis de procureur impérial près le tribunal du département de la Seine, jusqu'au 2 juillet 1815. La *commission du gouvernement* le nomma à la préfecture de police vacante par la retraite de M. Réal. La famille des Bourbons allait entrer dans Paris. On le soupçonna fortement d'avoir mis des entraves à la libre communication des royalistes de Paris avec la suite du roi qui était à Saint-Denis, en faisant fermer les barrières et en soutenant le zèle et le courage des fédérés contre les troupes prussiennes. Que ces accusations fussent ou non véritables, M. Courtin n'en avait pas moins été, après la rentrée du roi, replacé près du tribunal civil, lorsqu'il fut compris dans l'ordonnance du 24 juillet 1815, et obligé de quitter la France, comme ayant exercé des fonctions publiques pendant les *Cent-Jours;* il se retira, dit-on, à Bruxelles où se trouvaient grand nombre de fonctionnaires attachés au gouvernement impérial.

Le peu de temps que M. Courtin a été à la

préfecture de police a été consommé en dispositions et mesures d'ordre relatives aux événemens qui se passaient. Les exagérés lui ont fait la guerre pour avoir, disent-ils, cherché à comprimer l'élan des royalistes et favorisé les fédérés dévoués à la république avec une énergie dont bon nombre de personnes ne se souciaient guère.

M. Courtin, rentré en France en 1818, s'est adonné à la littérature. Il est l'auteur d'une entreprise importante, mais fort au-dessous, par le fait, de ce qu'elle aurait pu devenir ; c'est l'*Encyclopédie moderne* en 25 vol. *in-8º* ; ouvrage qui manque à la fois de méthode et de profondeur. Bon nombre d'articles, gonflés de cette phraséologie creuse et sonore que le constitutionalisme a mise dans la bouche du premier venu, en guise d'idées, ont un faux air de ressemblance avec les mauvais discours d'apparat que l'on prononce avec tant d'aplomb à la Chambre des Députés ; le tout mêlé de la science la plus étriquée au point de vue bourgeois. Mais les collaborateurs de M. Courtin tenaient le haut du pavé dans le journalisme et n'ont pas manqué de se mettre en relief, ce qui a constitué la vogue de l'entreprise. L'école Saint-Simonienne, quoique dépourvue de tout point de départ scientifique et mathématique, fera mieux dès qu'elle le voudra. C'est tout dire.

CHAPITRE LXV.

10 JUILLET 1815 — 26 SEPTEMBRE 1815.

M. le comte duc Decazes, sixième préfet de police.

M. Decazes est plus connu par son ministère à la police générale et à l'intérieur que par ses fonctions à la préfecture, où il ne resta qu'un peu plus de deux mois. Ces deux mois, il est vrai, furent très orageux, car l'exercice de ces fonctions à Paris offrait des difficultés d'autant plus grandes que M. Decazes n'avait rempli jusqu'alors aucun emploi qui pût le mettre à même de suivre les ramifications diverses de cette branche administrative. C'est ainsi qu'en France tout se pratique ; l'école normale, le stage de début et d'initiation des administrateurs n'existe pas chez nous. Un ministre entre en fonctions plus facilement qu'une sage-femme ne reçoit son diplôme; le caprice ou la coterie élève les ministres et les abat tour à tour, sans que, dans la notoriété publique, on ait la conscience de leur mérite ou de leur démérite, parce que l'irresponsabilité royale les choisit en aveugle, et nous les donne ou nous les enlève au hasard. La plupart du temps ils n'ont pas même les plus faibles garanties, les moindres antécédens spéciaux à nous offrir, n'ayant rien fait que de languir en attendant fortune dans la domesticité d'apparat des palais. C'est donc au sommet de l'état et sur les intérêts de trente millions d'individus, qu'ils cherchent (quand ils le cherchent) à se mettre au niveau de leurs fonctions, en taillant dans le vif, à tort et à travers, comme des écoliers bouillans et mal appris. Leur célébrité, lorsqu'ils ont le temps d'en acquérir à force de fautes, nous coûte par conséquent des millions et d'incalculables douleurs; ils portent le désordre de leur éducation dans le désordre de notre organisation; ils sont les enfans et les propagateurs de l'anarchie, notre seule routine, notre véritable tradition sociale du jour.

Les esprits étaient alors dans une grande crise; la présence et l'insolence des alliés ajoutaient à tous les sujets de mécontentement. Ceux qui regrettaient le règne éclatant de Bonaparte se répandaient en discours factieux; des bruits de conspirations réelles ou supposées tenaient la police en éveil. M. Decazes avait trouvé la police organisée fortement par les soins de M. Réal, formé à l'école de Fouché. Les ressorts étaient tendus pour faire le mal à volonté. La mise en état d'arrestation des hommes que la vindicte du parti royaliste et l'esprit de réaction signalaient comme ennemis du nouvel ordre de choses et comme des traîtres qu'il fallait punir, employa tous ses instans. Il eut la triste gloire d'y réussir, et l'on fut à peu près unanime pour lui reprocher l'arrestation du général Ney et de Labédoyère, dont la mise en jugement et la mort ne servirent qu'à irriter les cœurs et faire haïr l'autorité. On aurait mieux compris ce soin et ce zèle de la part des autorités étrangères, et la France, dans la personne de ceux qui recevaient le pouvoir des mains de la coalition, n'avait pas à se faire, de gaieté de cœur, par reconnaissance, l'exécuteur des hautes œuvres de l'animosité prussienne ou cosaque. D'ailleurs, l'avanie que l'on faisait au sang de Ney rejaillissait sur d'ineffaçables souvenirs de gloire; et c'est de ce point de vue surtout qu'on peut laisser tomber son mépris sur le stupide et impolitique moyen de la peine de mort, qui, pour un homme abattu, met sur pied tous ceux que l'on frappe avec lui du même opprobre, indigne tous les parias par l'exécution sans pitié d'un misérable, soulève les rois de l'Europe en abattant Louis XVI, ou révolutionne une armée en fusillant son général. Les têtes que l'on abat, à quelque échelon qu'on les abatte, laissent une plaie funeste. On verse du sang; on sème la révolte.

Ces deux arrestations, celle de Ney et celle de Labédoyère, ne furent pas les seules dont le préfet eut à s'occuper; l'ordonnance du roi du 24 juillet 1815, qui les avait commandées, comprenait encore les deux frères Lallemand, les généraux et officiers Drouet d'Erlon, Lefèvre-Desnouettes, Ameille, Brayer, Gilly, Mouton-Duvernet, Grouchy, Clauzel, Laborde, Debelle, Bertrand, Drouot, Cambronne, Lavalette et Rovigo; on devait les traduire devant des conseils de guerre dans leurs divisions respectives; plusieurs furent arrêtés, un assez grand nombre échappa. Ceux-ci furent amnistiés plus tard.

C'était de la terreur au petit pied. On sait qu'elle se propagea dans les départemens. Mais la circonscription de notre cadre nous interdit le parcours de ce panorama. On dit que M. Decazes est sorti blanc de tout ce qui se fit à cette époque, et s'est lavé de toute participation ; nous ne voudrions pas lui avoir tenu lieu de serviette.

Les étrangers étaient maîtres de Paris, et c'était à M. Decazes qu'ils s'adressaient. Ils se plaignaient fréquemment des attaques des journalistes. Cette classe d'écrivains, qui fait commerce de plaintes, mais qui a le courage de sa ressource, se montra la seule qui ne craignit pas d'élever la voix contre les abus, les actes d'insolence ou de rapacité des troupes alliées disséminées dans la capitale et logeant chez les habitans. A Berlin, à Vienne, à Moskou, nos troupes n'avaient pas eu ce contre-poids, et ne l'auraient pas toléré. Ce courage, qu'on traita nécessairement de licence, déplut aux étrangers. A la longue, il pouvait devenir dangereux en fournissant un prétexte aux hostilités des troupes étrangères.

Le baron Muffling, général prussien et gouverneur de Paris pour les alliés, se plaignit avec amertume des journalistes à M. Decazes ; il demandait qu'on s'interdît formellement toute discussion ou observation sur les armées alliées. Le préfet de police, secondé dans son espionnage furtif par les dénonciations publiques de nos écrivains, aurait bien voulu ne pas fermer la bouche à ces ressentimens inquisiteurs, qui, maintes fois, révélaient des faits graves et provoquaient l'attention de l'autorité ; mais on comprit bien vite la nécessité de céder au gouverneur Muffling.

On ne joue pas avec la lumière sur des masses de poudre. M. Decazes adressa donc, le 15 juillet 1815, la circulaire suivante aux rédacteurs en chef des journaux :

« Son excellence le gouverneur de Paris se
« plaint que les journaux s'occupent toujours des
« armées alliées. Il demande qu'il soit enjoint
« aux journalistes de n'en parler ni en bien ni
« en mal. Il demande en outre que cette injonc-
« tion soit faite aujourd'hui même. Je m'empresse
« en conséquence de vous faire connaître les in-
« tentions de son excellence, et je vous recom-
« mande expressément de vous y conformer sans
« réserve. »

Tous les momens de M. Decazes étaient employés à répondre aux ordres de la cour et du ministre de la police, Fouché, qui, malgré la rentrée du roi, conserva sa place jusqu'au 25 septembre. C'étaient de continuelles dénonciations; il fallait en constater la fausseté, ou poursuivre ceux qui en étaient l'objet.

Les animosités particulières prenaient prétexte des intérêts de l'Etat pour s'assouvir. Je trouve dans les papiers d'alors une dénonciation infâme d'un voisin, qui ne voulait que faire déguerpir son voisin pour agrandir son propre local et son enseigne. Les familles imitaient entre elles ces indignités. Il y a de la boue à remuer dans les souvenirs de ces temps déplorables.

Le soin de la ville exigeait aussi quelque attention : on n'avait point le temps de recourir à des ordonnances, il fallait agir sur-le-champ et pourvoir à la tranquillité des marchés et de la population très agitée, mais aisée à contenir avec un peu de force et quelques menaces.

On sait qu'un spéculateur célèbre, qui a toujours trouvé moyen de recevoir et de ne rien payer, fut le fournisseur des alliés, en leur demandant des troupes qu'il dirigeait dans nos villages pour en enlever les bestiaux. Tout est de la même force dans le spectacle de la police à cette époque.

Un autre objet occupa le préfet de police, ce fut le soin de faire enterrer les cadavres et les chevaux tués dans les combats qui eurent lieu avant la capitulation; après la guerre, on craignait la famine et la peste. Les dépouilles des Français morts furent, dit-on, nettoyées, lavées et vendues au profit des hôpitaux. Le gaspillage dut venir après le massacre, comme les corbeaux suivent les armées.

Les cérémonies publiques occupèrent aussi M. Decazes. Par une ordonnance du 29 août, il prescrivit des mesures d'ordre à l'occasion de la revue des troupes de l'empereur de Russie. Il y est dit que cette ordonnance sera communiquée à M. le baron Muffling, gouverneur de Paris : elle est signée *Decazes* et contre-signée par le secrétaire général *de Dienne*.

Pendant ces jours de crise, toutes les préoccupations du préfet de police étant remplies par des soins instantanés, et l'urgence de mesures sans cesse provoquées par les circonstances, il n'est pas étonnant que la police ne se soit occupée d'aucun établissement d'utilité publique; ajoutez que M. Decazes, qui ne prétendait pas rester préfet, consumait une bonne partie de son temps à faire sa cour au roi qui l'aimait, et à contreminer le ministre Fouché dont il voulait la place. Il y passa au 26 septembre, et c'est là qu'il se fit connaître, rechercher, caresser, haïr, calomnier, louer et blâmer tour à tour pendant un assez long ministère, dont je parlerai avec beaucoup de détail dans le chapitre qui le concerne.

M. Decazes, né en septembre 1780, avait trente-cinq ans lorsqu'il fut nommé préfet de police; il avait été attaché au service de la famille de Bonaparte; secrétaire des commandemens de *Madame mère*, il eut pour secrétaire à la préfecture, M. le comte de Dienne, et pour successeur le comte Anglès, septième préfet de police.

CHAPITRE LXVI.

25 septembre 1815 — 20 décembre 1821.

Le comte Anglès, ministre d'état, septième préfet de police.

Sans revenir sur ce que j'ai dit de M. Anglès lors de sa nomination au ministère provisoire de la police, je dois le faire maintenant connaître plus en détail.

Il est né à Grenoble en 1780. Son père, que nous avons vu depuis président d'âge de la Chambre des Députés, avait été conseiller au Parlement du Dauphiné. Le fils fut destiné de bonne heure à l'état militaire ; il était élève de l'école polytechnique. S'étant rendu à Brest pour se faire recevoir dans l'artillerie de la marine, il y fit connaissance de M. le vice-amiral Morard de Galles, dont la fille s'étant éprise d'une belle passion, devint son épouse, et une grande fortune lui servit d'échelon pour parvenir à mieux.

Sa destinée l'appelait ailleurs qu'aux armées. Recommandé à Bonaparte, il fut fait auditeur au conseil d'Etat en janvier 1806 ; c'était l'époque des conquêtes de l'empereur. La conquête de l'Allemagne procura à M. Anglès un rapide avancement. Intendant en Silésie, il y resta jusqu'au mois de décembre 1808. Il passa ensuite à d'autres fonctions qui prouvèrent successivement et la faveur dont il jouissait près du maître, et son intelligence. Il fut appelé à l'intendance de Salzbourg, puis à celle de Vienne, et fut enfin nommé commissaire du gouvernement français près des Etats de la régence d'Autriche.

Ces faveurs de la fortune le formèrent à l'administration pour laquelle il avait du goût. Rentré en France, l'empereur le chargea, en décembre 1809, du troisième arrondissement de la police de l'empire, après l'avoir créé maître des requêtes au conseil d'état. La division de police dont il avait la direction et la correspondance comprenait les départemens au-delà des Alpes, ce qui dans la suite l'entraîna à l'exécution de mesures rigoureuses contre les prêtres italiens, dont je dirai quelque chose avant de passer plus loin.

En juin 1809, le pape Pie VII avait été dépouillé de ses États et traité en prisonnier par ordre de l'empereur. La haute police en cette occasion était du ressort de M. Anglès. Il crut servir son maître en sévissant avec impassibilité contre les prêtres qui déblatéraient, non sans juste motif, contre l'odieux traitement que l'on faisait subir au chef de la hiérarchie catholique. M. Anglès ordonna donc l'arrestation d'un assez grand nombre d'entre eux; il recommanda à ses agens et aux commissaires de police à Turin, à Gènes, à Rome, à Civitta-Vecchia, de tenir la main à la répression des ecclésiastiques *malveillans*, et leur transmit une sorte d'instruction, qu'on lui a reprochée dans certains écrits publics, comme un acte de tyrannie; cette instruction est adressée au directeur général de la police à Florence, M. de Lagarde.

Paris, 26 février 1814.

« Les variations de l'esprit public dans ce pays et au milieu des circonstances actuelles ne peuvent qu'étonner, et on comprend combien il est difficile d'en comprimer les écarts.

« Il faut cependant s'appliquer à balancer par une influence favorable les discours des malveillans. Vous aurez à faire répandre avec soin dans la Ligurie les grands avantages remportés par S. M. l'empereur sur les armées alliées, à la suite des faits d'armes les plus brillans dont l'histoire ait conservé le souvenir. Les ennemis sont en pleine retraite, et les espérances les mieux fondées d'une paix honorable prennent chaque jour plus de consistance. C'est sur ces événemens qu'il faut attirer l'attention des bons esprits et des hommes dont l'opinion fait autorité. C'est à ces gens qu'il appartient d'éclairer ceux de leurs compatriotes dont le mauvais esprit chercherait à causer des désordres et à encourager l'insoumission aux lois. Si leur influence et vos insinuations ne suffisent pas, il serait bon de faire arrêter quelques-uns de ces malveillans et de les diriger sur Nice, d'où ils recevraient une destination ultérieure.

« *Signé* Anglès. »

Cette lettre offre un singulier mélange de l'esprit de servilité commun à la presque universalité des agens de Bonaparte, grands ou petits, et de l'espèce de pudeur que l'homme d'un certain sens apporte toujours dans les mesures dont il comprend la dureté choquante. Qu'avait de commun la splendeur prétendue des victoires du conquérant avec la modération dont on essayait de faire sentir l'importance aux vaincus? On eût parlé d'un autre style si le fait avait été vrai. Cela semblait dire : Attendez au moins que nous soyons tout-à-fait vaincus! Et il n'y avait pas long-temps à attendre.

M. Anglès a également encouru, dans un laps de temps qui faisait ressortir le contraste, le blâme d'avoir mis à poursuivre comme bonapartistes ceux qui n'étaient pas pour les Bourbons, la même ardeur qu'il avait déployée précédemment contre les royalistes; ce blâme, dont nous ne le disculperons pas, appartient à tous ceux qui ont eu le courage ou la lâcheté de servir sous deux règnes successifs et opposés, après avoir prêté serment à l'un et à l'autre ; adultères assez communs dans les mariages politiques. Zélés pour eux-mêmes, et cliens de leur propre personnalité, ces hommes, restés fidèles à leur seul intérêt, ont été traités par tous les partis de transfuges. On se trompe; l'égoïsme ne change pas de bannière en passant tour à tour à toutes. Nous ne faisons pas l'honneur à M. Anglès et à d'autres comme lui, de croire qu'ils se soient jamais dévoués à la fortune de Bonaparte. Leurs héritiers les en excusent.

Avec l'abdication de Bonaparte, un gouvernement provisoire s'étant établi en avril 1814, M. Anglès fut nommé commissaire au département de la police générale; le roi le nomma conseiller d'Etat au mois de juillet suivant. Il avait été remplacé à la police générale par M. Beugnot, et restait sans fonction active, lorsque le 20 mars arriva. Obligé, par les avis de sa conscience et non pas autrement, de quitter la France, il lui fut facile de se rendre à Gand, grâce au duc d'Otrante, redevenu ministre de la police, qui se ménageait des bâtons de vieillesse dans tous les partis. M. Anglès fut en quelque sorte le ministre de la police à la cour de Gand. Ce ne fut pas sans doute à l'effet de surveiller la fausse monnaie que l'on crut devoir battre pour se tenir lieu de liste civile, en attendant d'en réclamer les arrérages.

Le rétablissement du gouvernement royal après Waterloo rappela M. Anglès à Paris; il y resta peu de temps sans place. Au mois de septembre 1815, il fut fait ministre d'Etat, et passa immédiatement à la préfecture de police occupée par M. Decazes.

Les circonstances rendaient ces fonctions difficiles; les subsistances seules l'occupaient essentiellement. Grâce à l'occupation de Paris par les troupes alliées, le peuple était aigri; ces hôtes de diverses nations prenaient des revanches d'insolence. La classe militaire et populaire était provoquée par les différens partis à s'insurger, surtout par les bonapartistes les plus irrités, et aussi par des agens de l'ennemi qui auraient voulu faire naître un prétexte de mettre la ville au pillage. De part et d'autre, on tenait le préfet dans une transe continuelle.

Les exigences des royalistes donnaient bien d'autres sujets de sollicitude. Sous le coup de l'éblouissement des cent jours, ils avaient un peu perdu leur esprit de fanfaronnade chevaleresque, et voyaient des conspirations partout; ils en faisaient naître par leur esprit de vengeance. Des chants haineux, des provocations fiévreuses tenaient les vaincus en haleine. Tous les jours, au Palais-Royal, on échangeait des coups et des cartels. Les maîtres d'armes dont Paris fourmille avaient beau jeu pour se poser en héros. La police était sans cesse occupée à mettre la main au collet des conspirateurs, à réprimer les libelles et les écrits contraires au nouveau gouvernement et aux opérations des alliés. M. Decazes, devenu ministre de la police, ne laissait point en repos le préfet; il lui donnait des instructions à suivre pour comprimer les bonapartistes et les révolutionnaires.

Au milieu de ces tiraillemens, le préfet oublia plus d'une fois les règles de la justice et de l'impartialité, à supposer qu'il les eût jamais apprises? Mais où les aurait-il apprises? Nous le verrons même, suivant les us et coutumes dont la tradition fut écrite par Machiavel, et, depuis lors, régulièrement mise en action partout, employer des agens provocateurs pour solliciter ou découvrir des complots; ce qui en fait sortir de terre des factices en même temps que des réels, et complique ainsi la besogne administrative qu'on espérait cependant abréger par la provocation. Il serait peut-être faux néanmoins de dire que M. Anglès ne fit pas quelques efforts pour amortir l'effet des réactions et pour se cabrer lui-même contre une impulsion à laquelle il lui était si difficile de résister. L'ambition et le désir de conserver sa place, très affriandée à cette époque, le guidaient plus encore que la conviction des besoins du moment, dans les mesures qu'il faisait exécuter. Il se serait volontiers, nous le croyons, chargé tout seul des surexcitations factices, pour être à même de manifester son zèle à coup sûr. Mais l'on ne pourrait avoir la science complète du désordre sans posséder en même temps la science de l'ordre, et dans ce cas, il serait plus agréable de briller et de s'enrichir par le bien. C'est pourquoi l'on fait le gâchis lui-même en casse cou, au jour le jour. Aussi les dénonciations pleuvaient de tous côtés; M. Anglès était également en butte aux reproches des royalistes mécontens de sa modération, qu'ils appelaient simplicité, et aux criailleries des bonapartistes et patriotes qui l'accusaient de sacrifier la liberté et la justice aux vues de la cour et à la haine des courtisans.

La police politique fut donc pour lui, alternativement, un sujet d'inquiétudes et de soins; elle apportait des entraves aux autres occupations de sa place. Si l'affaire de Maubreuil lui valut des tracasseries sans nombre, sa *conspiration des patriotes de* 1816 le compromit d'une manière bien plus sérieuse. On l'accuse, non sans raisons, d'avoir secondé les menées du duc Decazes par des mesures odieuses, dans la création de ce complot.

Un assez grand nombre de mécontens existait dans les basses classes. Un nommé Scheltein, espion, eut ordre de parcourir les cabarets où les ignorans se rassemblent; là, cet homme échauffait par ses discours des gens qui n'avaient réellement pas les moyens de monter une conspiration. Il faut une mise de fonds pour le matériel de ces sortes d'entreprises, et de plus riches s'y sont ruinés. Un nommé Pleignier, tanneur, guidé par sa mauvaise étoile, prêta l'oreille aux suggestions de Scheltein. Pleignier était dans le besoin ; bon père comme le plus brut l'est pour ses petits, et bon époux, ce qui est plus rare, il gémissait de voir sa famille rongée par la misère. Dans le fumier de la misère, on fait germer facilement tous les crimes. Scheltein lui prouva clair comme le jour qu'un changement de gouvernement remettrait sa barque à flot.

Des demi-confidences laissèrent à Pleignier quelque chose encore à savoir. Bref, l'espion mit sur table un projet de bouleversement radical. Il ne s'agissait ni d'une république, ni de rien qui ressemblât au Directoire, mais d'une liberté sage, éclairée, qui fît revivre le patriotisme des premières années de la révolution et qui ne fût souillée par aucun excès. Ce devait être la perle des conspirations, dans le goût des idylles de Florian. Pleignier la vit se réaliser à travers le cristal d'une bouteille. Dans l'épanchement fiévreux qui lui faisait manier des millions imaginaires, il se montra satisfait de pouvoir être généreux avec ses ennemis. Les honnêtes gens ne conspirent qu'avec cette perspective, et s'ils deviennent des scélérats politiques, c'est avec le meilleures intentions du monde, afin de ramener la vertu sur la terre, en attendant qu'on leur dise bien nettement ce que c'est. Scheltein ajouta qu'un grand nombre d'individus marchaient sous la bannière de la liberté, mais qu'il fallait recruter encore, et prendre un signe de ralliement. Pleignier promit de s'en occuper. Il en fit part au graveur Tolleron, à Carbonneau, écrivain public, à Charles, imprimeur, partisans de Bonaparte. Ils n'approuvèrent pas tout ce que leur dit Pleignier et voulurent voir celui qui risquait de semblables propositions. On prit un rendez-vous; Scheltein leur lut une proclamation superbe; le style et les promesses les éblouirent. On ne trouve pas tous les jours l'occasion d'accomplir une révolution à si bon marché. Le projet leur allait à merveille. Il fallait un graveur pour fabriquer des cartes; Tolleron s'en chargea; Carbonneau dut copier la proclamation; Charles se fit fort de l'imprimer pour qu'on pût la mettre en circulation dans les départemens. Ces malheureux firent successivement tout ce qu'on leur demanda.

Mais, une fois lancés dans l'entreprise, ils commencèrent à en craindre les suites. Pleignier croyant prendre le plus court pour sortir de sa misère, et sacrifiant sa révolution comme Esaü son droit d'aînesse pour un plat de lentilles, la fit connaître au ministre Decazes; celui-ci l'engagea fort à suivre cette affaire et à lui en rendre compte. Les agens du préfet de police intervinrent dans les réunions où les conspirateurs furent arrêtés. On connaît le résultat. Cette manœuvre, aux yeux du public, resta comme une preuve du coupable système des provocations; elle n'a pas été la seule.

Pleignier avait remis des révélations qu'on disait importantes à MM. Lambert et Dineur, officiers de gendarmerie, avant de monter à l'échafaud.

M. Anglès, en qualité de chef supérieur de la gendarmerie, se plaignit que ces officiers eussent remis l'écrit au président de la cour d'assises qui le fit passer à M. le chancelier.

Il appela donc M. Dineur pour lui témoigner son mécontentement, constata par écrit ce que ce dernier dit pour sa défense, et ordonna à M. Tessier, commandant de la gendarmerie, de le conduire à la salle des gendarmes de la préfecture, sans le laisser parler à personne. C'était, en effet, une étrange gaucherie de la part d'un subordonné d'agir plutôt suivant sa conscience que suivant sa consigne. L'obéissance à la consigne le mettait à couvert de toute responsabilité matérielle; mais il y a des gendarmes qui, quoique gendarmes, croient encore à la responsabilité morale. Quand elle en trouve devant son chemin, la police y met bon ordre. Soit donc que M. Anglès fût très ulcéré, soit que l'officier de gendarmerie l'eût offensé pour quelque autre chose, on l'envoya définitivement à Bicêtre; mais le concierge, qui ne recevait pas tous les jours de pareil gibier, refusa d'emprisonner l'officier sans un ordre spécial du préfet de police. Le concierge craignait les méprises et les ressentimens.

Ce refus irrita de plus en plus M. Anglès; il obtint du juge d'instruction à la cour royale un mandat pour que M. Dineur fût amené devant le juge; puis réformant l'ordre, il en donna un autre portant que c'était à Bicêtre que l'officier de gendarmerie devait attendre M. le procureur du roi et le juge d'instruction; on reconduisit donc M. Dineur à Bicêtre, et le concierge refusant encore de le recevoir, car on ne met pas comme cela et de but en blanc un officier de gendarmerie en prison, notre prisonnier resta dans la cour jusqu'à ce que M. Laîné, lieutenant-colonel, vint le réclamer comme justiciable d'un conseil de guerre, en cas de culpabilité.

M. Dineur fut mis en liberté quinze jours plus tard. Cette persécution gauche, et dont on ne voyait pas le motif, devint un sujet de reproche contre le préfet. Il fallait que les révélations de Pleignier inspirassent une grande inquiétude pour agir de cette manière. Un homme politique devrait avoir la résignation d'avaler quelques couleuvres et de fouler aux pieds tout amour-propre. Mais tout le monde n'a pas le courage d'un Talleyrand.

Cet événement n'eut aucune autre suite, pas plus que l'évasion de M. de Lavalette.

Le 21 novembre 1815, à minuit, M. de Lavalette, directeur général des postes sous l'empereur, avait été condamné à mort par la cour d'assises du département de la Seine, comme un des fauteurs de l'usurpation de Bonaparte au 20 mars, en prenant de haute lutte, dans l'hôtel des postes, le titre et les fonctions de directeur général pour expédier aux départemens les divers ordres officiels émanés de l'échappé de l'île d'Elbe. L'évasion du condamné ne permit pas l'exécution de la sentence. On dut se borner à l'exécuter en effigie, le 9 janvier 1816, sur la place de Grève, et son signalement fut attaché à un gibet; grotesque et ignoble comédie qui fait descendre la loi jusqu'à la colère, en affichant aux yeux de tous son impuissance.

Après le prononcé du jugement à mort, M. de Lavalette, qui s'était pourvu en cassation, fut renfermé à la Conciergerie. Le préfet de police donna des ordres au concierge pour que la surveillance fût rigoureuse et qu'on ne permît au prisonnier de voir qui que ce fût, quand même on se présenterait avec une permission signée de lui. Le procureur général, sur la demande qu'on en fit, permit pourtant au prisonnier de voir sa femme et quelques amis indiqués par M. de Lavalette.

Le 20 décembre, veille de l'exécution, vers trois heures après midi, l'épouse et la fille du condamné, et une femme âgée de soixante-dix ans, nommée Dutoit, furent introduites en même temps par le concierge Roquette, dans la chambre de M. de Lavalette.

Madame de Lavalette s'était fait transporter à la Conciergerie dans une chaise à porteurs, servie par un nommé *Guérin*, dit *Marengo*, son porteur ordinaire, et un nommé Brigant, commissionnaire choisi ce jour-là par Guérin pour remplacer un autre porteur ordinaire alors malade. Les porteurs étaient dans l'usage de conduire madame de Lavalette jusque dans la cour de la Conciergerie; elle sortit cette fois-là de sa chaise dans la cour du Palais, et s'achemina pédestrement vers la grille de la Conciergerie.

Madame de Lavalette était malade ou censée malade; son valet de chambre dit aux porteurs : « Arrêtez-vous ici ; madame est assez forte pour achever à pied le trajet qui lui reste à faire. » La chaise fut rangée par les porteurs vers le mur du palais de justice en dehors de la grille. On en tira un coussin en taffetas vert et un paquet volumineux. Madame portait un sac à ouvrage. Rien de tout cela ne subit l'examen ordinaire. On envoie rarement les gens du bon ton à la mort dans les temps monarchiques, et les geoliers savent leur monde. Un goujat aurait moins de chance.

Madame de Lavalette, en arrivant à la Conciergerie, était vêtue d'une redingote de mérinos rouge garnie de fourrure, et avait sur la tête un chapeau noir à plumes mélangées. Elle entra avec sa fille et la dame Dutoit dans la chambre de son mari ; le valet de chambre appelé Benoist demeura dans la première pièce dite *l'avant-greffe*. Les porteurs avaient été reçus dans le corps-de-garde de la gendarmerie.

Eberle, l'un des guichetiers de la prison, servit le dîner et le café qu'il avait été chercher dans la cour du Palais. Il quitta l'appartement pour n'y rentrer que lorsqu'on le sonnerait. Ce guichetier avait été spécialement attaché au service de M. de Lavalette par le concierge.

Le valet de chambre Benoist, qui était dans le secret, voyant approcher le dénoûment, quitta l'avant-greffe pour aller s'assurer des porteurs.

Benoist trouva les porteurs au corps-de-garde des gendarmes, et les invita à venir boire avec lui. Guérin, un des porteurs, ne se fit pas prier, mais un autre, nommé Brigant, ne bougeait pas.

— Allons donc! camarade, lui dit Benoist, vous ne serez pas de trop.

Brigant se laisse persuader, et sort avec son camarade. Chemin faisant, Benoist, d'un ton déterminé, leur dit :

— Camarades, il y a vingt-cinq louis à gagner. Vous serez un peu plus chargés, et il faudra aller plus vite; mais vous n'aurez que dix pas à faire.

— C'est donc M. de Lavallette que nous allons emporter?

— Cela ne vous regarde pas, allez toujours.

Brigant rejette la proposition; Benoist insiste, et lui dit :

— Tu n'es pas un homme!

Guérin, l'autre porteur, se joignit à Benoist, et dit à Brigant :

— Qu'est-ce que cela te fait, dès que monsieur nous jure qu'il n'y a rien à craindre? Sommes-nous payés par la police pour examiner les figures sous le masque? Viens donc!

Brigant voulait absolument savoir qui l'on devait porter; enfin il quitte la bricole, et, sans entrer chez le marchand de vin, s'en retourne chez lui.

Qu'on juge de l'inquiétude de Benoist. Ceci faisait tout manquer. Heureusement Guérin jette les yeux sur un charbonnier en train de boire, et lui propose la bricole ; ils partent lestement pour aller prendre la chaise ; sept heures du soir sonnaient ; il était par conséquent pleine nuit. M. de Lavalette, installé dans la chaise, attendait depuis quelques momens. Ces cinq ou six minutes d'attente durent lui causer de vives alarmes. On partit enfin.

Parlons de ce qui s'était passé dans l'intérieur de la prison.

Après le café, un coup de sonnette avertit le concierge. Eberle courut à la prison ; comme le concierge Roquette s'avançait de son côté pour savoir ce qu'on voulait, trois femmes, suivies d'Eberle, arrivaient en ce moment de front dans l'avant-greffe.

Un mouchoir blanc couvrait le visage de madame Lavalette ; elle sanglotait, et mademoiselle de Lavalette marchait à ses côtés en poussant des cris de douleurs ; tout offrait le spectacle d'une famille livrée aux déchiremens d'un dernier adieu ; le concierge, attendri et trompé vraisemblablement par ce déguisement et par la lueur incertaine de deux lampes qui l'éclairaient, n'eut pas la présence d'esprit ou la cruauté de soulever le mouchoir qui couvrait la figure de cette femme, veuve déjà de son mari vivant. Le déguisement réussit; le concierge présenta la main à la prétendue madame Lavalette et la conduisit, ainsi que ses deux compagnes, jusqu'au dernier guichet. L'épouse du comte avait eu l'audace de rester dans sa chambre. Sans exagérer le mérite de ce dévouement, car il n'entraînait pas la mort, c'était un jeu bien hardi.

Sortis de la prison, Eberle, le guichetier, appela les porteurs. Les porteurs se rendirent sur le quai des Orfèvres, jusque près de la rue Sainte-Anne. M. de Lavalette fut remplacé dans la chaise par sa fille que l'on conduisit au couvent de l'Abbaye-aux-Bois.

Tandis que l'évasion s'accomplit, le concierge entre dans la cellule de M. Lavalette, n'y aperçoit personne, mais entend quelqu'un qui remuait derrière un paravent; il regarde, et reconnaissant madame de Lavalette, il s'écrie : « Ah! madame, vous m'avez trompé. » Il veut sortir pour donner l'alarme; la femme résolue, qui craignait que son mari ne fût pas encore en sûreté, le retint de toutes ses forces.

— Attendez, monsieur Roquette, attendez, s'écrie-t-elle.

On se débat, l'habit se déchire. Le prisonnier était en sûreté!...

Cette évasion connue à la préfecture de police, au ministère, de nombreux agens furent mis aussitôt en activité ; le signalement du fugitif mis dans tous les journaux, adressé à toutes les autorité ; on visita les hôtels garnis. La police ferma les barrières ; on ne sortit de Paris qu'avec un passeport. Tout fut inutile, nul indice pour diriger les poursuites ; personne ne fit de révélation sur la retraite du fugitif.

Trois officiers anglais, dirigés par le général Wilson, l'avaient mis à l'abri des recherches. Revêtu de l'uniforme anglais, après avoir été caché quelque temps chez un ami, le fugitif s'était rendu, le 7 janvier 1816, rue du Helder, chez un camarade du général Wilson. Le lendemain, à sept heures du matin, il partit avec celui-ci, en cabriolet, franchit les barrières et se rendit à Mons, d'où il passa à Munich.

Le concierge et les guichetiers furent destitués ; mais on ne poussa pas la rigueur jusqu'à prononcer des peines contre mesdames de Lavalette et la veuve Dutoit ; traduites devant les tribunaux, elles furent acquittées et devaient l'être. On ne trouva pas de juges assez ignobles pour flétrir cet outrage à la loi. Les trois généraux anglais complices de l'évasion, soumis à une longue procédure, qui jeta quelque relief sur leur caractère et déconsidéra leur accusation, furent seulement condamnés à trois mois d'emprisonnement. Ils trouvèrent des complices dans toutes les âmes. Les lois ne prévalent pas contre ce qui est beau ; c'est quand elles s'en formalisent qu'elles périssent.

On mit la responsabilité de cette évasion au compte de M. Anglès, en le taxant de connivence. Il prouva, car il y fut réduit, que la chose était impossible de sa part, l'accès auprès de M. de Lavalette ayant été permis à la famille par le procureur général. Croire qu'il applaudit en secret à l'heureuse ruse de madame de Lavalette, c'est lui reconnaître un sentiment honnête. La magistrature aime à se rejeter sur les événemens de tout ce que les principes écrits retranchent à sa miséricorde. La loi porte bien des crimes.

En revanche, on fit main basse sur les gravures et brochures où l'évasion de M. de la Valette était présentée de façon à vexer le gouvernement. Qui sait combien d'évasions furent rendues impossibles par celle-là, et les rigueurs sans nombre que les sarcasmes du public libre occasionèrent contre les enfans perdus de la politique alors tenus sous les verroux ! L'argus des prisons ouvrit ses yeux de lynx, et se repentit d'avoir eu par hasard des formes obséquieuses. Ces sortes d'échecs rendent les geoliers cent fois plus durs ; mais cette considération philantropique n'empêchera personne de leur dérober son cou.

Toutes ces contrariétés n'empêchèrent pas non plus M. Anglès de donner quelques soins à l'administration ; plusieurs établissemens municipaux lui doivent des améliorations. De ce nombre est le *conseil de salubrité* qui rendit des services dans certaines branches de l'hygiène publique par les mesures que l'on prit contre les maladies contagieuses.

L'augmentation de la population parisienne et le nombre de fabriques, d'ateliers, de manufactures qui s'y sont formés depuis la révolution rendaient cet établissement nécessaire.

Sous la lieutenance de M. Lenoir, M. Pia avait imaginé des boîtes de secours pour les noyés ; il en surveillait l'application avec un zèle philantropique. M. Cadet de Vaux, collègue de M. Pia, mais avec le titre d'*inspecteur général de la salubrité*, s'occupait de l'hygiène publique. On lui dut la suppression du petit Châtelet, du Fort-l'Evêque, de la prison de Saint-Martin, de celle de Saint-Eloi, et la réunion des prisonniers à l'hôtel de la Force.

Le bureau central supprima la place, et se borna à consulter le savant qui avait si bien mérité de la ville de Paris dans l'exercice de cette fonction. On en obtint le même zèle, en lui retirant toute espèce d'honoraires. Il faisait bien de ne pas être un pauvre diable : son dévouement n'y aurait pas suffi.

Chaque fois que le préfet de police avait à prendre une décision, il prenait l'avis d'un médecin, d'un chimiste, d'un agronome et d'un chirurgien vétérinaire, suivant l'objet. Cette manière de procéder avait des inconvéniens; M. Cadet de Gassicourt proposa la formation d'un conseil de salubrité, où l'on discuterait tous les objets qui lui seraient renvoyés. Un arrêté du 6 juillet 1802 en ordonna la création; d'abord composé de quatre membres, le nombre et la variété des affaires obligèrent de lui donner plus d'extension. Le 26 octobre 1807, il reçut une organisation nouvelle.

M. Anglès donna un soin particulier à cet établissement, qu'il présidait souvent ; il y appela des hommes de mérite, et le composa de neuf membres avec un traitement de 1,200 fr. pour chacun, état de choses qui n'a point changé depuis.

Il créa pareillement le *dispensaire*; sous ce nom l'on désigne le régime sanitaire des filles publiques. M. Anglès tint sévèrement la main à la régularité des visites. Le local consacré à ces visites fut agrandi, des médecins y furent attachés, et chaque fille publique obligée de s'y présenter au moins une fois par mois. On donna des cartes à ces femmes, sur lesquelles on inscrivait le jour de la visite ; en cas de maladie, la carte leur était ôtée; on leur imposait alors l'obligation de se rendre à l'hospice. Les négligentes y étaient contraintes ; on en exigeait une rétribution mensuelle de 5 francs pour les frais. Jusque-là, rien de mieux; mais ce que ni M. Anglès, ni tout autre n'avaient le droit de faire, c'était de les mettre en prison jusqu'à ce qu'elles eussent payé. Ce régime excita de nombreuses clameurs ; on taxa d'illégalité cette exigence ; et l'emprisonnement, d'acte vexatoire. Il aurait fallu 75 ou 80 mille francs de plus pour subvenir aux frais; c'était au corps municipal à voter cette somme. M. Monnier ne vit point de raison pour changer ce qui existait; le corps municipal décida de même et approuva la taxe. Plus tard M. de Belleyme, mieux conseillé, exécuta cette réforme avec l'applaudissement général et le consentement du corps municipal. En général, nos conseillers municipaux, dans leurs réunions, n'apportent pas de système bien arrêté sur ce qu'il convient de faire ou de ne pas faire. On les élit au hasard dans un cadre étroit; ils vont à tort et à travers dans un cerlce de généralités vagues. Les déclamateurs ou les esprits ladres, frères du même lit, y dominent une majorité médiocre et sans lumière. On consulte ces législateurs d'occasion sur la plupart des nécessités administratives ; ils répondent par des lieux communs sur la vertu, et les questions imminentes sont écartées par cette battologie. Le dernier des hommes spéciaux est plus en droit de prononcer sur sa spécialité que ces tristes élus qu'on arme du droit de divaguer sur ce qu'ils ignorent.

La gendarmerie occupa, dans la même année (1816), les soins de M. Anglès. Ce corps, dont la bravoure se déploie en pleine paix pour l'arrestation des criminels, ne fut que trop souvent employé par des mesures de rigueur qui soulevèrent tour à tour les fractions diverses de l'opinion publique. Le préfet dressa une instruction détaillée sous la date du 27 mai 1816, développement de l'ordonnance du roi, du 10 janvier précédent. Les fonctions, les devoirs et les obligations des gendarmes y sont tracés sans trop de verbiage. Une instruction postérieure, du 18 avril 1820, y a donné plus de précision encore.

Les abattoirs, idée neuve, qui conciliait à la fois les intérêts du commerce et la convenance publique, soumise en 1809 à Napoléon sur les plans et l'initiative de M. Bruneau, furent enfin mis en activité sous M. Anglès et ouverts aux bouchers le 15 septembre 1818.

Economie, salubrité, police d'ensemble, tout se trouve dans ces vastes établissemens, destinés un jour à servir de modèle ou de point de départ pour les ateliers industriels de la commune, lorsque le concours des forces diverses remplacera les hostilités de la fausse concurrence et que les intérêts particuliers s'affranchiront de leur isolement ruineux pour chercher la véritable économie dans l'association.

On sait que les abattoirs sont d'une constructions également solide et régulière. Dans tous, outre les locaux destinés à l'abattage, on trouve des bouveries immenses, de nombreuses bergeries, surmontées de vastes greniers pour les fourrages. Des fontaines y répandent une quantité d'eau suffisante pour la boisson des bestiaux et l'entretien de la propreté.

Cette idée honore vraiment l'homme qui l'a conçue et le siècle qui l'a réalisée. Pour la première fois peut-être un inventeur a pu jouir du spectacle de la mise en exercice de sa découverte. Faisons des vœux pour que cette pensée, que l'on peut étendre à tant d'autres objets et sur une foule de professions, ne reste pas trop long-temps sans application analogue. Elle est parmi nous un des plus beaux germes d'unité.

Le produit de la location des abattoirs aux bouchers monte à 320,000 fr. tous les ans, au profit de la ville de Paris. Le préfet de police en a la police intérieure et nomme les différens employés

Les premiers réglemens sur la tenue et l'ordre à suivre dans ces beaux établissemens sont de M. Anglès, du 11 septembre 1818. Tous les cas y sont prévus, et ce travail est un des mieux faits qui soient sortis de la préfecture.

Au rang des ordonnances utiles, mais imparfaites au possible, mettons celle de septembre 1816, à l'occasion des diligences, messageries et voitures publiques. Peut-être, pour la compléter, ce qui est urgent, aurait-il fallu décider que les foyers de messageries semés çà et là dans l'enceinte de la capitale placeront à l'avenir leurs bureaux de départ et d'arrivée à la circonférence de la ville, c'est-à-dire à l'entrée des faubourgs, fallût-il pour cela les indemniser. Les établissemens des messageries se trouvent assez maladroitement placés au centre même de la ville; leurs abords sont habituellement des rues étroites, pressées, fangeuses, et, par cela seul, d'un parcours difficile. Il en est résulté que des voitures, la plupart d'une structure gigantesque, réunies aux centaines d'omnibus, de fiacres, de cabriolets, d'équipages de tout genre, depuis la calèche aristocratique jusqu'au char-à-bancs des tapissiers et aux tonneaux des porteurs d'eau, haquets, brancards, étalages ambulans, qui se mêlent et circulent confusément dans Paris, s'encombrent et s'enchevêtrent à un point qu'il est des quartiers où l'on ne peut s'aventurer qu'au risque de la vie, en se livrant à une gymnastique incroyable pour éviter d'être moulu, pris entre les roues, écrasé. A cela près des passages dont il faut souhaiter vivement que l'usage se répande de plus en plus, il semble qu'il n'y ait de place dans les lieux courans de la circulation publique que pour ceux qui vont en voiture; l'usurpation des chevaux sur les hommes dépasse toute mesure, et la municipalité qui n'y songe guère manque de prévoyance dans la distribution des plus simples spécialités ; c'est une débâcle universelle contre la liberté de chacun et contre la liberté de tous. On peut invoquer en faveur du droit que la municipalité conserve de reléguer ces établissemens au dehors de nos barrières, le même droit qu'elle s'arroge avec tant de raison contre les ateliers insalubres et les fabrications dangereuses. Il faut sortir de cette anarchie. A heure dite, au grand galop, au bruit de la trompette, Paris offre le spectacle d'une chasse au piéton qui s'exécute dans tous les sens; des processions de voitures coupent brusquement toute circulation à travers d'autres lignes de voitures qui coupent les premières à leur tour ; et cela, qu'il fasse du brouillard ou non, que les lanternes soient allumées ou ne le soient pas. Nous sommes dans l'organisation du désordre. Il semble qu'il soit dans nos mœurs d'être écrasés, ahuris, bousculés, et de s'épanouir avec délices dans la métropole de la civilisation sous les coups de fouet des cochers, les roues des voitures et les pieds des chevaux. Ce désordre, car c'en est un grand, et il est l'antipode de toute liberté et de toute société, n'existerait pas si, comme on vient de le dire, tous les établissemens qui se rapportent au service de l'extérieur, eussent été placés hors du centre. C'est, par malheur, une considération si simple, et nous sommes, comme le disent toujours les badauds, un peuple si léger, que l'administration prétendue municipale ne s'en avisera pas avant un siècle.

Le conseil de salubrité, qui prit une certaine activité sous M. Anglès, lui fournit l'occasion de rendre plusieurs ordonnances sur les ateliers ou manufactures qui répandent des vapeurs insalubres et vicient l'air. Paris, encombré d'égouts, qui ne sont pas faits d'après un plan général et bien entendu, de tuyaux de gaz mal établis et presque à fleur du pavé, de parfumeries nauséabondes et de latrines qui pourrissent la racine des maisons, renferme en lui de nombreux foyers de peste. L'atmosphère y sème les fièvres, et les médecins y récoltent. Que serait-ce s'il était abandonné à l'égoïsme industriel et mercantile qui ne craindrait pas d'y réunir la vapeur du soufre et celle de l'eau forte, les boyauderies, les fabrications de colle forte, etc. Ce serait alors un immense et abominable atelier où les vapeurs emprisonnées de tout genre, le bruit, la fumée, les travaux délétères et immondes répandraient de plus en plus la mortalité parmi ses pâles habitans, déjà frappés de mille fléaux, et qui ne se doutent guère, dans leur crasse ignorance, des plus petites notions d'hygiène. Combien de germes mortels fleurissent et donnent des fruits en se développant au milieu du fumier des villes ! Quelque civilisation qu'on aperçoive dans certains quartiers de luxe, villages et villes présentent encore chez nous les vestiges de la plus ignoble barbarie. Le bon sens n'a pas encore dit son premier mot en matière administrative.

On a reproché à M. Anglès plus d'un acte arbitraire dans l'exercice de la police de sûreté; je citerai le suivant pour en avoir eu connaissance.

En 1816, la seconde division de la préfecture, dont le chef était M. Henri, fameux par le talent de mettre la main au collet des petits fripons, mit M. Anglès à même d'une opération dont il lui détailla tous les expédiens pour saisir et faire mettre à Bicêtre un certain nombre de *floueurs*, sorte d'escrocs en matière de jeux, dont l'industrie spéciale est de s'introduire dans les billards publics, en y faisant venir des étrangers afin de les dévaliser au moyen de paris où les compères des floueurs sont sûrs de leur coup.

On pouvait les prendre sur le fait, et les envoyer en bloc, par mesure administrative, à Bicêtre. On avait la liste des floueurs déjà condamnés pour cette cause, et rendus à la liberté après l'expiration de leur peine. Il était aisé de les arrêter en flagrant délit, car, une fois ce genre de vie adopté, les floueurs n'en ont guère d'autre; ils passent leur vie dans un cercle dont l'estaminet et Bicêtre occupent les deux points opposés; le cercle une fois parcouru, chacun d'eux le recommence; il n'y a plus de raison pour que cela finisse. M. Anglès signa l'ordre proposé par la seconde division, portant à six mois, trois mois, deux mois, les divers emprisonnemens pour les arrestations à faire.

La mesure fut si leste, si contraire à toute justice, que des pères de famille, qui depuis huit et dix ans vivaient tranquilles et à l'abri de tout soupçon, furent arrêtés et conduits à Bicêtre. On fit la rafle un peu trop à la diable;

en général, les mouchards ont la main lourde ; ils procèdent en matière de justice comme les soldats énergumènes qui marchaient à la voix de saint Dominique procédaient envers les peuples des Cévennes que l'on accusait d'hérésie, en tombant à bras raccourcis sur la foule, sauf à Dieu de s'y démêler et de reconnaître les innocens. Tous les incarcérés, mis au rang des floueurs, réclamèrent ; il fallut en relâcher un grand nombre. Une trentaine de braves gens restèrent cependant détenus sans aucune forme de procès, uniquement parce qu'ils étaient regardés par la police comme des hommes dangereux. Il est à penser qu'en se regimbant contre les officiers subalternes de la police, très fiers du privilége de ne permettre aucune insolence à ceux qu'ils outragent, ces individus-là méritèrent d'être gardés soigneusement sous de triples verroux pour n'avoir pas su *respecter l'autorité dans l'exercice de ses fonctions,* comme on le dit encore chez un peuple qui se prétend libre et qui a guillotiné des rois.

Le gros du public bourgeois fort ignorant et fort crédule en matière de police, n'eut qu'une vague connaissance de ce fait et le toléra ; ces sortes de *presses* à la façon des enlèvemens pour la marine qui se font dans les ports anglais, s'exécutent sans façon sur nos pauvres diables.

Personne ne réclame ; la police affirme que les incarcérés sont des coquins, et les journaux continuent à rendre scrupuleusement compte des vaudevilles. Le mépris de l'individu est, en bonne civilisation, dans la moelle et dans l'âme du moindre individu.

L'événement de l'assassinat du duc de Berri est un événement notoire de la biographie administrative de M. Anglès.

Le dimanche 13 février 1820, le duc et la duchesse de Berri, alors enceinte, dit-on, ce qui est possible, s'étaient rendus à l'Opéra. Le deuxième acte du *Carnaval de Venise* venait de finir. Il était onze heures, la duchesse témoigna le désir de se retirer, le prince la reconduisit jusqu'à sa voiture ; madame la duchesse de Berri, cédant à un petit mouvement de jalousie bien naturel, avait, à ce qu'il paraît, demandé à quitter le spectacle en apercevant dans la salle une certaine actrice, Virginie, maîtresse du duc. Le duc, suivant cette version, refusa, sous un prétexte, de retourner à l'Elysée ; il voulut retourner sur ses pas. On suppose qu'il avait à parler à sa maîtresse. Comme il donnait la main à sa femme pour l'aider à franchir le marche-pied, en lui promettant de la rejoindre, et qu'il se retournait vivement pour rentrer au plus tôt dans le vestibule de l'Opéra, un homme se frayant brusquement passage entre les grenadiers de garde et l'un des gentilshommes de service, M. de Clermont-Lodève, saisit le prince par l'épaule gauche et lui plongea dans le téton droit un fer qu'il laissa dans la blessure en s'échappant. C'était un instrument grossier, comme le fer à relever d'une blanchisseuse de dentelles, façonné en poignard tranchant et aigu, de six pouces de longueur et fortement emmanché dans une poignée de buis.

La première impression du prince fut qu'il venait d'être heurté par un indiscret; mais presque aussitôt on le vit chanceler, il s'écria : « Je suis assassiné, je tiens le poignard. » En effet, il le retira de sa plaie et le remit lui-même au comte de Ménars, en tombant dans ses bras.

A ce prmier cri, la duchesse s'était élancée de la voiture; on s'efforçait en vain de la retenir; elle se jeta sur le prince, et fut couverte du sang qui rejaillissait. Elle ne voulut plus quitter le duc qu'on transporta dans le petit salon de la loge royale, où les premiers chirurgiens qu'on eut sous la main lui prodiguèrent des secours. Le ballet continuait, on n'avait pas encore dans la salle la moindre idée de cette catastrophe.

Dans l'élan du premier effroi, deux officiers du prince, MM. de Choiseul et de Clermont, des adjudans de police et plusieurs soldats de la garde, s'étaient précipités sur les traces de l'assassin qui s'était enfui du côté de l'arcade Colbert; un fiacre barra d'abord sa course; il fut ensuite croisé par le nommé Paulmier, garçon limonadier. Tous deux pirouettèrent un instant. Bref, il fut saisi par Desbiès, soldat de la garde royale, de faction à la sortie, et par les militaires accourus à la hâte. L'assassin fit peu d'efforts pour échapper; il se résigna sur-le-champ. Amené au bureau de police du théâtre, interrogé successivement par le commissaire, par le préfet de police et le procureur du roi, en présence du ministre de l'intérieur, M. Decazes, il répondit sans hésiter qu'il s'appelait Louis-Pierre Louvel, qu'il était né à Versailles, âgé de trente-six ans et demi, employé comme garçon sellier pour le compte du sieur Labouzelle, sellier du roi, et domicilié aux Petites-Écuries, place du Carrousel.

Aux questions qu'on lui fit sur les motifs de ce crime et sur les complices qu'il pouvait avoir, il déclara du même ton de résolution et de simplicité qu'il méditait cela tout seul et depuis six ans; qu'il avait voulu délivrer son pays des Bourbons, car les Bourbons étaient dans son opinion les plus cruels ennemis de la France; qu'alors il avait dû commencer par le plus jeune, par celui qui promettait de perpétuer leur race. Son dessein avait été, ajouta-t-il, s'il se fût échappé cette fois, d'assassiner successivement les autres princes et le roi lui-même, qu'il avait voulu tuer en 1814.

Tandis que l'assassin faisait de sang-froid ces terribles aveux, les gens de l'art, déjà réunis autour du prince, ayant reconnu qu'on ne pouvait, sans empirer l'état du blessé, le reconduire dans son palais, on le porta dans la salle de l'administration. Un lit fut dressé à la hâte. C'étaient les mêmes matelas sur lesquels, par une fatalité singulière, le prince avait pris du repos dans la première nuit de son débarquement à Cherbourg. M. Grandsire, secrétaire de l'Opéra pour le moment, se trouvait à Cherbourg en 1814, et avait hébergé Son Altesse Royale.

On avait porté la nouvelle du crime aux Tuileries. Le Roi ne savait pourtant pas toute la gravité de la blessure. Monsieur accourut; on voulut en vain lui dérober ce spectacle. Madame et monsieur le duc d'Angoulême, les ministres, les grands officiers de la couronne, une foule de personnages distingués de la cour et de la ville, une partie dans les habits de bal où l'affreuse nouvelle les avait surpris, accoururent et entourèrent le prince.

M. Dupuytren demeurait trop loin de l'Opéra pour arriver à l'instant même. On l'attendait comme une providence. Ce fut lui qui reconnut tout le danger. Après une courte consultation avec ses confrères, il traça des scarifications profondes; le sang jaillit abondamment de la plaie mise à jour; la poitrine parut se dégager; on eut un moment d'espérance. Le duc de Berri supporta cette opération avec le courage qu'on avait lieu d'attendre de son caractère. Il ne s'abusa pas sur l'inutilité des efforts de l'art, et disait à M. Dupuytren : « Je suis bien touché de vos soins, mais ils ne sauraient prolonger mon existence; ma blessure est mortelle. » On remarqua qu'il en avait eu le pressentiment à ses premières douleurs; mais cette remarque n'eut rien de décisif que par l'événement même. Un blessé peut survivre à ses propres pronostics, et notre personnalité conçoit des craintes en pareil cas, quelle que soit d'ailleurs notre bravoure. Il avait demandé sa fille, *Mademoiselle*. La petite princesse lui fit de vives caresses, sans comprendre qu'elle allait le perdre. L'évêque de Chartres arriva pendant cette scène douloureuse. Le prince témoigna le désir de presser entre ses bras, avant de mourir, deux filles naturelles qu'il avait eues en Angleterre. Il les recommanda tendrement aux bontés de la duchesse, qui les connaissait et qui les adopta. Le 15 à six heures du matin, il expira. Charles-Ferdinand d'Artois, duc de Berri, né à Versailles, avait alors quarante-deux ans. Il avait le teint coloré, les yeux bleus et doux, la lèvre forte, une taille moyenne et robuste. Il était dans l'énergie de l'âge. Il aimait les arts, la chasse, les plaisirs. Il se serait distingué dans la guerre. Son éducation était plus distinguée que l'on ne l'a dit; il parlait plusieurs langues, et les parlait fort bien. Comme il avait le caractère brusque, impatient, à la Bonaparte, il se montrait bon et généreux, ce qui lui donnait un double rapport de ressemblance avec Henri IV, qui périt comme lui de la main d'un assassin.

Cet événement, que je n'appellerai pas imprévu, car il est de ceux qui se produisent périodiquement sous tous les régimes et qu'il devient absurde de ne pas prévoir; cet événement produisit une sensation étrange dans Paris, et de proche en proche dans le royaume. Les factions diverses s'en emparèrent pour accroître les inquiétudes et les alarmes de la famille royale. Le spectre de la Convention reparaissait dans un seul homme. On pouvait deviner le parti qui communiait encore avec le bourreau de Louis XVI. Qu'importait l'isolement matériel de l'assassin, si la religion du régicide s'éparpillait dans les masses! La grande pensée qui devait ressortir de ce crime, la haute moralité de ce coup de poignard ne vint à l'esprit de personne. M. de Châteaubriant lui-même n'y vit qu'un pâle prétexte de poésie. On se perdit dans le détail, au lieu de voir le dogme apocalyptique de la solidarité des petits et des grands se reproduire invariablement dans Ravaillac, dans Charlotte Corday, dans le tonneau de poudre du 3 nivose, dans ce morceau de fer aiguisé par un homme du peuple. On ne croit chez nous à la guerre qu'au bruit du canon; elle existe même au sein de la paix....

La grande politique ne fut donc nullement illuminée par ce sombre éclair qui, dans les ténèbres de nos soi-disant époques de lumières, sort périodiquement du sein des masses pour avertir avec force les insoucians des hautes régions sociales qu'il existe un foyer permanent de haine dans la misère et dans l'ignorance. La police de M. Anglès fut seulement accusée d'incurie. C'était prendre la question par en bas. Les zélés de la restauration n'en ont jamais fait d'autre.

« M. Anglès a la police de Paris, disait-on ; le palais et la personne du prince sont sous sa surveillance, sous sa responsabilité immédiate.

« M. Anglès dormait-il dans cette affreuse nuit où l'impitoyable poignard a frappé le cœur d'un de nos plus vaillans princes ? Il était à un bal dans le faubourg Saint-Germain ; ignorait-il que les jours du prince étaient menacés ? Non.

Un chef des bureaux de la préfecture de police, en arrivant, avait communiqué au préfet les avis qui lui étaient parvenus sur la préméditation d'un crime aussi horrible. Ignorait-il que le petit-fils de Henri IV était à neuf heures du soir à l'Opéra avec son épouse ? Non. Pourquoi ne s'est-il pas rendu dans cette salle pour vérifier si les agens étaient à leur poste ? il aurait su qu'ils étaient dans les cafés, dans les tabagies (1). »

Ces bruits, ces accusations furent répétés long-temps encore après l'affreuse catastrophe par les adversaires du préfet de police, qu'un semblable événement devait en effet irriter, mais moins que ces accusations fébriles. Il y avait répondu cependant, non par des écrits publics, mais par sa destitution à la Chambre des Pairs, lorsque Louvel y fut traduit.

« Je dois, dit M. Anglès à la Chambre des Pairs, entrer dans quelques détails, avant de faire ma déclaration.

« On a dit que le service de la police avait été négligé à l'Opéra, dans la nuit du 13 ; qu'aucun agent de mon administration ne s'y est trouvé,

---

(1) *La police sous MM. le duc Decazes, comte Anglès et baron Mounier;* adresse à la Chambre des députés, par M. Robert, 1821.

et que le commissaire de police, à qui la surveillance de l'Opéra est plus particulièrement attribuée, n'y était arrivé que plus de deux heures après l'assassinat. Il est aisé de démontrer l'inexactitude et la fausseté de ces assertions. MM. les Pairs instructeurs savent sans doute que le service aux grands théâtres de la capitale a éprouvé quelques modifications depuis le 30 décembre 1815, date d'une ordonnance royale qui l'a confié à la garde royale, à l'exclusion de toute autre troupe de ligne. Le commissaire de police et les officiers de paix pouvaient néanmoins avoir à leur disposition un piquet de gendarmerie royale de Paris, établi à l'extérieur. Il ne reste donc plus qu'à donner une idée exacte de l'organisation et de la composition du service de la police établi à l'Opéra, dans la soirée du 13 février.

« Quoique le poste de gendarmerie pour le service de l'Opéra eût été fixé à vingt et un hommes, et que le 13 février fût un jour où il fallait veiller au bon ordre et au maintien de la tranquillité dans plus de quarante autres théâtres, bals ou lieux de réunions publiques, on avait pensé que la circonstance du dimanche-gras pourrait attirer un grand concours de monde à l'Opéra, et le poste de la gendarmerie fut porté à trente-deux hommes, savoir : un officier, deux adjudans de ville, trois sous-officiers, six gendarmes à cheval et vingt à pied. Il y avait en outre huit agens civils, savoir : M. Ferté, commissaire de police ; M. Joly, officier de paix, attaché au ministère de l'intérieur ; M. Davières, autre officier de paix, attaché à la préfecture de police.

« Le commissaire Ferté n'a point négligé le service qui lui était confié ce jour-là. Il était à son poste ; il faisait une tournée dans les salles à peu près à la moitié du second acte du ballet. Il se trouvait presque au bas de l'escalier du parterre qui conduit au vestibule lorsqu'il aperçut du mouvement, et qu'on faisait entrer quelqu'un au bureau des officiers de gendarmerie et adjudans de ville ; il s'y rendit sur-le-champ, et apprit le fatal événement.

« L'un des officiers de paix, le sieur Joly, descendit peu avant la sortie du prince, et se rendit, avec un inspecteur, rue Rameau. Après avoir pris un verre de liqueur dans le café qui fait l'angle de la rue de Richelieu, il s'arrêta un instant dans la rue Rameau qu'il trouva presque déserte et tout-à-fait déblayée ; ce sont ses expressions. Il remonta à son bureau au moment où l'on allait placer les vedettes à cheval de gendarmerie. A peine était-il monté, qu'un inspecteur, qui était en face de la loge du prince et qui s'aperçut, à travers le vagistas d'une loge des troisièmes, que l'on y faisait quelque mouvement qui annonçait la sortie, lui dit : « Voilà le prince qui va sans doute se retirer. » Ledit inspecteur descendit promptement ; mais à peine était-il descendu dans le vestibule du théâtre, que l'assassinat avait été commis et l'assassin arrêté.

« L'autre officier de paix, le sieur Davières, descendit dans la rue Rameau vers les dix heures et demie. Il assure que toutes les consignes n'ont jamais été plus soigneusement observées ; qu'il ne vit que quelques voitures dans la rue Rameau, où il ne devait point cependant en stationner ; que ces voitures appartenaient à des personnes de la maison du roi ; que, comme les agens de police avaient constamment fait des efforts inutiles pour les éloigner, et qu'il n'en restait qu'un petit nombre, plus un cabriolet au-dessus de la voiture du prince, il pensa que ses ordres n'auraient pas un autre résultat que celui obtenu jusqu'à ce moment. Les agens de la préfecture de police se sont fréquemment plaints des prétentions et des résistances qu'ils ont éprouvées à cet égard. Il paraît que ce cabriolet a facilité les approches de l'assassin qui, pendant quelques minutes, s'est appuyé contre une de ses roues, afin qu'on le prît pour le domestique qui le gardait, le jokei qui en était chargé s'étant endormi en travers du coussin sur lequel il était assis. D'après le premier interrogatoire, Louvel ne s'était pas encore rendu à dix heures et demie rue Rameau.

« L'inspecteur Rousseau se rendit un peu avant onze heures dans la rue Rameau, pour assister au départ du prince ; mais, comme le piqueur ne faisait que de monter à cheval, et qu'il n'y avait aucun mouvement autour de la voiture du prince, il crut pouvoir prendre le temps d'aller à l'autre extrémité de l'Opéra, où se trouvait la voiture de madame la duchesse d'Orléans ; il revint presque immédiatement sur ses pas ; et, comme il était arrivé au milieu de la façade de l'Opéra, il entendit crier : *A la garde! arrêtez!* il aperçut un homme courant à toutes jambes ; il se mit à sa poursuite et fut un des premiers à lui mettre la main au collet.

« L'adjudant de ville Meunier commençait sa ronde pour le placement des gendarmes et des vedettes nécessaires au maintien du bon ordre, opération qui a eu lieu quinze à vingt minutes avant la fin du spectacle. Il sortait du péristyle pour entrer dans la rue Rameau au moment où il vit un homme passer devant lui, et il entendit immédiatement crier : *Arrêtez!* Il se mit à sa poursuite et l'atteignit en face de l'arcade Colbert, au moment où une personne venant du boulevart lui barra le chemin et allait le saisir.

« Le maréchal-des-logis David s'empara de cette personne qui était le limonadier Paulmier, et le sieur Meunier remit Louvel entre les mains de quelques gendarmes et du garde royal Desbiez, qui étaient à sa poursuite. On le conduisit au bureau des adjudans de ville, sous le vestibule. Cet adjudant termine son rapport en disant qu'au moment de l'assassinat, il n'y avait aucun groupe dans la rue Rameau. »

Après avoir exposé complétement les détails du service de police qui eut lieu ce jour-là à l'Opéra, M. Anglès reprend ainsi sa déposition :

« Quand il y aurait eu un plus grand nombre d'agens de l'autorité civile et de la force publique employés à l'Opéra (1), aurait-il mis obstacle à l'exécution du crime de Louvel? Il est difficile de le penser, lorsque l'on considère que l'exécrable assassin a choisi pour frapper sa victime le moment où elle était entourée de onze personnes, savoir : de cinq gardes royaux, de trois valets de pied, d'un gentilhomme d'hon-

---

(1) Il y avait, d'après la déposition de M. Anglès, vingt hommes de la garde royale et quarante et un gendarmes ou employés de la préfecture de police.

neur et de deux aides-de-camps. Lorsqu'un homme a fait le sacrifice de sa vie pour avoir celle d'un autre homme, il est bien rare, à moins de quelque circonstance due au hasard, qu'il n'accomplisse tôt ou tard son horrible dessein. »

Ces raisons spéciales et détaillées satisfirent la Chambre des Pairs et avec elle les personnes impartiales. La question une fois descendue et agenouillée sur ce terrain stérile, M. Anglès ne pouvait mieux se défendre, car, certes, il n'en savait pas davantage. Une tête forte, à sa place, aurait assis les législateurs mêmes sur la sellette auprès de Louvel. Il est de fait qu'une police vénale, obscure, mal salariée, semant la haine par la grossièreté de ses formes et la violence de ses actes, prise dans les gens d'en bas, et ne se refusant pas plus ses aises qu'un préfet ou un prince, ce qui est assez naturel, a toujours une propension invincible à se relâcher de ses consignes; on ne peut pas être gendarme pendant vingt-quatre heures de suite; et, d'ailleurs, toutes les consignes du monde n'empêcheront pas la plupart des crimes civils et politiques dont une société faite au rebours du bon sens doit être le foyer perpétuel. Quand vous aurez préposé deux espions à la garde de chaque individu, qui vous garantira qu'il ne faille pas surveiller à leur tour ces espions eux-mêmes, et ainsi de suite? L'ordre est donc à refaire de fond en comble; et jusqu'à sa refonte, l'assassinat est dans la destinée des particuliers et des rois.

Certains royalistes ne furent pas satisfaits des argumens du préfet de police, et lui firent un crime de ne pas avoir attaché pour le moins un agent spécial à la personne du duc de Berri; obsession à laquelle le prince ne se serait certes pas soumis, ni dans cette occasion ni dans une foule d'autres; car il était à cet égard comme tout le monde : il aurait pris plaisir à dépister les officieux qui se seraient perchés sur ses épaules. Condition étrange, après tout, que celle d'un prince qui ne pourrait avoir à sa guise, ni les vices, ni les plaisirs, ni la libre allure d'un simple particulier. C'eût été la menue monnaie du poignard de Louvel que cet étouffement systématique.

De tels reproches faits après coup ne changèrent rien à l'opinion, et la procédure suivie à la *Cour des Pairs*, ne présenta rien de plus qu'un fanatique résigné au sacrifice de sa vie pour exécuter son dessein. On en triompha dans le parti libéral; mais en dépit de l'hypocrisie, ce fanatique eut ses admirateurs, comme cela ne peut manquer à l'occasion de tout ce qui est marqué au coin de la passion et du courage.

Les rois ne savent jamais assez nettement ce qu'il y a de culte dans la foule en faveur de leurs assassins, parce que la jonglerie de l'exécration est officielle, tandis que l'expression de ce culte se tient cachée. L'hypocrisie est une soudure entre les manifestations extérieures et les vœux secrets.

Un fait sur lequel on a beaucoup insisté se trouve dans la déclaration de M. Anglès à la Chambre des Pairs; c'est un entretien du préfet de police lui-même, après l'assassinat, avec M. de Nantouillet, premier écuyer du prince.

Le duc de Berri semblait avoir le pressentiment d'un accident de cette nature, mais il ne voulut prendre aucune précaution. Quelle circonstance avait donc pu contribuer à lui donner ce pressentiment? « Il y a un mois à peu près, avait dit M. de Nantouillet, que le chef d'escadron de gendarmerie Leroy, commandant la compagnie de la Seine, très protégé par le prince, vint me faire part de ses inquiétudes sur le peu de précaution du prince pour se rendre matin et soir à Bagatelle, vu que des malfaiteurs pourraient se cacher dans les broussailles du bois de Boulogne et lui faire un mauvais parti. » Il ajouta qu'il était dans l'intention de donner les ordres à la gendarmerie pour faire quelques battues sur la route. « Je fis observer au chef d'escadron Leroy, continua M. de Nantouillet, que le prince n'aimait pas ces dispositions extraordinaires; le chef d'escadron me répondit que cette surveillance serait exercée et que les patrouilles seraient faites par les brigades de Passy et d'Auteuil, ou par quelques hommes de la gendarmerie des chasses, ce qui ne présenterait rien d'extraordinaire. Il me demanda même quelles étaient les heures les plus convenables, et je lui fis connaître celles où le prince allait le plus ordinairement à Bagatelle. Postérieurement à cette époque, le chef d'escadron vint chez moi (c'est toujours M. de Nantouillet qui parle) pour me faire part des nouvelles inquiétudes qu'il avait conçues. Il me dit qu'une de ses connaissances lui avait fait craindre que des ennemis du gouvernement ne se prêtassent à quelque tentative d'assassinat contre monseigneur le duc de Berri; il m'invita à en parler au prince, afin qu'il prît plus de précautions pour sa sûreté. Je lui répondis, vous savez que le prince n'aime pas qu'on l'entretienne de pareilles inquiétudes. Cependant je lui en parlai; et lui fis part de ce que m'avait dit le chef d'escadron Leroy, qui devait prendre de nouvelles informations auprès de la personne qui lui avait donné le premier avis.

« Eh bien! mon cher Nantouillet, que voulez-

« vous que je fasse à cela ? Si quelqu'un a fait le
« sacrifice de sa vie pour avoir la mienne, il
« parviendra à exécuter son projet un jour ou
« l'autre, quelques précautions que je prenne.
« Dans le cas contraire, je me serai rendu mal-
« heureux inutilement. »

On voit par cette conversation même, assez tardivement révélée du reste, que les craintes dont on environnait le duc de Berri, l'obsédaient, et que son caractère se refusait à des obsessions plus importunes encore.

— Comment n'a-t-on pas donné connaissance de ces détails ? reprit M. Anglès. Comment le sieur Leroy n'est-il pas venu chez moi faire sa déclaration ?

— Que voulez-vous, c'était si vague, les faits étaient si peu positifs; d'ailleurs on avait déjà reçu tant d'avis anonymes sans fondement.

— N'importe ! de tels avis éveillent toujours la sollicitude, fixent plus particulièrement, portent à commander plus de surveillance et prendre quelques mesures spéciales.

Pour expliquer cette négligence de la part des deux personnes mentionnées dans ce récit, M. de Nantouillet et le chef d'escadron, on prétexta qu'elles refusèrent de s'adresser au préfet de police par manque de confiance dans l'affection de ce magistrat au gouvernement du roi (1) !

Lors de la prétendue conspiration de Gravier, M. Anglès se prêta aux volontés du ministre pour mettre la main sur le fabricateur des pétards trouvés sous les fenêtres du Louvre, tout près des appartemens de la duchesse de Berri, alors enceinte du duc de Bordeaux; c'était dans les derniers jours du mois d'avril 1820. L'espoir des coupables était apparemment que la frayeur occasionée par l'explosion aurait pu faire avorter la princesse. La police promit 3,000 fr. à celui qui découvrirait l'auteur de l'attentat. L'appât excita la cupidité; on ne connaissait pas le coupable; à tout événement, on en voulut un.

Rivoire, officier de paix, reçut à cet effet l'ordre de M. de Foudras, inspecteur général de la police. Il découvrit quelques hommes qui tenaient des propos et s'assemblaient dans un cabaret rue Montmartre, sous le nom de *société des chevaliers du poignard ;* ces buveurs avaient pour président un homme exalté et qu'il devait être facile d'entraîner à faire éclater un pétard

---

(1) *Projet d'accusation contre M. Decazes,* par M. Clausel de Coussergues. Pièces justificatives, p. CIV.

près du logement de la princesse. A l'aide d'un nommé Leydet, âme damnée de la police, Rivoire parvint à séduire Gravier. Le jour fut pris; au moment où Gravier déposait son pétard sous le guichet du Louvre, des agens de police le saisirent et le remirent entre les mains du préfet qui s'était transporté sur les lieux.

Gravier, traduit en justice, se défendit avec une prudence que l'on n'aurait pas attendue de son exaltation. Il fit sentir tout ce que présentait d'odieux la séduction employée contre lui pour avoir à le désigner à la faveur d'une prétendue récidive, comme le coupable du premier pétard qui, du reste, ne fut jamais connu.

C'est ainsi que lorsque le ministre ordonnait de trouver, à prix d'or, l'auteur demeuré secret d'un crime politique, les espions, entraînés par l'appât du profit, poussaient quelque misérable à l'imitation de ce crime, pour le précipiter devant les tribunaux, le charger d'une double accusation, et mériter ainsi la prime offerte à quiconque paraissait avoir résolu le problème.

Gravier fut condamné à mort; la recommandation de la princesse de Berri fit commuer la peine en celle des travaux forcés à perpétuité. Leydet, cet infâme agent de Rivoire, se réfugia dans la Belgique. Il habite maintenant Paris sous un nom supposé (1).

Indépendamment des accusations graves dont je viens de suivre la filière, M. Anglès fut en butte à de rudes tracasseries de la part de l'avocat Robert. Cet avocat l'attaqua dans *une adresse aux Chambres*, sous prétexte que le préfet s'était démesurément enrichi dans sa place ; grief qui ne manque jamais d'être favorablement accueilli par le public lorsqu'il s'agit d'un fonctionnaire de la police.

« M. Anglès, disait son censeur, s'est enrichi dans ses fonctions au point d'avoir acheté dans le département de la Loire la terre des anciens comtes de Forez, appelée le *domaine de Cornillon*, et de l'avoir payée 500,000 fr. ; le château était gothique, le préfet a fait tracer un autre plan, et sur de telles proportions, qu'un prince ne pourrait mieux désirer. Vers le mois de janvier 1820, M. Anglès avait même déjà fait compter à son intendant deux cent mille francs et plus, pour acquitter une partie des dépenses. »

Cette accusation et plusieurs autres chicanes non moins désagréables contenues dans le pamphlet de Robert, obligèrent M. Anglès père,

---

(1) Froment, *Police dévoilée*, t. I, p. 70.

président d'âge de la Chambre des Députés, à prendre la plume; il atténua par des explications sur lesquelles on n'eut d'autres preuves que son assertion même, les faits allégués contre son fils. « Mon fils devant se rapprocher du comte de Vougy, son beau-frère, dit M. Anglès père, a acquis en 1820, dans la commune de Mably, qui n'est séparée de celle de Vougy que par la Loire, le château de Cornillon, avec les ruraux qui en dépendent au prix de 60,000 fr. Il a postérieurement acheté des héritiers de madame d'Harcourt, ancienne propriétaire, au prix de 180,000 fr., des bois qui en dépendaient et qui lui avaient été restitués par le gouvernement.

« Il a payé ces acquisitions, ajoute le défenseur paternel, par le remploi du prix de la vente d'une maison de campagne située à Louveciennes, vendue 90,000 fr. à une famille anglaise. Mon fils, outre cette dernière somme, a eu à sa disposition 210,000 fr. de la vente d'immeubles situés dans le département de l'Isère, et de quelques économies et contrats provenant de la succession de sa mère, etc. »

Ces raisons ne parurent pas suffisamment péremptoires à tout le monde; on y remarqua une lacune considérable dans l'évaluation du chiffre total de la fortune du comte Anglès; on y montre biencomment il a pu se rendre acquéreur du domaine de Cornillon, et des biens ruraux, et des bois de madame d'Harcourt; mais tout cela ne formait pas un revenu en rapport avec le faste de représentation et les dépenses officielles de M. Anglès; dans l'hypothèse la plus favorable, un domaine de 500,000 fr. ne peut tout au plus rapporter que 20,000 fr. de rentes, ce qui n'aurait pas suffi à la tenue de l'état de M. Anglès.

Je n'entre qu'à regret dans ces détails; mais ils font connaître la fausse modestie de certains fonctionnaires publics qui, dans leurs places, trouvent à se créer une fortune gigantesque en peu de temps. Croit-on, après tout, que, devant un tribunal sévère, beaucoup de patrimoines supporteraient un examen rigoureux si l'on voulait remonter scrupuleusement à l'origine des moyens mis en œuvre pour leur acquisition? Comment les fonctionnaires publics, en général, se montreraient-ils patiens à procéder pour leur fortune dans un pays mobile et ruineux comme le nôtre? Les commerçans, les avocats, les industriels font-ils autrement parmi nous que les fonctionnaires? Le mot de Diogène sur les petits voleurs et sur les grands magistrats de son temps n'a pas encore cessé d'être juste.

M. Anglès eut une lutte plus sérieuse avec M. Duplessis de Grénédan, membre de la Chambre des Députés. Voici le fait :

Ce député avait dit, dans la séance du 25 mai 1821, qu'il n'y avait pas de justice à donner 1,000 fr. de dotation à M. le comte Anglès, dont la brillante fortune et le magnifique château se sont élevés en si peu de temps.

M. Anglès écrivit à M. de Grénédan pour se plaindre et demander réparation d'une semblable personnalité. La querelle s'engagea vivement dans une correspondance rendue publique, et fit craindre une affaire d'honneur, M. de Grénédan se trouvant traité de *calomniateur* par son adversaire.

A M. Duplessis de Grénédan.

Paris, 16 juin 1821.

« Vous avez laissé sans réponse, monsieur, les lettres que je vous ai écrites le 28 du mois dernier. Je vous y rappelais qu'un honnête homme, lorsqu'il a été induit en erreur, s'empresse de réparer le tort qu'il a fait involontairement à autrui. Je vous ai offert les moyens de vous éclairer (1) sur la fausseté des faits que vous avez avancés à mon égard. Votre silence

---

(1) M. Anglès avait indiqué à M. de Grénédan les preuves de la légitimité de sa fortune ou au moins le moyen de se procurer ces preuves.

me prouve que vous ne l'avez pas voulu. J'avais cependant lieu de penser qu'après vos propres expressions, vous auriez confessé votre erreur aussi publiquement que vous l'avez commise.

« Le public jugera votre conduite. Votre refus de vous assurer de la vérité, en dévoilant votre première intention, ne permet plus de voir en vous qu'un calomniateur méprisable.

« Le ministre d'état préfet de police,

« Comte ANGLÈS. »

L'obscurité, toujours invoquée comme un dogme dans certaines fonctions, légitimera constamment sur elles les accusations les plus hasardées. L'épée ne peut rien contre les soupçons de la foule. Je ne rapporterais donc pas un autre désagrément que suscita au comte Anglès un de ses employés, s'il ne tenait à un fait de police.

A l'instar des chefs d'administration qui, sur de simples fantaisies, privent assez légèrement des hommes estimables de leur emploi, M. Anglès avait renvoyé de ses bureaux un employé supérieur, M. Trouvet, homme instruit, royaliste ardent, père de famille, qui s'était à la vérité permis quelques discours dont le préfet avait été choqué. On avoue qu'un supérieur ne saurait tolérer de certains écarts; on estime cependant qu'il faut respecter l'indépendance. Comment donc concilier en même temps les droits de la hiérarchie avec les droits de la franchise? La question est délicate, et vaudrait qu'on la résolût; il est plus simple de l'esquiver, comme on fait sur bon nombre d'autres questions. M. Trouvet ne manqua pas d'instruire le public de sa disgrâce et de la rigueur du traitement qu'on lui faisait éprouver. M. Anglès fit la gaucherie de lui répondre par un article inséré dans le *Journal de Paris* (18 novembre 1820), où l'on disait : — « A côté de quelques personnalités et imputations calomnieuses contre M. le préfet, on lit dans le pamphlet de M. Trouvet de prétendues anecdotes qui ont la prétention d'être scandaleuses, et de véritables fadaises racontées d'un ton emphatique, qui n'en fait que mieux ressortir la puérilité.

« C'est dans cette dernière catégorie (les fadaises) qu'il convient de ranger un propos prêté à M. le préfet de police, au sujet d'une tabatière qui aurait été perdue par M. l'ambassadeur de Prusse. Ce ne serait qu'une plaisanterie fort indifférente en soi, qui, dans aucun cas, ne saurait être offensante pour le personnage distingué auquel on en fait l'application. Ce n'est pas ce que voudrait faire accroire l'auteur du pamphlet, il ne tiendrait à rien que, dans son zèle étrange, il n'y vit une insulte contre des têtes couronnées, ou du moins contre les ministres qui les représentent. Une telle imputation est trop pitoyable pour être relevée. »

Ce ton de mépris convenait mal. Reprocher à quelqu'un son emphase, ce n'est pas le réfuter.

« Il ne s'agit point ici, répondit M. Trouvet, d'un *propos qui vous aurait été prêté*, monsieur le comte, mais d'une apostille de votre main, en marge d'une déclaration faite par M. le comte de Goltz (1), qui n'avait pas *perdu*, il faut dire la vérité, mais à qui on avait *volé* pour la seconde fois sa tabatière en sortant du spectacle. Vous avez écrit avec ou sans réflexion ces mots : *Il faudrait donner un tuteur à M. le comte de Goltz.* Il est évident que cette apostille est devenue insultante pour ce personnage distingué, par l'application qui en a été faite, et parce qu'elle a

---

(1) Le comte Henri de Goltz, dont il est ici question, était né Prussien; aide-de-camp du général Kalkreuth à Dantzick en 1807, et ensuite du général Blucher, il fut nommé en 1814 ministre plénipotentiaire auprès de Sa Majesté Louis XVIII. Il se rendit à Vienne à la suite des événemens de 1815 et retourna auprès du roi à Gand. M. de Goltz était un homme de plaisir, amateur du beau sexe, un peu trop sans exception, et connu par ses succès, quelquefois très faciles. En rappelant le propos du préfet, M. Trouvet avait tort de révéler la perte d'une tabatière de prix. L'indiscrétion n'était pas courtoise.

passé sous les yeux d'un grand nombre d'employés de votre administration. »

M. Trouvet n'en resta pas là dans ses plaintes contre M. Anglès; mais l'affaire du comte de Goltz amusa le public, et ne justifia pas celui qui en faisait la révélation.

La disette des subsistances, en 1816 et 1817, fut un autre texte pour attaquer l'administration.

Si Paris se trouvait dans le cas de manquer de grains, disait-on, par la raison que les récoltes ne fournissaient pas à l'approvisionnement central dans la proportion des besoins, le préfet n'avait-il pas été dans l'obligation, alors que le prix du sac de farine ne dépassait pas encore 64 francs, d'appeler le gouvernement au secours de la capitale? Il résulta de cette négligence que le gouvernement mit en avant près de 90 millions pour acheter des grains chez l'étranger, à tous les prix que l'étranger voulut. Ces grains n'arrivèrent en France qu'après l'affluence à la halle d'une quantité considérable de farines jusqu'à ce moment cachées et tenues en réserve par des accapareurs qui ne les mirent sur la place que lorsque la concurrence prête à s'établir menaça de leur porter un notable préjudice. Dans l'intervalle entre la disette et l'abondance, les habitans de Paris s'étaient montrés inquiets sur le chapitre des subsistances. Pour apaiser les cris, M. Anglès prit toutes les mesures réclamées par les circonstances; mais en même temps la dépense fut énorme. En juin 1816, il promit aux boulangers de Paris une prime de 15 francs (1) par sac de farine qu'ils achèteraient sur le carreau de la halle; et comme quinze cents sacs de farine suffisent à peine tous les jours pour la consommation parisienne, il fallut, pendant les quatre mois et demi que cette indemnité fut accordée, faire la dépense d'une somme de 3,057,500 fr. (2).

Cependant le préfet de police s'apercevant que cette prime trop forte de 15 fr. par sac ouvrait une voie à des abus, et prêtait à de certaines spéculations, la réduisit à 10 fr. Tous les boulangers se plaignirent; ils prétendirent que, d'après le coût des farines, il était impossible de donner le pain au prix de la taxe; ils menaçaient

---

(1) En 1829, le prix du pain s'étant élevé à dix-neuf et vingt sous les quatre livres; ce prix était disproportionné aux facultés du peuple et des ouvriers; on fit distribuer, par les bureaux de charité, des *cartes* au moyen desquelles les boulangers donnaient le pain de quatre livres à seize sous. Chaque boulanger recevait à la caisse syndicale le montant de la différence. Cette mesure eut le plus grand succès; la dépense fut cependant considérable; le nombre des cartes distribuées s'est élevé jusqu'à cent mille.

(2) M. Roy, ministre des finances, dans un rapport aux députés a dit que les pertes sur les subsistances de la ville de Paris en 1816 et 1817 s'étaient élevées à 24 millions.

de ne pas continuer leur commerce. Pour apaiser ces clameurs, M. Anglès prit un arrêté au mois d'octobre 1816, portant que les boulangers seraient indemnisés intégralement de leurs pertes sur les cuissons réelles. En conséquence, ils continuèrent leurs achats, et reçurent des à-comptes sur les indemnités promises. Cet état de choses dura, tant bien que mal, jusqu'en décembre 1816, et l'embarras se fit de nouveau sentir. Il y eut foule à la porte de quelques boulangers. Il fallut prendre de nouvelles mesures et prévenir une crise. Le pain est l'habitude invétérée, la routine, la manie du Parisien; la viande de boucherie serait à deux sous la livre, le riz et les légumes se donneraient au plus vil prix sur le carreau des halles, qu'en l'absence du blé, le Parisien crierait famine. Il semble que, pour lui, la farine contienne en réalité la seule véritable substance alimentaire, ce qui n'est pas. La négation de ce préjugé général peut se démontrer par la similitude physiologique des Beaucerons et des faubouriens de Paris, également grêles et rachitiques tous les deux, bien que le premier se nourrisse en général des déchets de la moisson et l'autre de son élite. C'est la variété des alimens qui constitue seule l'équilibre des constitutions et favorise leur développement. Les commissaires de police furent, chacun dans son quartier, chargés de vérifier les cuissons, et d'encourager les boulangers à continuer le nombre de leurs fournées, toujours sous la promesse formelle de recevoir les indemnités convenues. Ce moyen réussit quelque temps; la foule cessa d'obstruer la porte des boulangeries. La distribution du pain se fit comme à l'ordinaire, jusqu'aux jours du mois de mai 1817 : alors la gêne et l'embarras du pain recommencèrent. On recourut, vers la fin de ce mois, à un moyen qui excita des clameurs contre le préfet de police.

A la *commission des subsistances*, que M. Anglès présidait, on délibéra s'il ne conviendrait pas de se saisir, en les indemnisant, des farines en magasin chez les boulangers. Plusieurs, à l'aide de la prime, en avaient fait des réserves assez fortes. La mesure fut adoptée; on décida qu'on s'emparerait des farines au prix courant; les boulangers ne seraient plus alors que des fabricans auxquels on accorderait 10 fr. par sac de farine pour la cuisson. Les sacs furent comptés, et les scellés apposés sur leurs magasins; des préposés venaient vérifier chaque jour la quantité de sacs que les commissaires de police délivraient pour la cuisson.

Cette laborieuse opération, qui parut des plus étranges, dura près d'un mois; les farines des boulangers se trouvaient presque totalement épuisées à cette époque; on fut contraint d'y renoncer. Les boulangers furent alors dans l'obligation de recevoir les farines que le gouvernement leur distribua pour le soutien de leur commerce et les besoins de la consommation journalière.

Or, on avait mis précédemment dans les magasins de la *réserve* des farines de piètre qualité, à raison de 92 fr. le sac; mais, en juillet 1817, elles augmentèrent considérablement; après la récolte, on contraignit les boulangers à prendre dix à douze mille sacs de ces farines, au prix qu'elles avaient coûté. On en défalqua le prix sur le montant de l'indemnité promise. Les commerçans réclamèrent et firent de nombreux mémoires. M. Anglès y était accusé de mauvaise administration, et ses agens de manque de foi.

Le pain était d'une qualité détestable, résultat inévitable de la position des boulangers. Le désir de conserver leur clientelle les forçait de vendre à moitié perte les farines imposées par le gouvernement, tandis que ces mêmes farines, achetées en grande partie par les agens de l'administration, se revendaient de plus belle aux boulangers réduits à mettre dans le commerce un pain médiocre. On tournait dans un cercle vicieux, et les agens faisaient leurs orges dans ce gâchis.

Cet aperçu doit expliquer les reproches faits à M. Anglès. Toutefois, les menées politiques des partis qui divisaient la France absorbaient tellement la curiosité, que cette affaire des subsistances se passa pour ainsi dire en famille et dans l'intérieur du gouvernement, entre gens intéressés à ne point donner l'éveil à l'attention publique; M. Anglès en fut quitte pour de rudes apostrophes qui lui donnèrent un peu plus de réserve; il encourut également de très inutiles observations de la part de quelques hommes étrangers aux moindres notions sur cette matière; et c'est encore la plus légère de toutes ces tortures administratives. On doit s'attendre aux conseils des aveugles, quand on est dans le chaos. Ces malices réciproques, tant des accapareurs mercantiles sur le peuple affamé, que des préfets dans l'embarras vis-à-vis des industriels sans lumières, ne pourraient certainement avoir lieu, si le pays, comme l'effronterie de certains publicistes ose le prétendre, formait décidément un tout compact d'intérêts homogènes, et s'administrait lui-même en réalité. Dans un pays où les intérêts s'entre-choquent avec acharnement pour prévaloir les uns sur les autres, où le revenu de ceux-ci se compose de tout ce qu'ils peuvent dérober aux revenus de ceux-là, il n'y a ni nationalité, ni moralité, ni liberté, ni société; on ne peut y voir qu'une banqueroute éternelle des forces individuelles et sociales, dont il est même impossible de dresser le bilan.

Je n'ai pu suivre un ordre rigoureusement chronologique en parlant de l'administration de M. Anglès, les opérations de grande police et de police municipale s'étant croisées sur le même espace; j'en ai dit assez toutefois pour faire connaître l'homme, et montrer l'esprit du moment. Les partis royalistes et libéraux prenaient chaque jour de la consistance; un changement s'annonçait dans le ministère, c'était l'avant-coureur de la retraite de M. Anglès. Cette retraite eut lieu au mois de décembre 1821.

Il fut peu regretté. Le parti qui dominait alors le peignait comme un enrichi et comme un agent passionné du pouvoir despotique, accusation pour le moins frivole, plus répétée qu'approfondie, et dont on abuse comme de tous les lieux communs. Pour enrichi, c'est autre chose; personne ne crut au désintéressement de M. Anglès, non plus qu'à celui de ses prédécesseurs dans la même place.

Il n'était pas homme de plaisirs; mais madame Anglès n'en était point ennemie. Quoique liée avec des dames du grand monde, chose inouie peut-être, son mari ne se laissait, en aucune manière, influencer par ses recommandations ou celles de ses amies. La seule faiblesse qu'on peut lui reprocher, c'est d'avoir permis des bals dans l'hôtel de la préfecture. Donner des bals sous les yeux des détenus renfermés dans la même enceinte est, dit-on, une grave inconvenance, un scandale. Pourquoi cela ? L'honnête vicomte M. de Montmorency, un peu jésuite, et par conséquent bon homme, ne le pensait pas quand il introduisit des écoles de chant dans les prisons. La musique et le plaisir ne sont pas des outrages; et nous pensons que les prisonniers préfèrent en général le bruit des violons, dût-il les tirer de leur sommeil, aux cris des verroux et des grilles. Il ne faut pas chercher des motifs de reproches partout.

On a inséré, dans le *Moniteur* du 17 mars 1828, une notice biographique sur le comte Anglès. Elle est d'une main amie. Si, comme dans toutes les oraisons funèbres, on en fait un homme accompli, bannalité de panégyriste, au moins doit-on convenir qu'il s'y trouve des traits de ressemblance. Il est mort à sa terre de Cornillon, le 16 janvier 1828, âgé de cinquante-neuf ans.

FIN DU QUATRIÈME VOLUME.

EXTRAIT

DU

CATALOGUE GÉNÉRAL

DE

A. LEVAVASSEUR ET CIE.

L'AFRIQUE FRANÇAISE,

REVUE COLONIALE,

Politique, Administrative, Militaire, Agricole, Commerciale et Scientifique;

Paraissant une fois par mois par cahiers de 3 à 4 feuilles, avec cartes, plans, vues ou dessins litographiés.

30 fr. par an. — 15 fr. pour six mois.

Ouvrages récemment publiés.

EXPÉDITION DE CONSTANTINE (Extrait de la 4e livraison de l'AFRIQUE FRANÇAISE), in-8.	2 50
TRADITIONS ALLEMANDES, recueillies et publiées par les frères Grimm, traduites par N. Theil, 2 vol. in-8.	15 »
LES HISTORIETTES DE TALLEMANT DES RÉAUX, 6 volumes in-8.	45 »
MÉMOIRES DE TOUS, Collection de souvenirs, documens et témoignages tendant à établir la vérité dans l'histoire, 6 vol. in-8.	36 »
DICTIONNAIRE DU COMMERCE ET DES MARCHANDISES, 2 vol. grand in-8 de près de 2,000 pages.	36 »
SOUVENIRS DU DUC DE VICENCE, 3e édit., 2 vol. in-8.	15 »

L'ITALIE IL Y A CENT ANS, Lettres écrites d'Italie à quelques amis, en 1739 et 1740, par Ch. de Brosses, 2 vol. in-8, avec portrait. 15 »

CORRESPONDANCE INÉDITE DE VOLTAIRE avec Frédéric II, le président de Brosses et autres personnages célèbres, publiée d'après les lettres autographes avec des notes, par M. Foisset, 1 vol. in-8. 7 50

CORRESPONDANCE INÉDITE DE LA REINE HORTENCE avec madame Campan, 2 vol. in-8. 15 »

COLLECTION

DE ROMANS MODERNES,

à 3 fr. 5o c. le volume.

LE LYS DANS LA VALLÉE, 2 vol., par M. de Balzac.

LE LIVRE MYSTIQUE (2e édition), 2 vol., par le même.

SERAPHITA (extrait du Livre Mystique), 2 vol., par le même.

LE MÉDECIN DE CAMPAGNE), 2 vol., par le même.

LE PÈRE GORIOT, 2 vol. par le même.

LES CHOUANS, ou LA BRETAGNE EN 1799 (2e édition entièrement refondue), 2 vol., par le même.

VALIDA, ou LA RÉPUTATION D'UNE FEMME, par madame la marquise DE....., 3e édition, 2 vol. in-8.

LA PIERRE DE TOUCHE, par le même auteur, 2e édition, 2 vol.

VANITÉ, ou L'AMOUR DANS UN SALON, par H. Spiegel, 2 vol.

VIEILLES ET NOUVELLES HISTOIRES, par MM. Rozier et Guérin, 2 vol.

APRÈS VÊPRES, par l'abbé Froulay, 1 vol.

LE ROI DE VÉRONNE, par M. Cœuret, 1 vol.

MOEURS DE LA COUR ET DES PEUPLES DES DEUX SICILES, par Michel Palmieri, 1 vol. in-8.

TOUSSAINT LE MULATRE, par A. Thouret, 2 vol in-8.

www.ingramcontent.com/pod-product-compliance
Lightning Source LLC
Chambersburg PA
CBHW050423170426
43201CB00008B/518